マンガと
図解で
よくわかる

最高の
米国債
投資術

頼藤太希　高山一恵
Yorifuji Taiki　Takayama Kazue

ソシム

はじめに

2024年は「新NISA元年」です。この年に投資を始めた人の多くは株式市場の上昇の恩恵を受け、資産を築けていることでしょう。時間を味方につけて、堅実に増やすためには複利効果（利息や運用益が次の利息や運用益を生む効果）が欠かせません。新NISAはその複利効果を非課税で享受できる制度です。新NISAで多くの人が投資する商品に「投資信託」があります。中身にもよりますが、手軽に、複数の地域・資産・銘柄・通貨に分散投資できる便利な商品です。

しかし、世の中に完璧な商品はありません。投資信託であっても元本割れはします。より値動きを抑えながら、安定して定期的な収入が欲しいという目的であれば、投資信託よりもベターな商品があります。

そのひとつが、本書で解説する**「米国債」**です。たとえば、年金で生活する人にとっては、年金以外に定期的に収入があれば、生活が豊かになります。現役世代であっても有益な投資先です。将来のために資産形成することがすべてではありません。勤労収入とは別に定期的な収入があれば、今の生活の充実度を高めるために使えます。お金は使ってなんぼ、所詮「ツール」に過ぎないのですから、こういう使い方もありなのです。定期的に不労所得が得られる資産を、本書ではキャッシュフロー資産（CF資産）と呼んでいますが、資産形成期であっても資産取り崩し期であっても、資産配分に組み入れていくのが今後のトレンドになると思っています。

ところで、米国債も保有中に、金利変動や為替変動によって価格変動はします。しかし、米国株など株と比べて値動きがマイルドであり、保有中に購入時点の利率に基づいた利子が定期的に受け取れます。償還日（満期）が来たら、額面金額が戻ってきます。世界一安全な国の債券であるにもかかわらず、ドルベースで高水準の利回りが得られるのです。ドルを円に戻すタイミングは自分で選ぶことができますので、ある程度為替リスクをコントロールすることもできます。

債券の弱点として、複利効果を活かせないと指摘されますが、米国債は利付債だけでなく、ストリップス債も存在し、これを用いれば複利効果を享受した投資が可能です。ストリップス債とは保有中に利子の支払いはなく、そのまま元本に加算され、複利運用ができるタイプの債券です。

本書では、米国債の特徴やリスクをはじめ、投資戦略やモデルケース別の購入例、口座開設から注文方法、売却・取り崩し戦略まで図解で丁寧に解説しています。
本書が、みなさまの役に立つことを心より願っております。

2025年4月　頼藤太希・高山一恵

CONTENTS

マンガと図解でよくわかる 最高の米国債投資術

目次

第6章 口座の開設と購入の流れ

注意

- 本書は、執筆時点の情報をもとに作成しています。本書刊行後、金銭に関連する法律・制度が改正、または各社のサービス内容が変更される可能性がありますのであらかじめご了承ください。
- 本書は米国債投資情報の提供を行っていますが、特定の銘柄・商品の購入を推奨するもの、またその有用性を保証するものではありません。個々の金融サービス、またはその金融商品の詳細については各金融機関にお問い合わせください。
- 米国債投資には一定のリスクが伴います。本書の内容の運用によって、いかなる障害が生じても、ソシム株式会社、著者のいずれも責任を負いかねますのであらかじめご了承ください。米国債投資は必ず、ご自身の責任と判断のもとで行うようにお願いいたします。
- 本書の一部または全部について、個人で使用するほかは著作権上、著者およびソシム株式会社の承諾を得ずに無断で複写／複製することは禁じられております。
- 本書の内容に関して、ご質問やご意見などがございましたら、弊社のお問い合わせフォームからご連絡ください。なお、電話によるお問い合わせ、本書の内容を超えたご質問には応じられませんのでご了承ください。

マンガの登場人物

ストーリー

父の富雄と祖母のシヅが退職金と相続した遺産を有効活用するために資産運用を考えていると知った春香。「家で悩んでいても仕方がない」と、お金のプロである頼藤さんと高山さんのもとに2人を連れて行きます。そこで投資先の選択肢のひとつとして提案された「米国債」。あまりなじみがないことから、最初は警戒していた3人でしたが……。

米沢春香（よねざわ・はるか）

富雄の娘でシヅの孫。しっかりした性格で家族思い。父と祖母のお金の使い道を心配し、専門家への相談を勧める。投資経験はなく、NISAを始めようか考えているところ。

米沢富雄（よねざわ・とみお）

春香の父でシズの長男。40数年勤めた会社を定年退職し、約2000万円の退職金が支給された。NISAや株式投資を行っている。退職金を使って資産運用をしたいと思っている。

米沢シヅ（よねざわ・しづ）

春香の祖母で富雄の母。数か月前に夫（富雄の父）を亡くし、まとまった金額を相続。投資経験はなく、生活にも困っていないが子や孫のためにも夫の遺産を有効活用したい。

頼藤さん

春香が富雄とシズを連れていったFP事務所の代表。テレビやラジオに多数出演し、著作も多い。米沢家の3人に資産運用の選択肢のひとつとして米国債投資を提案する。

高山さん

頼藤さんと同じFP事務所で働くファイナンシャルプランナー歴20年のお金のプロ。米沢家の3人に、米国債の特徴から投資戦略、口座の開設の方法までをやさしく教える。

序章

債券投資の基本としくみ

米国債投資について知る前に、
まずは債券の種類や
金利との関係といった、
債券投資の基本を押さえておきましょう。

Q１

債券ってなんですか？

A１

お金を借りるための「借用証書」のようなもの！

債券は、国、地方自治体、企業などが不特定多数の人からお金を借りるために発行する**「借用証書」**のようなものです。

国や地方自治体が新しい政策を実施したり、企業が新しい事業を立ち上げたりするときには、お金がたくさんかかります。そこで、債券を発行して、多くの人からお金を借りるのです。なお、国、地方自治体、企業など、債券を発行してお金を借りる人のことを「発行体」といいます。

発行体は、債券を買ってお金を貸してくれた相手に、定期的に利子を支払います。そして、借りたお金の返済期限（償還日）になったら、投資してもらったお金を返します（償還金）。言い換えれば、私たちは債券を購入することで**定期的に利子が受け取れて、満期になったら投資した元本を返してもらえる**のです。

たとえば、ある債券（３年満期・利率年１％）を１００万円分購入して保有していた場合、３年間にわたって１００万円の１％にあたる１万円の利子がもらえ、３年後に１００万円が返ってきます。

万が一発行体が破綻することがあれば、お金が戻ってこないリスクもあるため、発行体の財務状況や業績の確認は重要です。しかし、国や地方自治体が破綻するのはよほどの事態ですし、個人が購入できる債券を発行する企業は大企業です。債券投資は、ローリスク・ローリターンの投資といえます。

債券のしくみ

債券のお金の流れ

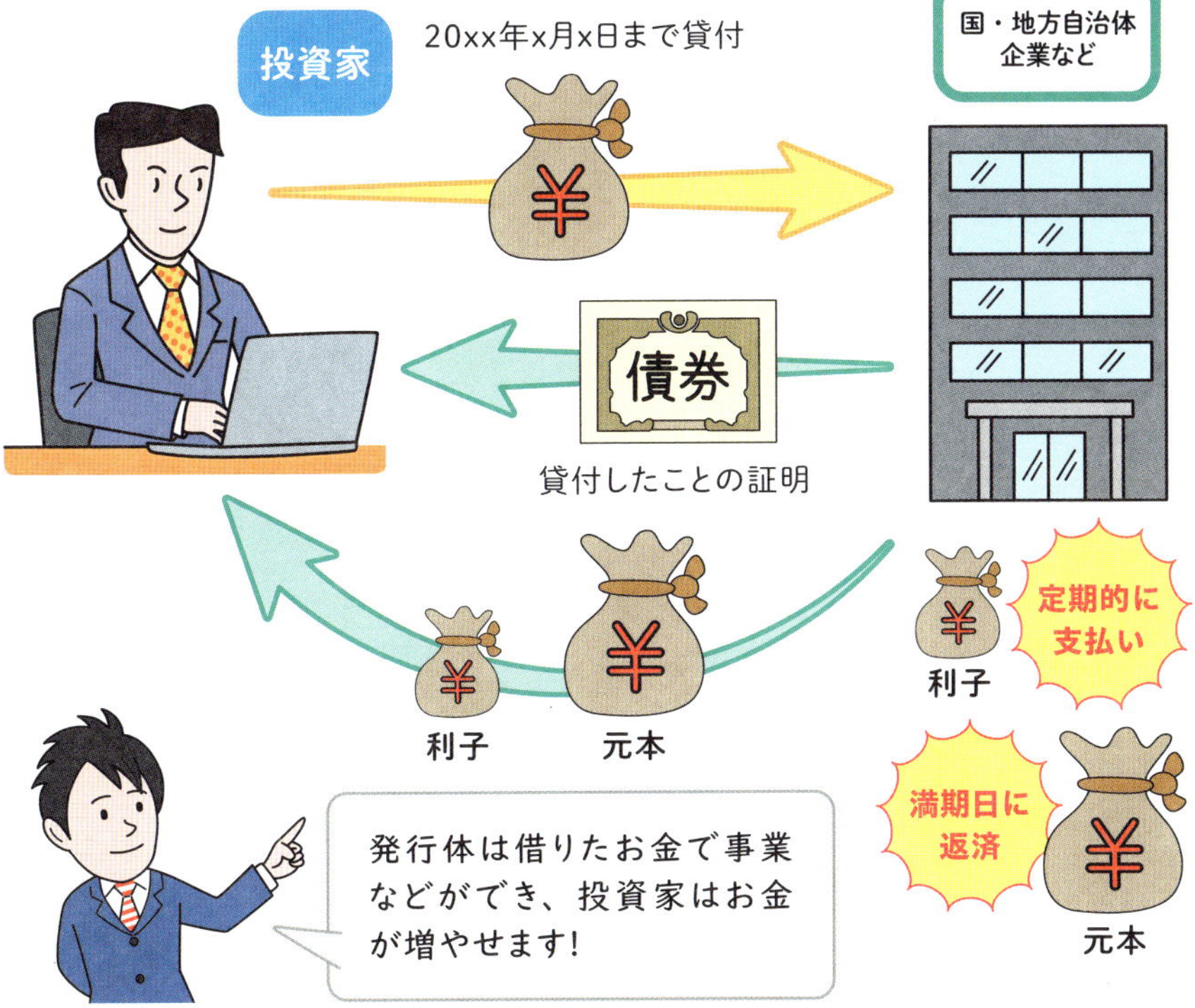
投資家
20xx年x月x日まで貸付
発行体
国・地方自治体
企業など
債券
貸付したことの証明
利子
元本
利子
定期的に
支払い
満期日に
返済
元本
発行体は借りたお金で事業
などができ、投資家はお金
が増やせます!

債券に書いてあること

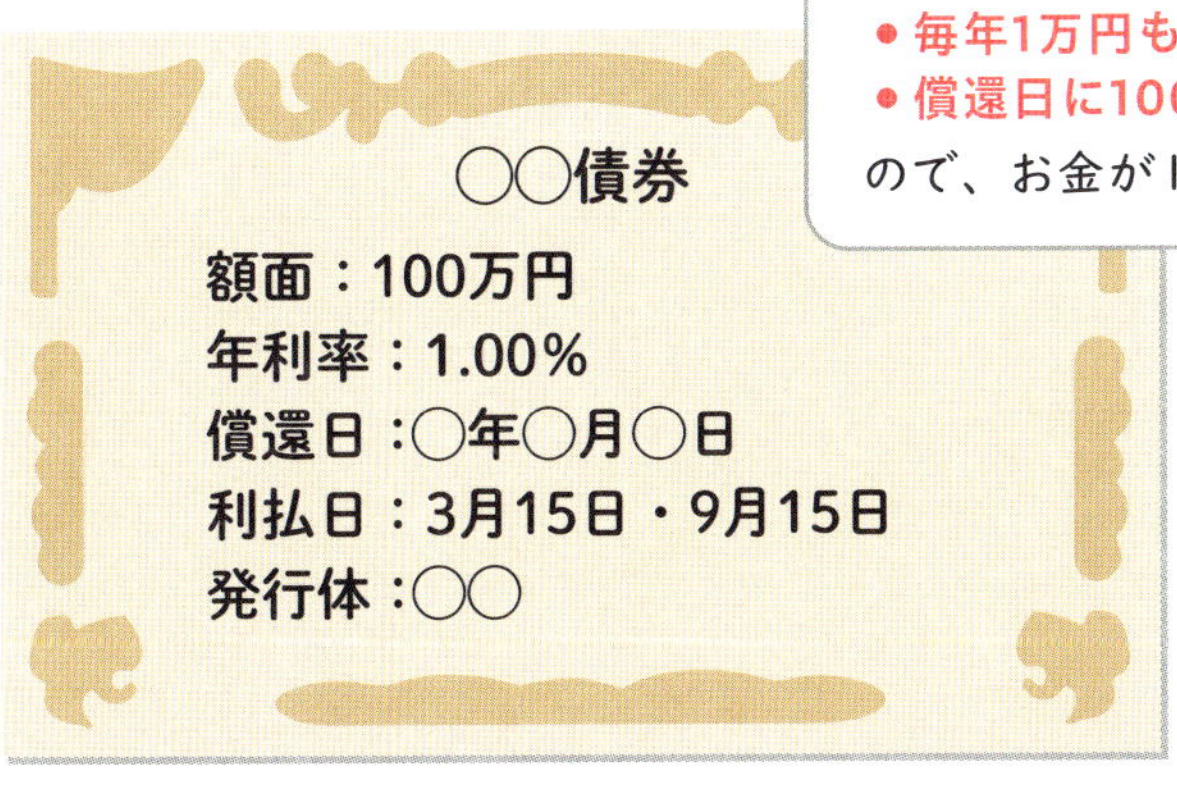

○○債券

額面：100万円
年利率：1.00%
償還日：○年○月○日
利払日：3月15日・9月15日
発行体：○○

償還日が3年後だった場合、
• 毎年1万円もらえる
• 償還日に100万円が返済される
ので、お金が103万円に増えます。

※ここでは税金は考慮しません

Q2 債券にはどんな種類がありますか？

A2 大きな区分では「公共債」と「民間債」があります

債券は国や地方自治体などが発行する**「公共債」**と、企業などの民間機関が発行する**「民間債」**に分けられます。これらを総称して**「公社債」**といいます。また、単に債券といった場合は、公社債を指します。

公共債のなかでも、国が発行する債券を「国債」、地方自治体が発行する債券を「地方債」といいます。さらに、独立行政法人や公庫などが発行する「政府関係機関債」もあります。

民間債の代表は企業が発行する**「社債」**です。大企業のほか、電力会社なども社債を発行しています。

債券には国による分類もあります。日本国内の発行体が円建て（日本円でやりとりすること）で発行する債券を「国内債券」、発行市場・発行体・通貨のどれかが日本国外になっている債券を「外国債券」といいます。

また、利子のつき方による分類もあります。14ページで紹介した、保有中に一定の利子がもらえる債券を**「利付債《りつきさい》」**といいます。利付債にはさらに、決まった金額の利子がもらえる「固定金利型」と、利子の金額が見直される「変動金利型」があります。

それに対し、発行時点で割引販売されて、償還日に額面金額が受け取れる債券を**「ストリップス債（＝ゼロクーポン債＝割引債）」**といいます。なお、これ以降、私たちが購入できる米国の割引債は「ストリップス債」と記載します。

債券の主な分類

発行体による分類

公社債

公共債

国債

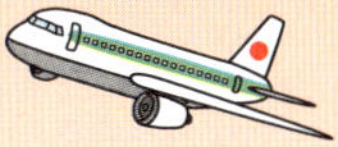

政府関係機関債

地方債

民間債

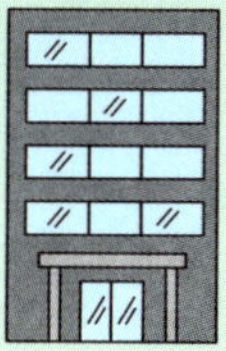

社債

発行体によって大きく
公共債と民間債に
分かれます。

国による分類

国内債券

国内の発行体が
円建てで発行

外国債券

発行市場・
発行体・通貨の
どれかが国外

利子のつき方による分類

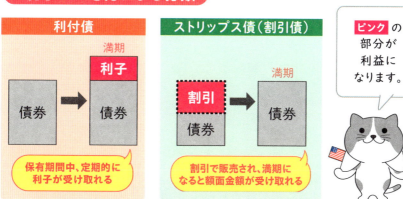

利付債

満期

利子

債券 → 債券

保有期間中、定期的に
利子が受け取れる

ストリップス債（割引債）

満期

割引

債券 → 債券

割引で販売され、満期に
なると額面金額が受け取れる

ピンクの
部分が
利益に
なります。

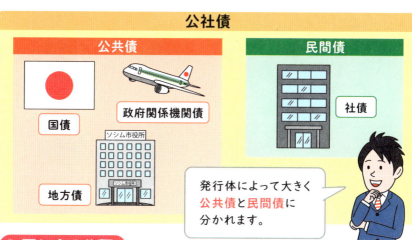

Q3 株とはどう違うのですか？

A3 債券のほうが元本割れのリスクは低い！

株（株式）は、株式会社が発行する有価証券です。株を買ってもらうことで、企業は資金を集めることができます。株を買った人（株主）は、企業の経営に参加したり、利益や配当を受け取ったりできます。また、仮に企業が解散したときにも、残った財産を受け取る権利があります。

株は原則1社につき1銘柄のみですが、債券は**同じ発行体が何度も発行できます。**債券によっては「第○回」と、発行の回数が書いてあります。

株の価格（株価）は銘柄によって変動の仕方が異なります。企業の業績や政治・経済などの動向によって、大きく上下することもありますし、逆にほとんど値動きしない場合もあります。株を持っているともらえる配当も、増減したりなくなったりします。

一方、債券の価格は業績とは関係ありません。業績が変動しても、債券の利子や償還金は変わらないからです。債券の価格は市場の金利動向や発行体の信用度で変化しますが、満期まで保有していれば所定の利子や償還金がもらえます。

また、発行体（企業）は株を発行して集めたお金を投資家に返済する必要がありません。株を換金したいと思ったら、市場価格で売却します。

債券も売却はできますが、**償還日まで保有するのが基本。**投資家からしてみれば、償還日に元本が戻ってくる約束がある債券のほうが元本割れのリスクは低いといえるでしょう。

債券と株はここが違う

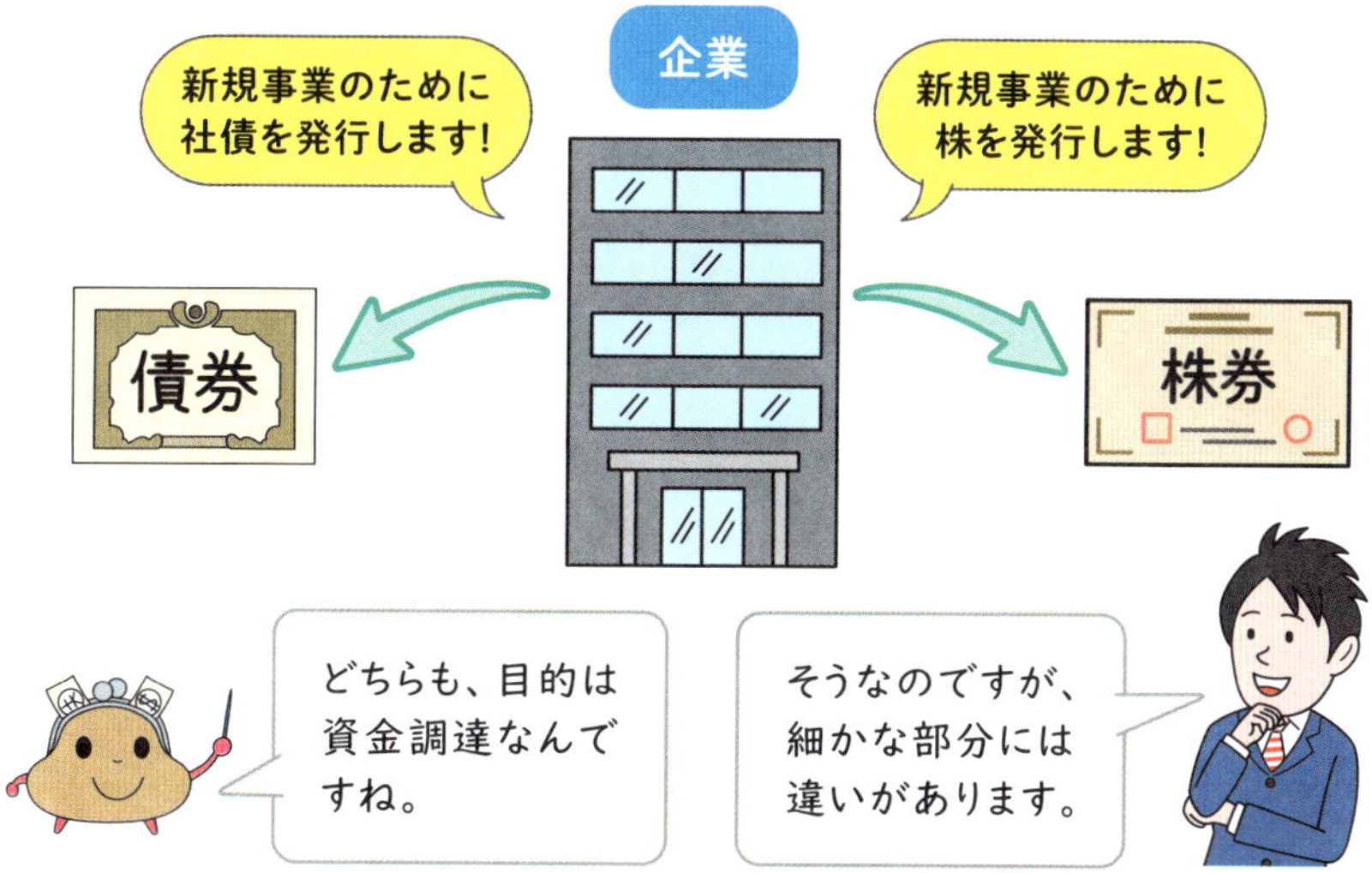
企業
新規事業のために社債を発行します!
新規事業のために株を発行します!
債券
株券
どちらも、目的は資金調達なんですね。
そうなのですが、細かな部分には違いがあります。

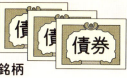

債券		株
複数銘柄発行できる	銘柄数	1社1銘柄
利子や償還金は業績によって変動しない	価格	銘柄によってまちまち（株券 高い／株券 低い）
期日が来たから返します 決められた日に返済	返済	換金をするなら市場で売却してください 企業には返済の必要がない

Q4 どこで売買されるのですか？

A4 金融機関で売買できます

債券の売買取引には、証券取引所で行われる「取引所取引」と、証券取引所を通さずに金融機関で証券会社と投資家が取引を行う「店頭取引」があります。もっとも、**債券を売買する際にはほとんどが店頭取引**です。本書でも店頭取引を前提にして紹介します。

債券は、種類によって購入できる（投資できる）金融機関が異なります。国債や地方債は証券会社・銀行・郵便局などで購入できるのに対し、社債や外国債券の取り扱いは証券会社のみになっています。それぞれ、店舗窓口のほか、インターネットで購入できる金融機関もあります。

店頭取引で債券を購入する場合、取引に必要な手数料が価格に含まれていることが多いため、別途手数料はかかりません。ただし、外国債券を円建てで購入する場合には、**通貨をその外国債券の通貨に両替する必要がありますので、所定の為替手数料がかかります。**

多くの債券は、定期的に募集がかけられ、先着順で販売されます。また、社債も不定期に行われる募集に購入の申し込みをすることで購入できます。

社債や外国債券の場合、店頭取引で扱いのある債券は金融機関によって異なるので、あらかじめ取り扱いがあるか確認しておく必要があります。

なお、債券は償還日まで保有を続けることが基本ですが、条件を満たせば途中で売却することもできます。

債券の売買のしくみ

ほとんどは「店頭取引」

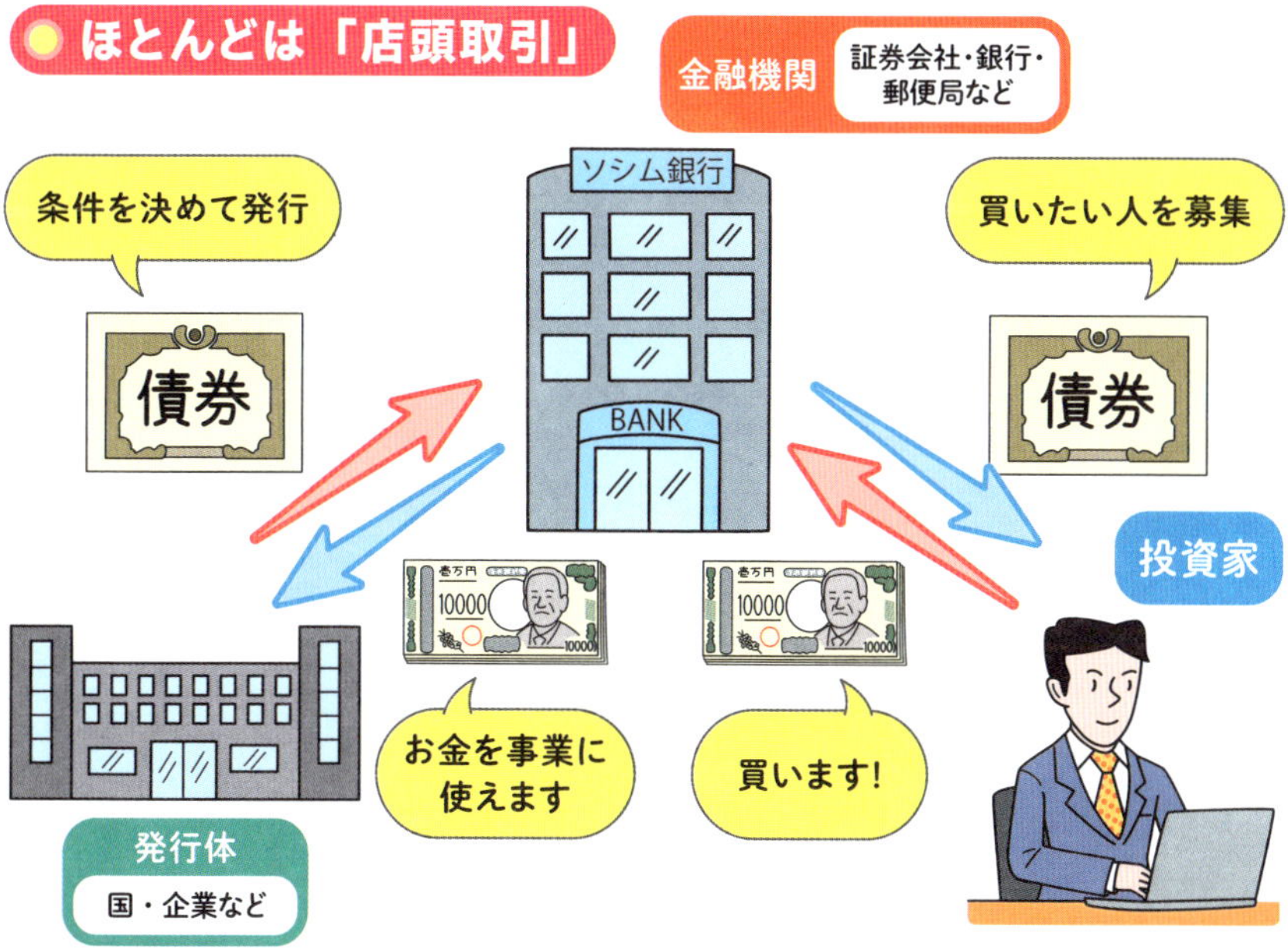
金融機関
証券会社・銀行・郵便局など
条件を決めて発行
ソシム銀行
BANK
買いたい人を募集
債券
債券
投資家
10000
10000
お金を事業に使えます
買います!
発行体
国・企業など

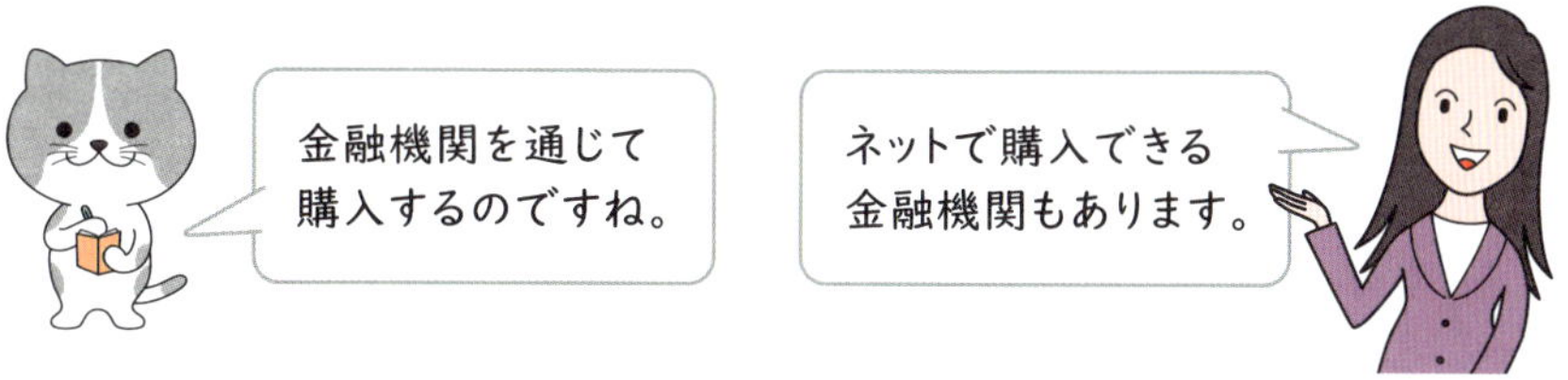
金融機関を通じて購入するのですね。
ネットで購入できる金融機関もあります。

売却は「金融機関の提示する価格」で行う

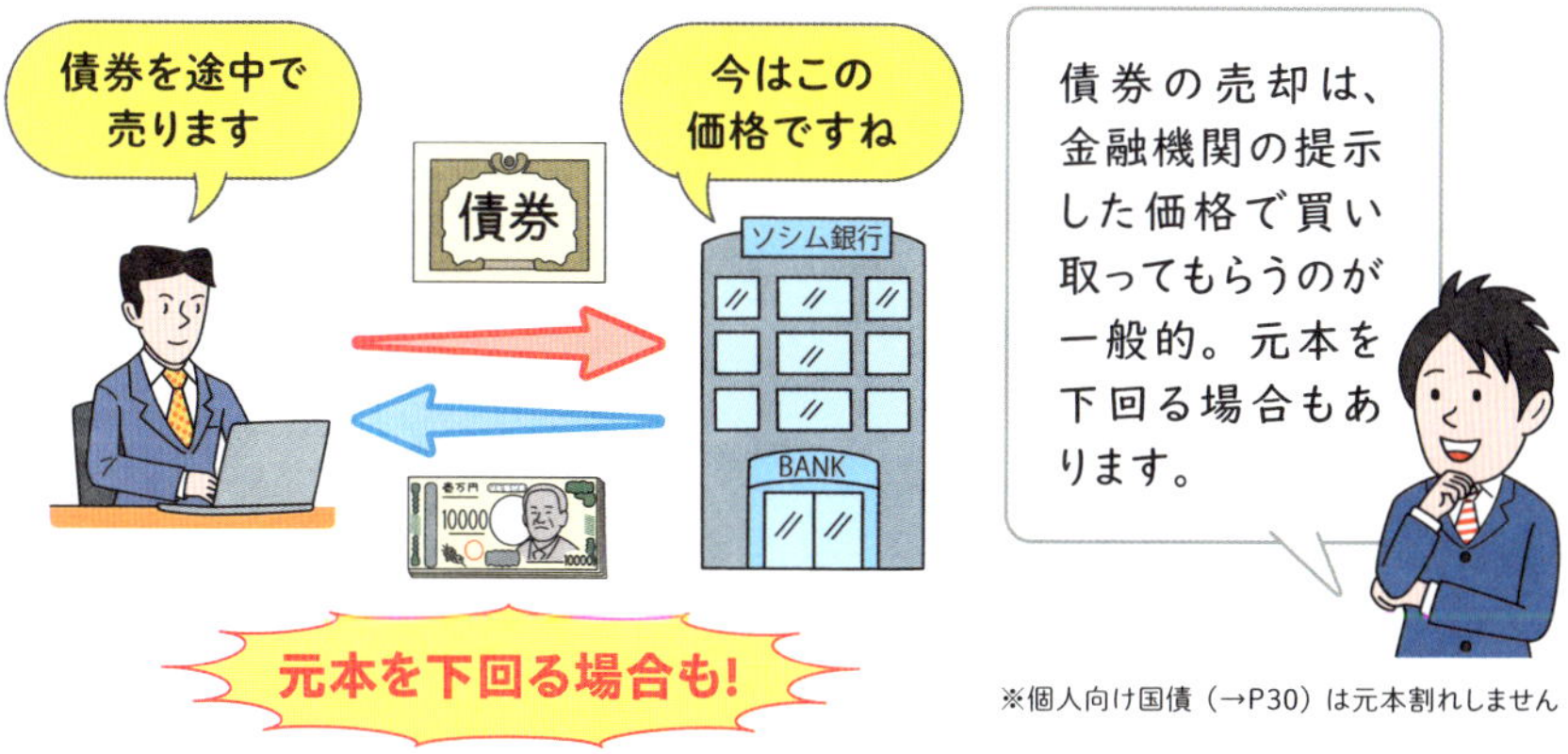
債券を途中で売ります
今はこの価格ですね
債券
ソシム銀行
BANK
10000
債券の売却は、金融機関の提示した価格で買い取ってもらうのが一般的。元本を下回る場合もあります。
元本を下回る場合も!

※個人向け国債（→P30）は元本割れしません

Q5 どうして利益を得られるのですか？

A5 利子・売却益・償還差益があるから

債券投資によって得られる収益には、大きく分けて**利子・売却益・償還差益**の3種類があります。

利子は、債券（利付債）を保有している間に受け取れるお金です。固定金利であれば額面金額の○%、変動金利であれば市場金利などをもとにした利率の利子を受け取れます。なお、資産を保有している間にもらえる利益のことを**インカムゲイン**といいます。

売却益は、債券を売却したときに得られる利益です。債券は途中で売却することもできます。株式と同様、購入時よりも高く売却できれば、購入価格と売却価格の差が利益になります。ただし、債券の価格は下落することもあります。購入時よりも安いときに売却した場合は、**購入価格と売却価格の差が損失になる**ことを押さえておきましょう。

償還差益は、**債券の購入価格よりも額面金額（償還時に返ってくる金額）が高いときに生じる差額の利益**です。ストリップス債を償還日まで保有し、額面金額を受け取れば、ストリップス債の購入価格と額面金額の差額が利益になります。また、すでに発行されている「既《き》発債《はつさい》」（→P76）を購入した場合、その購入価格と額面金額の差額が利益になります。利付債でも、購入価格によっては償還差益が得られます。

売却益や償還差益のように、資産を売却（債券では償還も）したときにもらえる利益のことをキャピタルゲインといいます。

債券から得られる3つの利益

①利子

債券の保有中に得られる利益

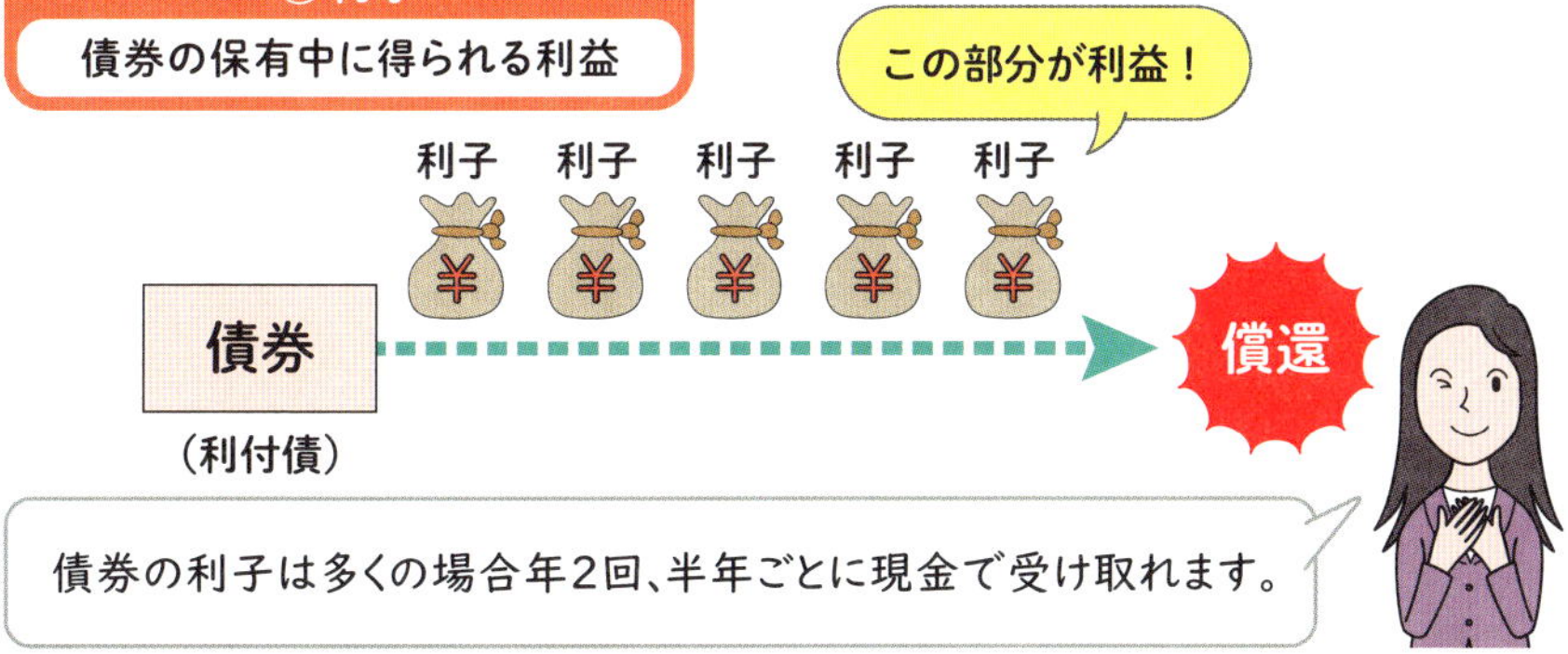
この部分が利益！
利子
利子
利子
利子
利子
債券
（利付債）
償還
債券の利子は多くの場合年2回、半年ごとに現金で受け取れます。

②売却益

債券を売却したことで得られる利益

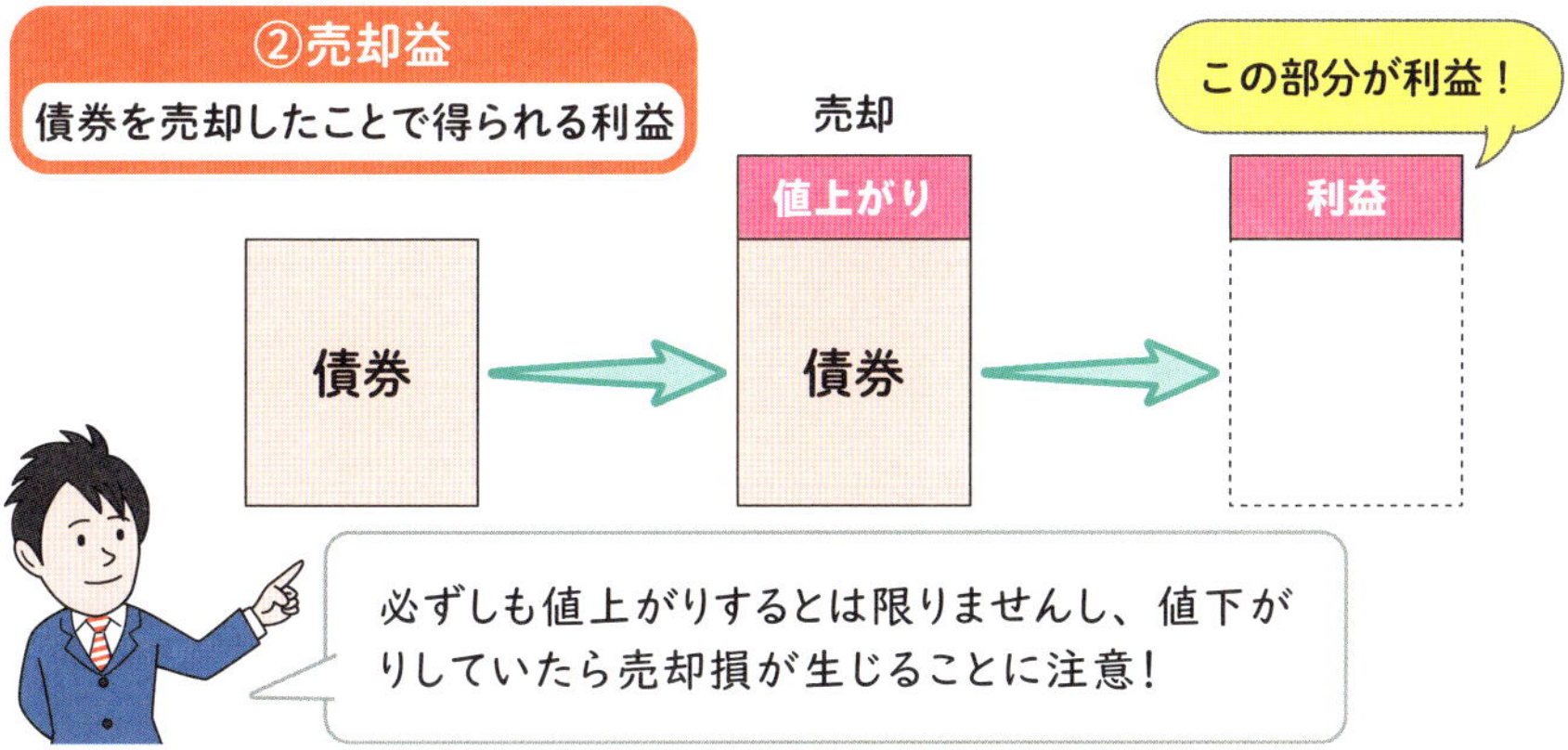
この部分が利益！
売却
値上がり
利益
債券
債券
必ずしも値上がりするとは限りませんし、値下がりしていたら売却損が生じることに注意！

③償還差益

債券の購入価格より額面金額が高いときに得られる利益

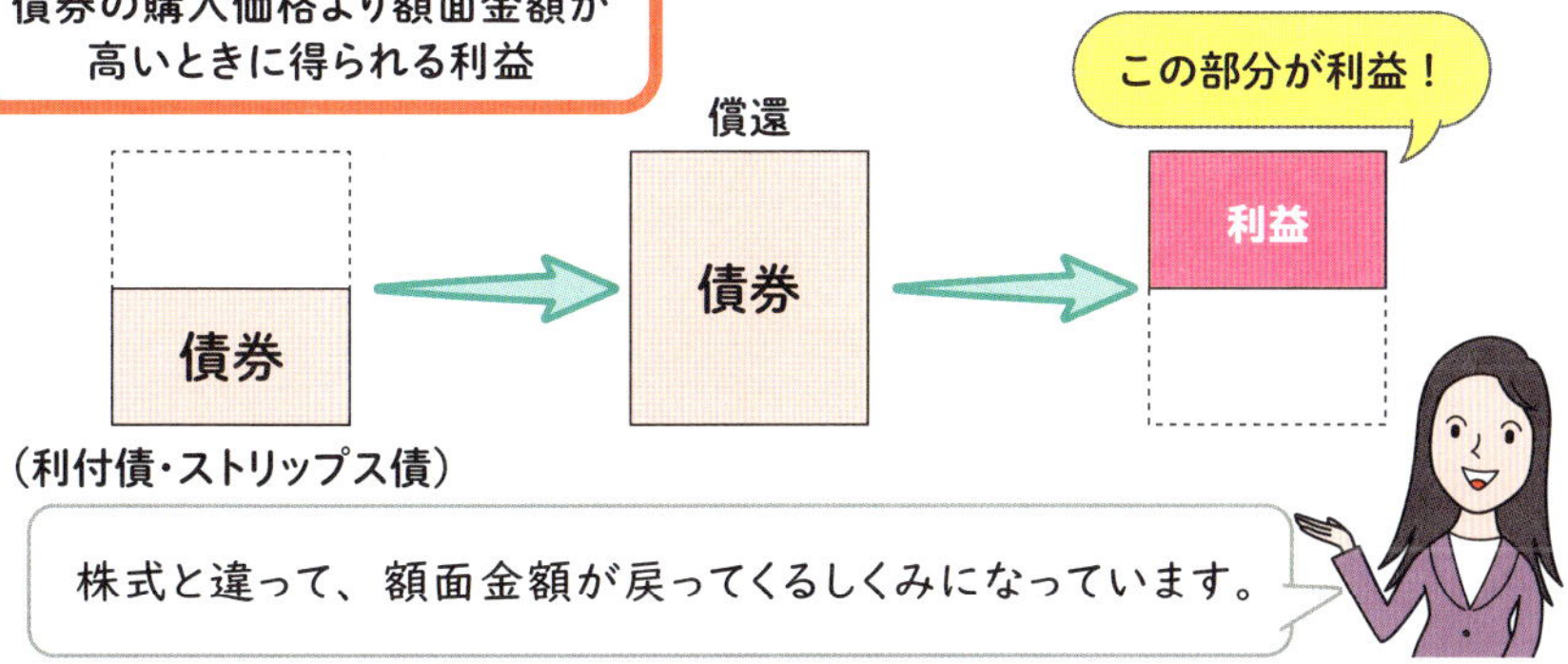
この部分が利益！
償還
利益
債券
債券
（利付債・ストリップス債）
株式と違って、額面金額が戻ってくるしくみになっています。

Q6 金利と債券価格の関係は？

A6 反対の動きをするシーソーの関係！

債券は、償還日を迎えると額面金額が戻ってきます。しかし、債券価格は、**金利の動向などによって上下に変動しています。**そのため、途中で売却する場合には、額面金額で売却できるとは限りません。

債券の金利と債券価格の間には、シーソーのような関係があります。つまり、市場金利が上がると債券価格は下がり、市場金利が下がると債券価格は上がるしくみになっています。

たとえば、金利が3％の債券を1万円分持っていれば、1年間で300円の利子が得られます。しかし、金融機関で用いられる市場金利が4％になったとしたら、以後は金利が4％の債券が発行されることになります。そうなれば、誰もが3％の債券よりも4％の債券を欲しいと思うでしょう。金利が4％の債券を1万円分買えば、1年間で400円の利子が得られるからです。こうして、**金利が3％の債券の魅力が薄れ、欲しい人が減り、債券価格が下落するのです。**

反対に、金利が3％の債券の発行後に市場金利が2％になったとしたら、金利が3％の債券の価格は上昇します。金利が2％の債券を1万円分買っても、1年間で得られる利子は200円なのに対し、金利が3％の債券を買うことで1年間に得られる利子は300円と多くなるからです。そのため、金利が3％の債券の魅力が増して欲しい人が増え、債券価格が上昇するのです。

金利と債券価格はシーソーの関係

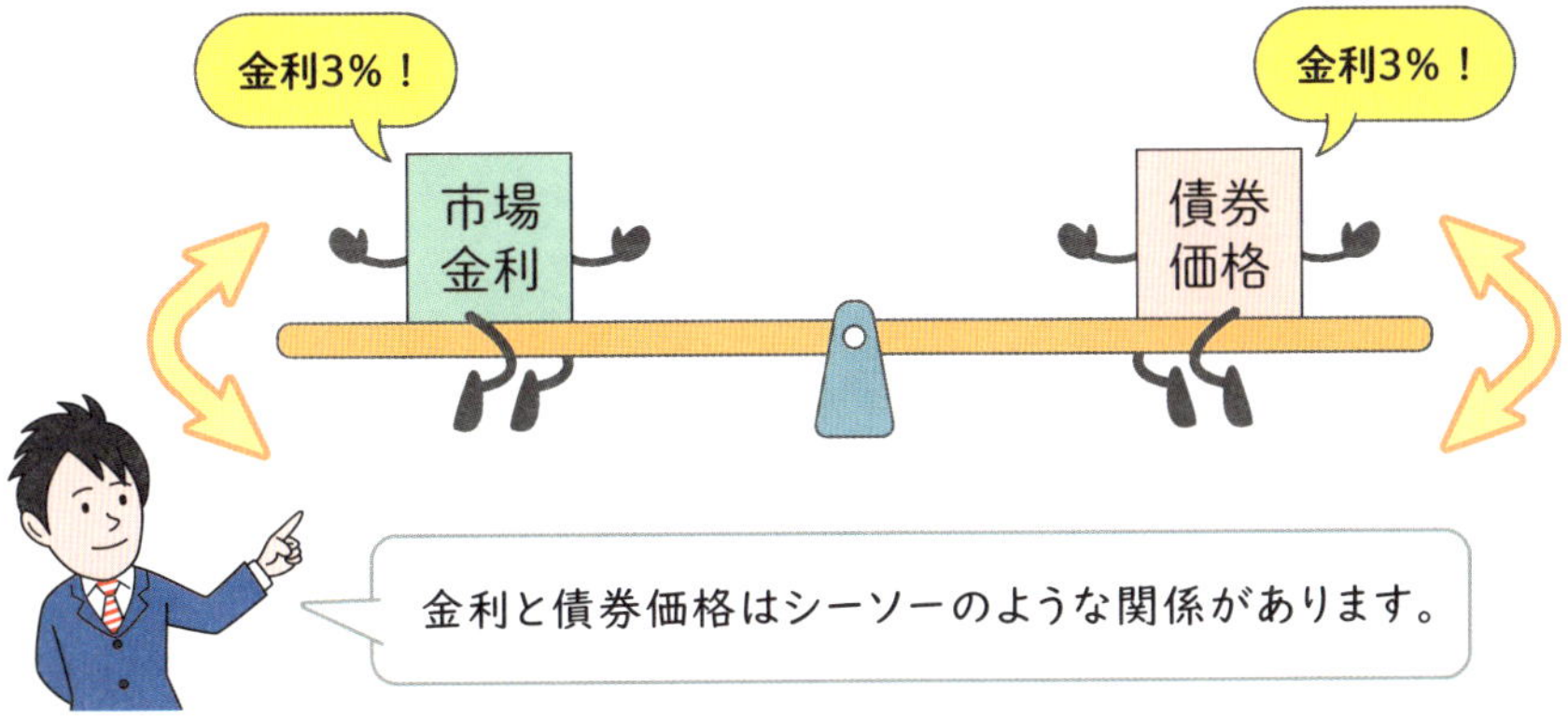

市場金利が上昇すると……

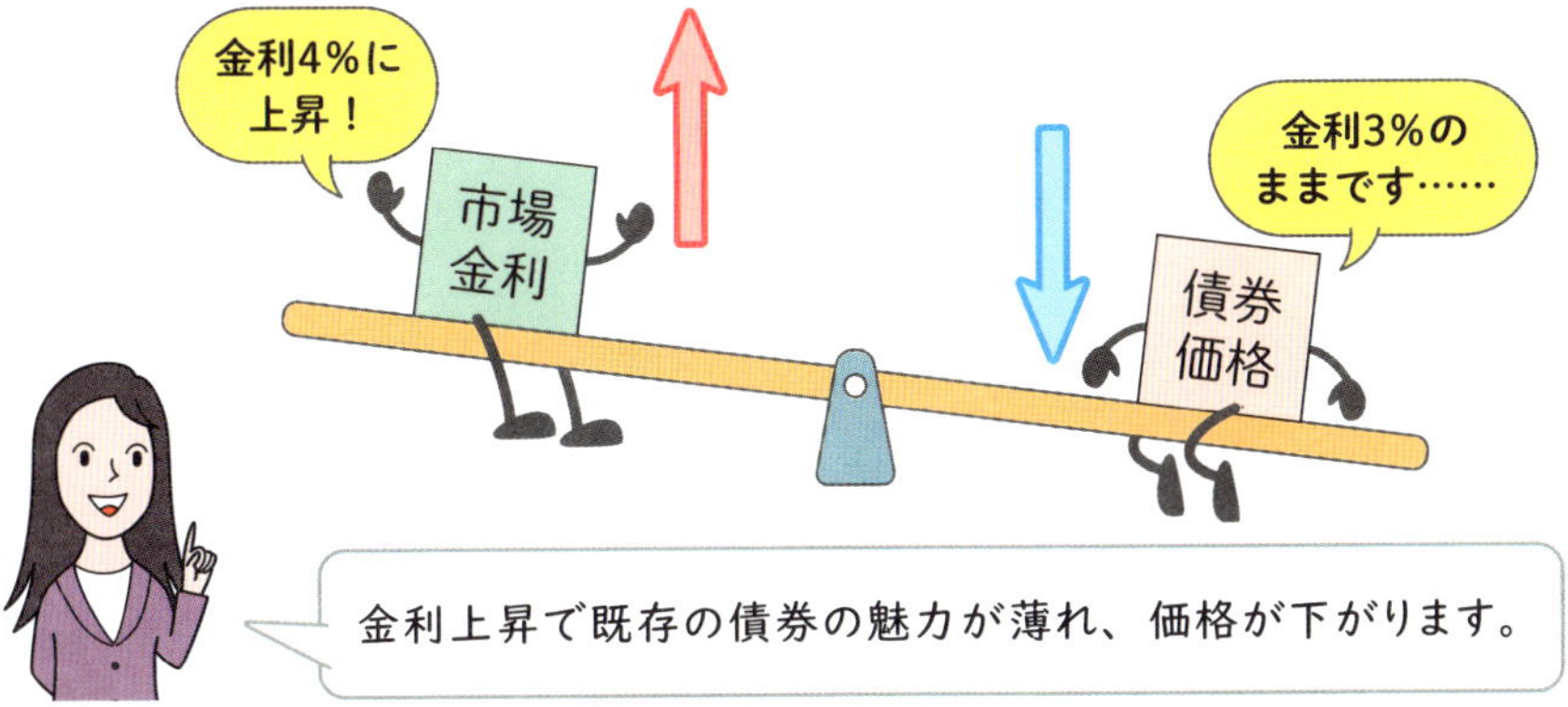

市場金利が低下すると……

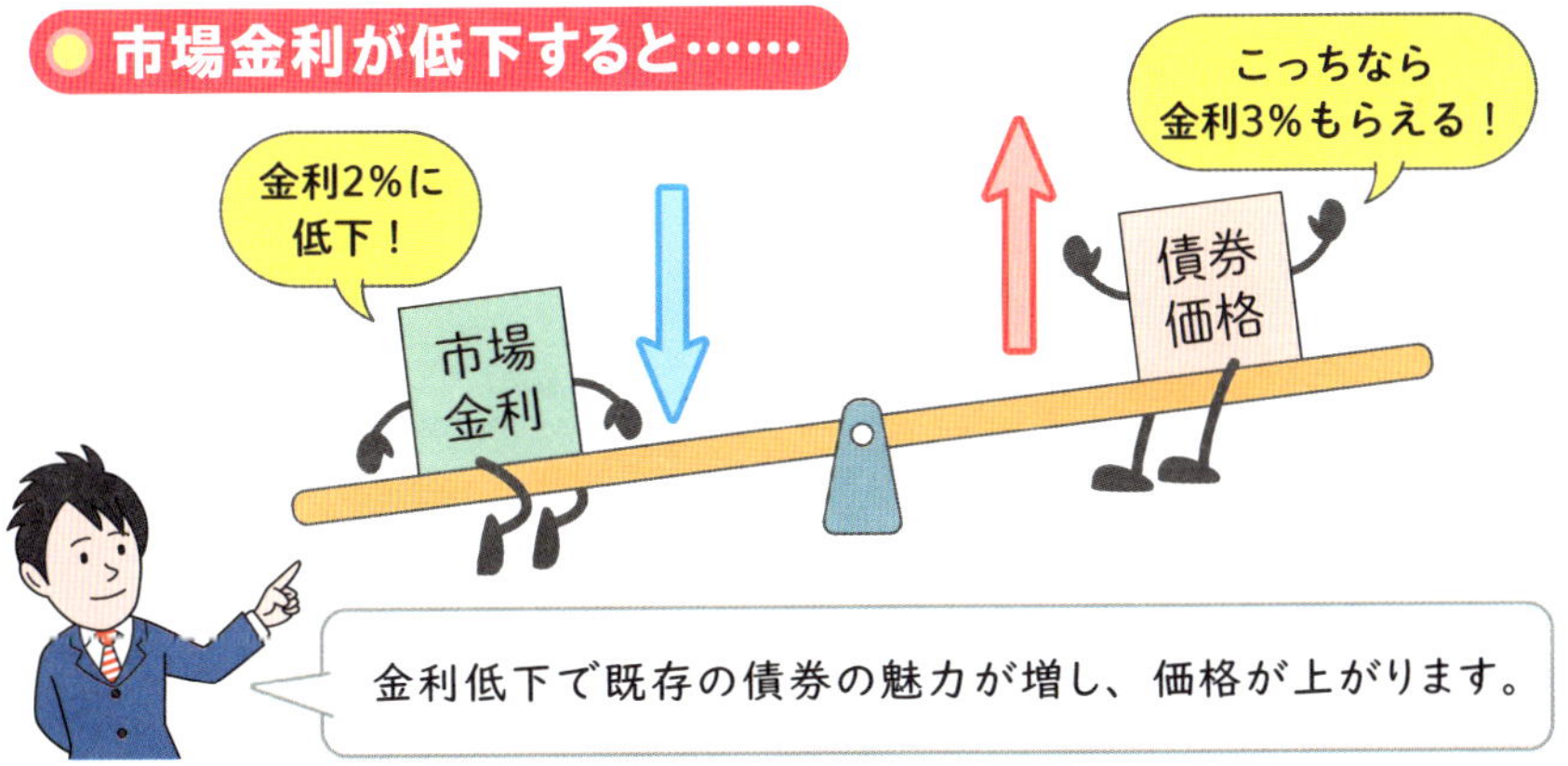

Q7 為替の影響は受けますか？

A7 外貨建て債券なら直接影響を受けます

　外国債券のうち、円以外の通貨で元本を払い込んだり、利子や償還金などを外貨で受け取ったりするものを**外貨建て債券**といいます。本書で扱う米国債もドルで購入するので外貨建て債券です。

　外貨建て債券を購入するときには、日本円を外国の通貨に両替して購入します。また、外貨建て債券が償還日を迎えた場合や、外貨建て債券を途中で売却した場合には、**償還金（売却代金）を外貨で受け取る**ので、外貨を日本円に両替する必要があります。

　日本円と外貨の両替に使われる交換比率を為替レートといいます。為替レートは平日24時間変動しています。そのため、為替レートによって損益が変わる為替変動リスクが生じます。

　たとえば、1ドル＝150円のときに米国債を購入したとします。この債券が満期を迎えたときに、為替レートが仮に1ドル＝160円になっていたとしたら、**差額の10円分が利益（為替差益）**になります。

　反対に、この債券が満期を迎えたときに、為替レートが1ドル＝140円になっていたら、**差額の10円分が損失（為替差損）**になります。

　米ドルのような規模の大きな通貨でも、為替変動リスクは相応にあります。新興国などの規模の小さな通貨になると、為替変動リスクはもっと大きくなります。外貨建て債券を購入するときは為替変動リスクにも注意が必要です。

外貨建て債券にある為替変動リスク

1ドル=150円のとき1万ドル分購入

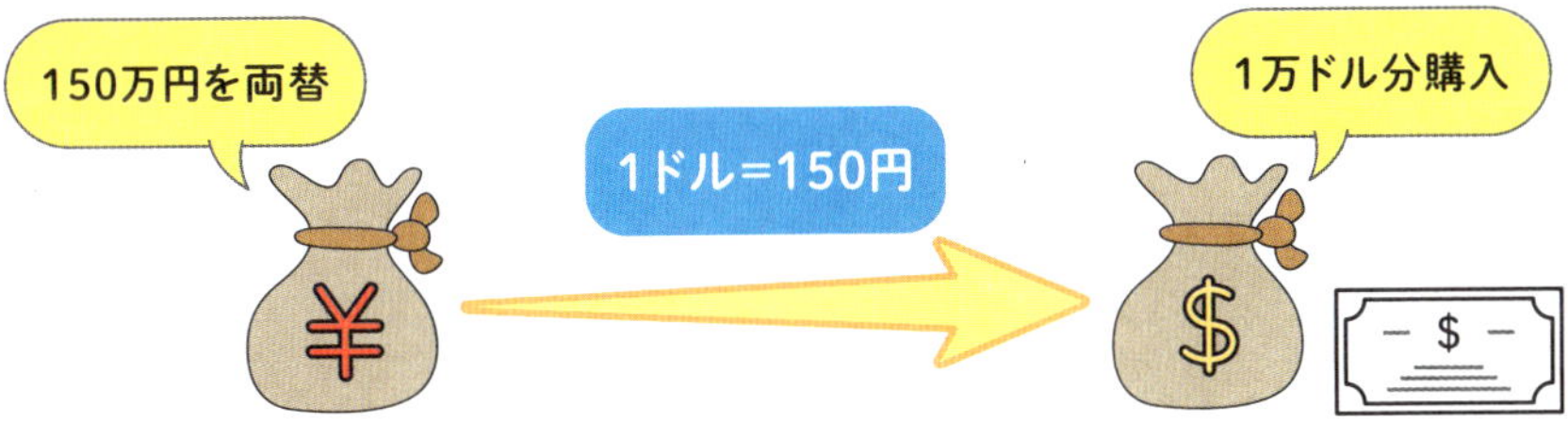

償還時に円安（1ドル=160円）なら……

10万円の為替差益！

同じ1万ドルなのに為替レートのおかげで10万円儲かっていますね。

償還時に円高（1ドル=140円）なら……

10万円の為替差損……

外貨建て債券の場合、利子の積み上げで外貨ベースで利益が出ていても、為替レートの変動で損失が生じる場合もあるので注意！

※手数料・税金等は考慮していません

Q8 どんな人におすすめですか？

A8 価格変動を抑えて安定した収入が欲しい人におすすめ

本書で解説する米国債投資は、文字どおり米国の政府が発行する国債に投資をするものです。その魅力は第1章で改めて紹介しますが、米国債は**世界一安全な債券**といわれています。それにも関わらず、高い金利が受け取れることで人気があるのです。資産の一部に米国債を加えることで、**価格変動を抑えながら安定した収入が得られる**でしょう。

ただし、米国債投資よりも優先していただきたいものがあります。それは、新NISAとiDeCoです。新NISAは投資で得られた利益にかかる税金を非課税にできる制度。iDeCoは自分で出した掛金を運用することで税制優遇を受けながら老後の年金の上乗せ部分を作ることのできる制度です。

特に、じっくりと時間をかけながら資産形成したいと考えている若い世代の方は、投資信託や株式などで運用するほうが効率良く資産を増やすことが期待できます。新NISAやiDeCoでは米国債そのものを直接購入することはできません（後述しますが、米国債に投資する投資信託・ETFであれば新NISAの成長投資枠で投資できます）。

米国債投資をおすすめしたい人は、新NISAやiDeCoなどの投資をすでにしていて、安定した投資先を探している人や分散投資の一環として投資したい人です。また、比較的年齢が高く（50代・60代など）、**価格変動リスクを避けつつお金を堅実に増やしたいという人**にも向いています。

米国債がおすすめの人は?

米国債はこんな人におすすめ

＼安定した投資先を探している人／

新NISA・iDeCoに加えて
安定的な投資・分散投資を
したい人にぴったり。

＼積極的なリスクを避けてお金を増やしたい人／

50代・60代と比較的
年齢が高く、堅実にお金を
増やしたい人にも向いている。

債券投資のなかでも、米国債投資は高い金利を低リスクで得られるおすすめの投資です。米国債の魅力は1章で改めて解説します。

NISAとiDeCoのイメージ

NISAは小回りの利く自転車

【引き出し】いつでも自由
【最低投資額】いくらからでもOK
【税制】運用益が非課税

iDeCoは目的地までしっかり運ぶ電車

【引き出し】原則60歳まで不可
【最低投資額】最低月5,000円から
【税制】拠出時・運用中・受け取り時に税制優遇がある

投資の利益にかかる約20%の税金がゼロに!

毎年の所得税や住民税まで安くできます!

Column

日本の国債も個人で直接購入できる

個人向け国債と新窓販国債

日本国債も、個人で直接購入することができます。個人が購入できる国債には「個人向け国債」と「新型窓口販売国債」（新窓販国債《しんまどはんこくさい》）の2種類があります。

個人向け国債は、半年に1度利子が受け取れ、満期になるとお金が返ってきます。毎月発行されており、最低購入価格1万円から1万円単位で購入できます。満期前でも発行後1年以上経過すれば中途換金ができます。その際、直近2回の利子にあたる金額が中途換金額から差し引かれますが、元本割れは絶対にしません。

個人向け国債には金利の種類と償還日までの期間に応じて「固定3年」「固定5年」「変動10年」の3つのタイプがあります。おすすめは「変動10年」。金利が半年に一度見直されるため、今後の金利上昇にも対応しやすいからです。

新窓販国債も、半年に1度利子が受け取れ、満期にお金が返ってきます。金利はいずれも固定金利で、最低購入価格は5万円から5万円単位となっています。市場でいつでも売却ができますが、売却価格はそのときの市場価格によって変わるため、売却損（または売却益）が発生することがあります。

	個人向け国債			新窓販国債		
商品	変動10年	固定5年	固定3年	10年固定利付国債	5年固定利付国債	2年固定利付国債
満期	10年	5年	3年	10年	5年	2年
金利タイプ	変動金利※	固定金利	固定金利	固定金利	固定金利	固定金利
発行頻度	毎月（年12回）			毎月（年12回）		
中途換金	発行後1年経過すればいつでも可能（直近2回分の利子が差し引かれるが、元本割れリスクなし）			市場でいつでも可能（市場価格によっては売却損・売却益が発生する。元本割れリスクあり）		

※半年ごとに利率が見直される（最低年0.05%は保証）

第1章

米国債がおすすめの理由

日本をはじめ多くの国や企業が
債券を発行しているなか、
なぜ米国債がおすすめなのか、
その理由を解説します。

第1話 資産運用に悩んでいます

Money & You
ここだわ
りっぱなビルだ〜
ね〜
ようこそいらっしゃいました！マネーコンサルタントの頼藤です。よろしくお願いします。
こんにちは
はじめまして高山です。
祖母と父の資産運用について相談に来ました。
主人から相続した遺産と……、
俺の退職金をうまく活用できないかと思っていまして。
ハハッ
ね〜っ
ソワソワ
なるほど
それなら資産の一部に**米国債**を取り入れるのはどうですか？
米国債？
米国債はアメリカ合衆国が発行する米ドル建ての債券で比較的安全性の高い金融商品として知られています。
それ何？
うっ
は〜っ
米国債ってあまり聞いたことがないからいろいろ心配なんですけど……。
…
あ〜
そういうことならこれから米国債について説明しましょう。
米国債にはたくさんメリットがあるんですよ！

世界経済の中心・米国の債券

そもそも米国債ってなんですか？

● ケタ違いの発行額を誇る米国債

米国債は、米国政府（米国財務省）が発行する債券です。日本が国の資金不足を補うために日本国債を発行するのと同様に、米国も米国債を発行しています。

米国債は発行額もケタ外れです。２０２４年の発行額は過去最高となる**約28・３兆ドル。**１ドル＝１５０円と考えても約４２４５兆円です。日本国債の発行額は２０２４年で約１８２兆円ですから、その規模の違いがよくわかります。

米国債は、世界経済の中心である米国政府が元本や利子の支払いを保証しているため、高い信用力を誇っています。また、取引のしやすさ（流動性・→Ｐ44）も非常に高いのが特徴です。

● 高い金利が期待できる米国債

米国債は、日本国債よりも高い金利が期待できる投資先です。米国債の利回りは、米国の政策金利の見通しなどによって決まります。近年、米国では続くインフレを解消するために政策金利を引き上げたこともあり、**とても高い水準になっています。**対する日本では、マイナス金利政策が解除されたとはいえ、まだ金利が低い状況です。

２０１５年から２０２４年の利回りの推移を見ると、10年債券・30年債券とも総じて米国債のほうが高くなっています。

用語解説　**マイナス金利政策**

金融機関が中央銀行（日本の場合日銀）に預けている当座預金の金利をマイナスに設定する政策。金融機関に、お金を企業や家計に貸し出すように促し、物価上昇や経済の活性化を目指すために行う。

米国債を知る2つのデータ

米国と日本の国債の発行額（2015年～2024年）

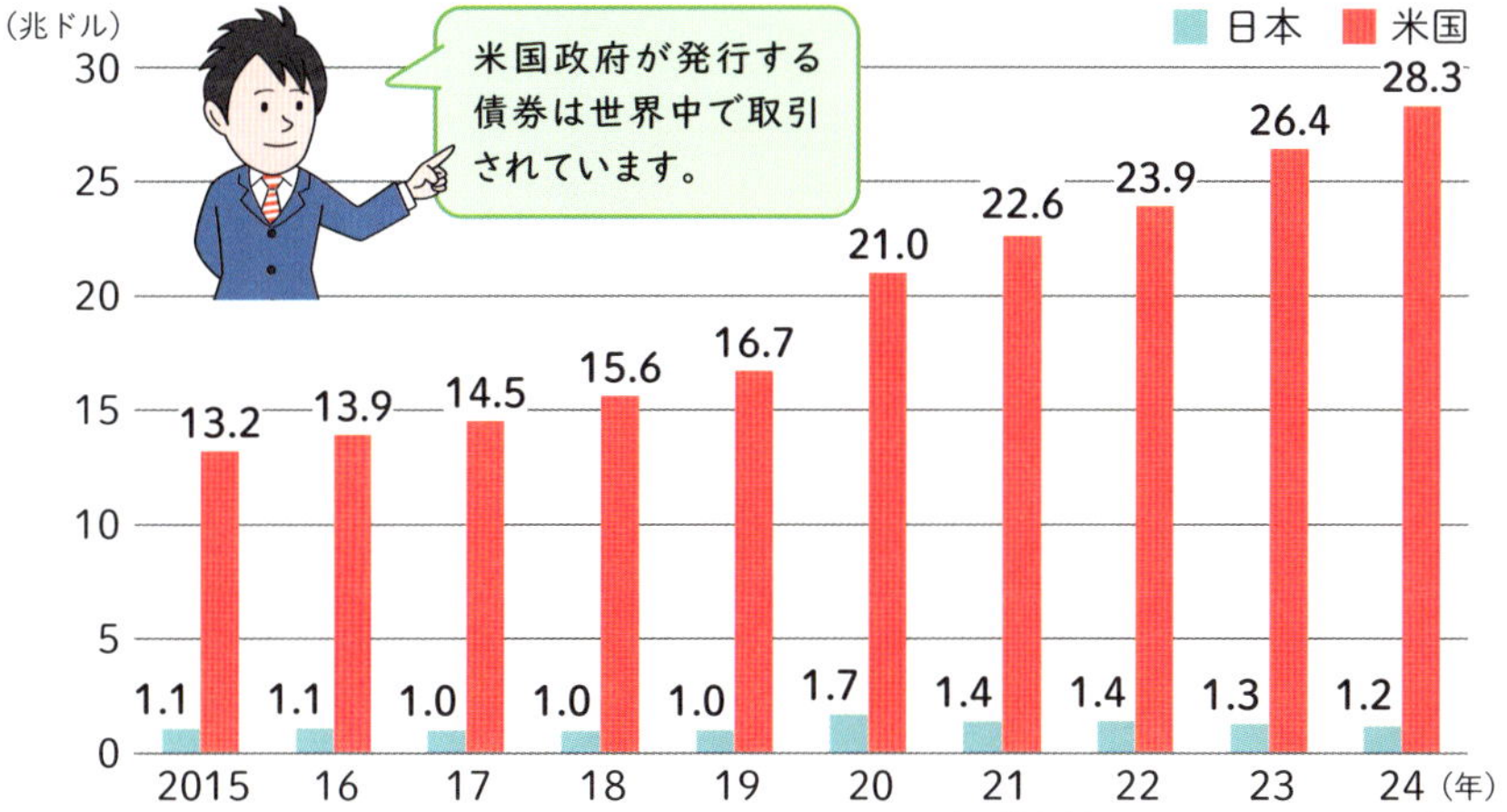

※日本国債発行額は1ドル=150円としてドル換算

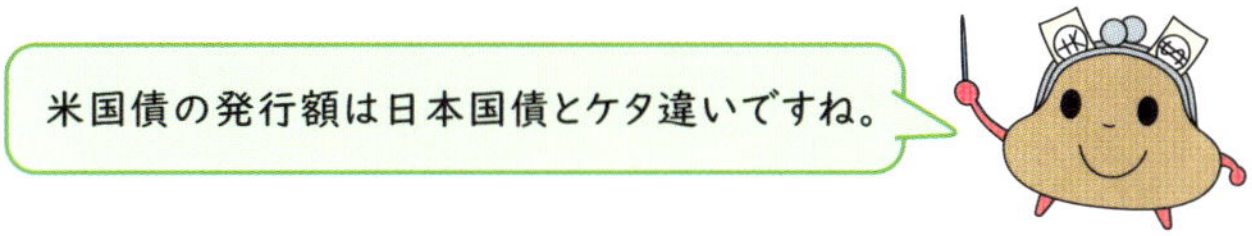

米国債と日本国債の利回りの推移（2015年～2024年）

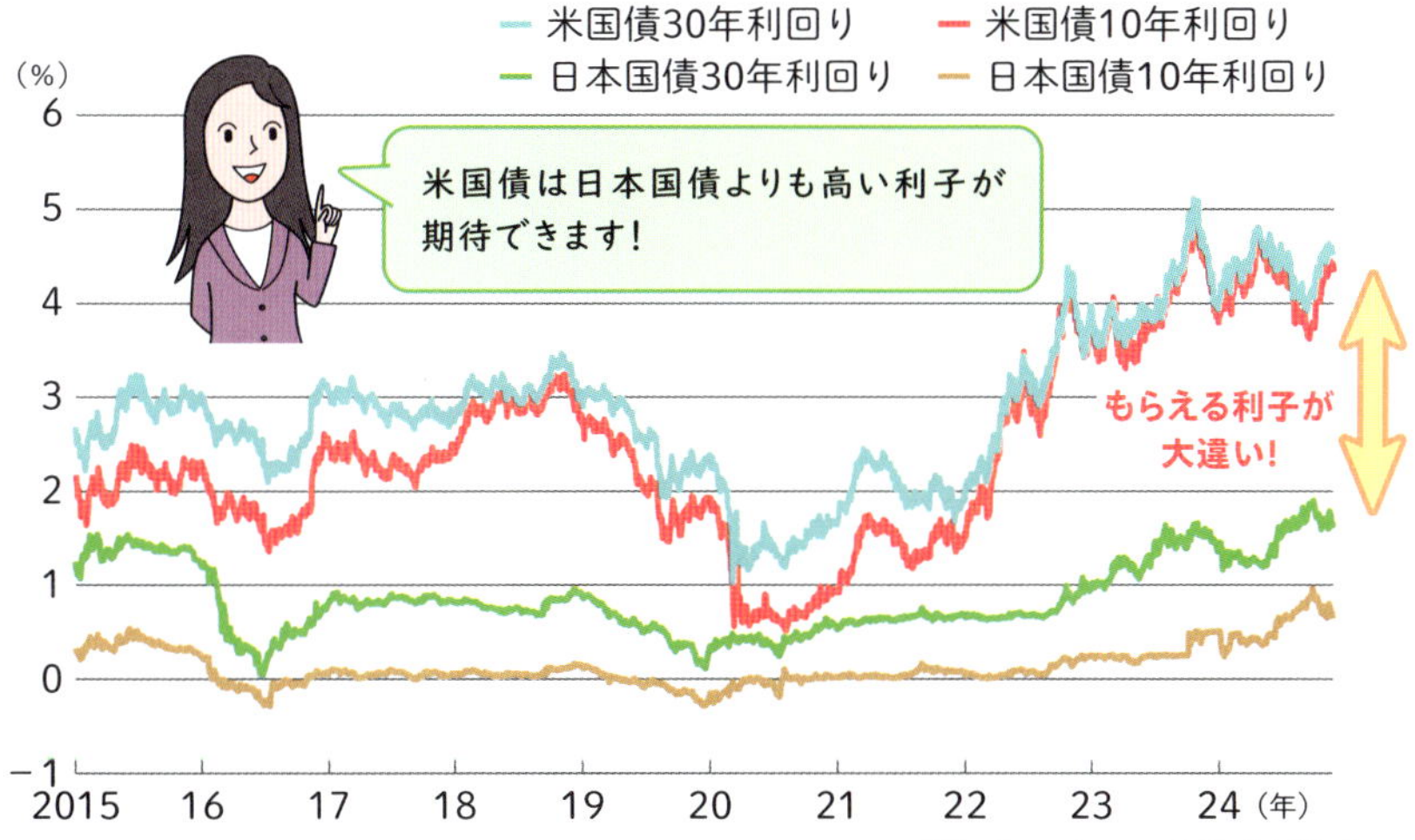

出典：Investing.comのデータより作成

第1章 米国債がおすすめの理由

世界最大の売買高を誇る米国債

米国債には世界中の投資家が投資する

米国外でもっとも米国債を保有する日本

米国債は、世界一流通している金融商品です。米国政府や基軸通貨（↓P40）であるドルには世界中から高い信頼が寄せられています。投資することで高い金利が得られて、満期に元本が戻ってくることから、**安定した投資商品**として活用されています。

なかでも日本は、米国外でもっとも米国債を保有している国です。日本政府はもちろん、銀行や生命保険会社、企業年金なども米国債を利用して安定的にお金を増やしています。これまで直接米国債を買ったことはないという方も、これらを通じて間接的に米国債に投資をしているといえます。

金融機関は米国債をおすすめしない？

米国債は世界中で取引されているものの、個人で取引するイメージはわかないかもしれません。その理由は、**金融機関が米国債を勧めないからです。**

株の売買には売買手数料、投資信託では購入時の販売手数料や保有中の信託報酬という具合に、金融機関がもらえる手数料があります。しかし、米国債の取引手数料は価格に含まれているうえ、保有中の手数料もかかりません。米国債に投資する私たちにとっては大きなメリットですが、金融機関にとってはそうでもないのです。株や投資信託を買ってほしいのが本音でしょう。

POINT!

投資は「値上がり」に注目しがちですが、コストを抑えることも大切。投資の結果はわかりませんが、コストは自分で選べるからです。米国債は、償還日まで保有した場合の結果が先にわかり、手数料が非常に安く済むメリットがあります。

世界中で取引される米国債

米国外の米国債の保有残高（2024年4月時点）

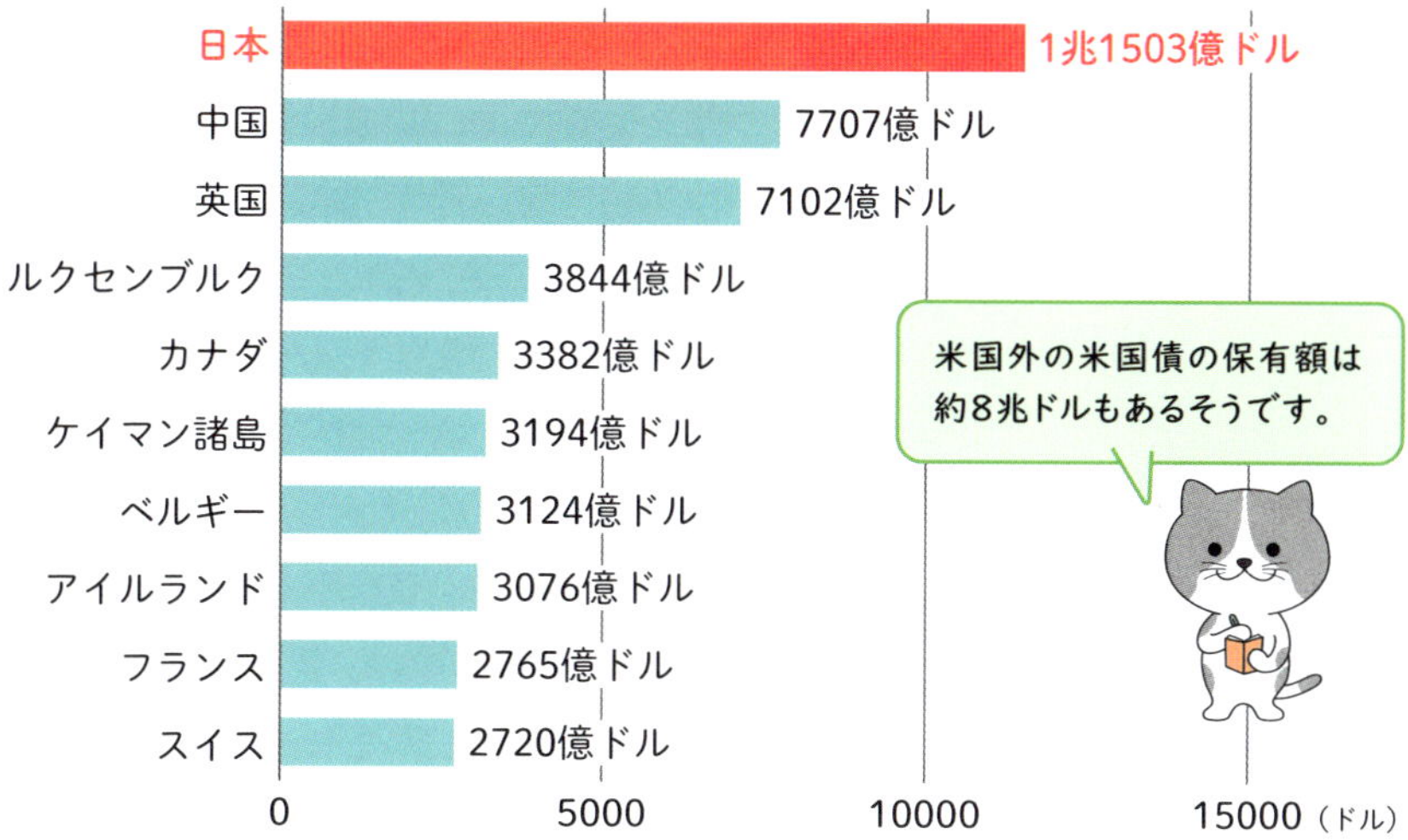

出典：statisia「2024年4月時点 国別の米国国債保有残高」より作成

米国債の月間取引高

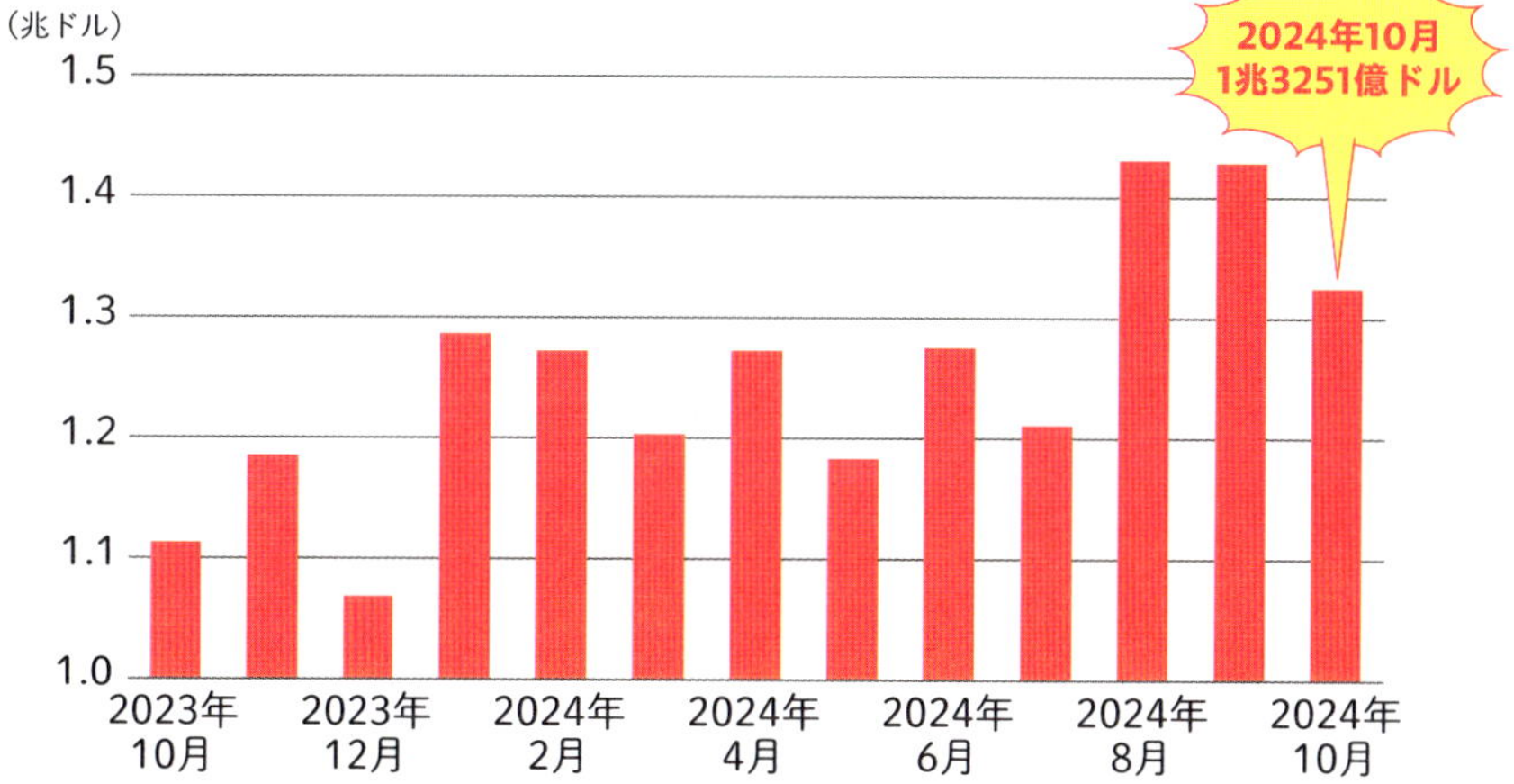

出典：SIFMA「US Fixed Income Securities Statistics」より作成

このところは毎月1兆ドル以上も売買されているんですね。

人口もGDPも右肩上がり

おすすめの理由① 米国の国力の強さ！

世界一の経済大国

米国のGDPは約29兆ドル。2位の中国（約18兆ドル）を引き離して世界一です。かつて世界2位だった日本は4位で約4兆ドルです（以上すべて2024年時点）。

日本は人口減少が進んでいますが、国連の推計によると今後中国やインドでも人口が減少します。しかし、米国は**主要先進国の中で唯一人口が増加。**2024年時点で約3・4億人の人口は、2050年に約3・8億人、2100年には約4・2億人になると予想されています。

人口が増えると、経済活動が行われ、経済成長が続くことが見込まれます。

米国のGDPは右肩上がりが続く

左ページの下の図は、名目GDP上位5カ国の推移・見通しをグラフに表したものです。**米国のGDPは右肩上がり**で、力強さが際立っています。

実際、米国には世界的な企業がたくさんあります。マグニフィセント・セブン（グーグル・アマゾン・フェイスブック（現メタ）・アップル・マイクロソフト・テスラ・エヌビディア）をはじめ、身近なところにも米国生まれの商品・サービスがたくさんあります。世界的に使われる商品・サービスを生み出し続けられる限り、米国は、世界トップであり続けるでしょう。

用語解説　**GDP（Gross Domestic Product）**

国内総生産。一定期間内に国内で生産されたモノやサービスの付加価値の合計額を表す数字。物価変動の影響を受ける名目GDPと、物価変動の要因を取り除いた実質GDPがある。

世界経済の中心、米国

中国・インド・米国・日本・ドイツの人口推移・見通し（2000年〜2100年）

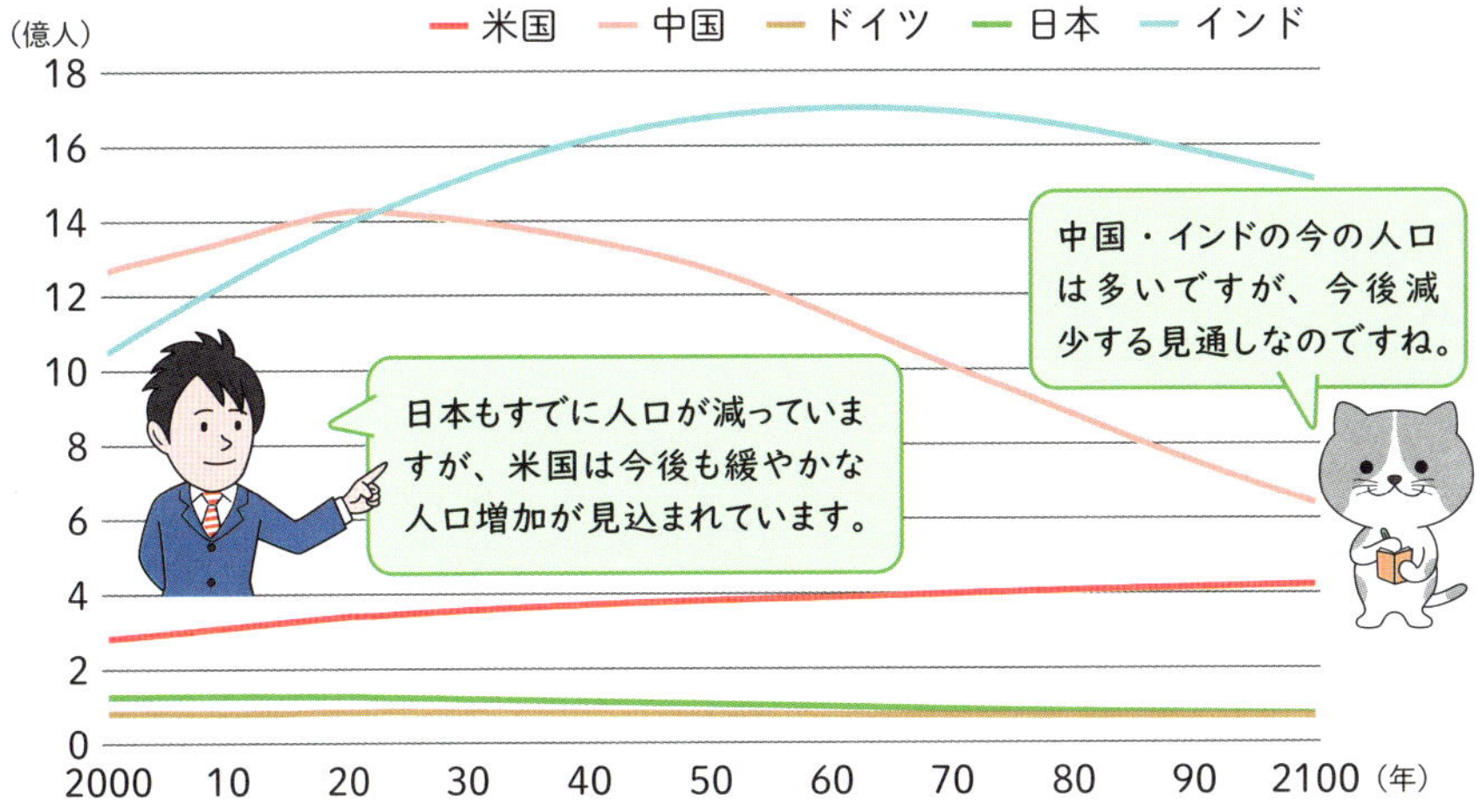

※2024年以降は予測。国連「世界人口推計2024」より作成

名目GDP上位5カ国の推移・見通し（1980年〜2029年）

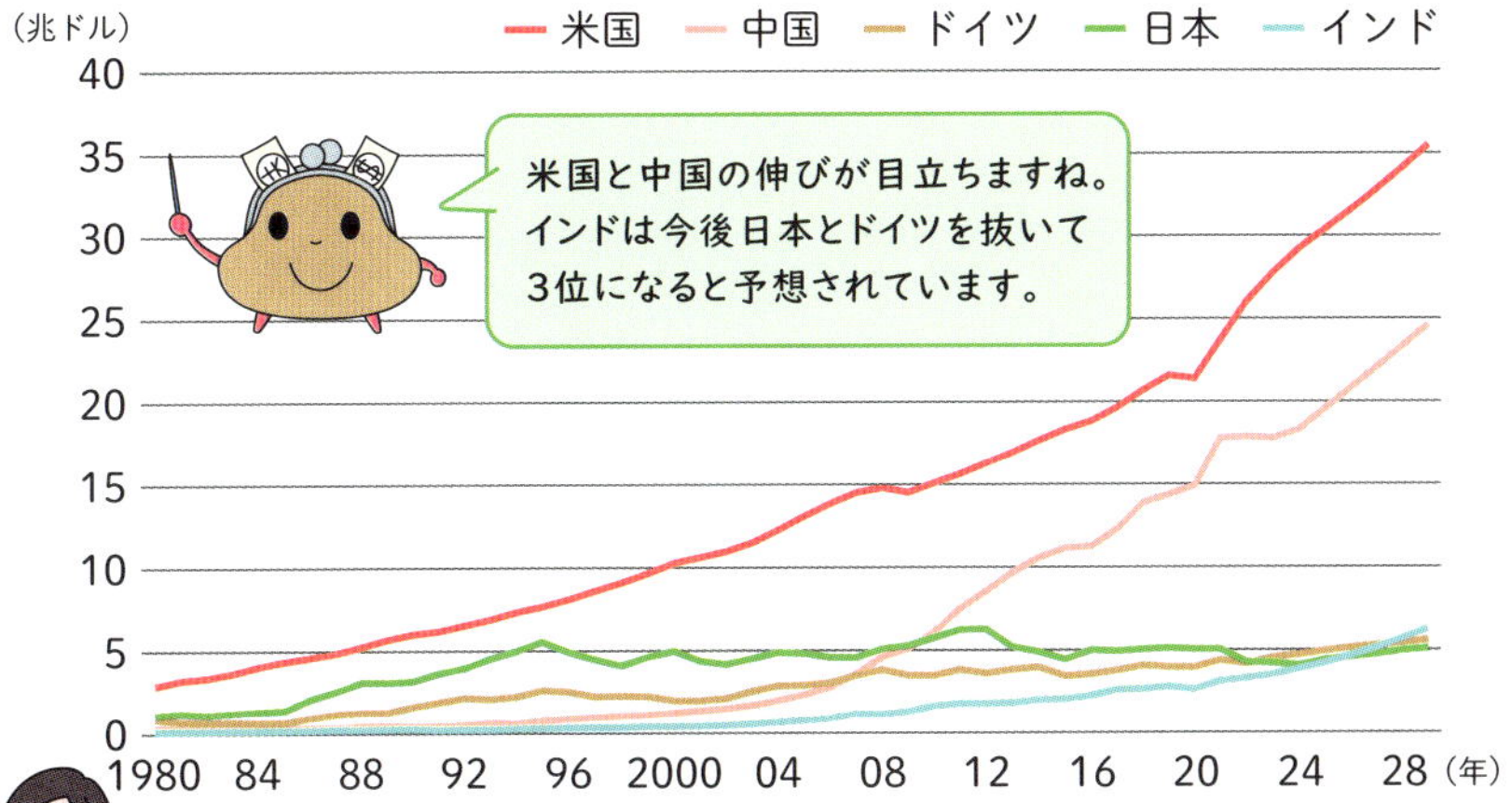

※2024年以降は予測。IMF「World Economic Outlook Database.October2024」より作成

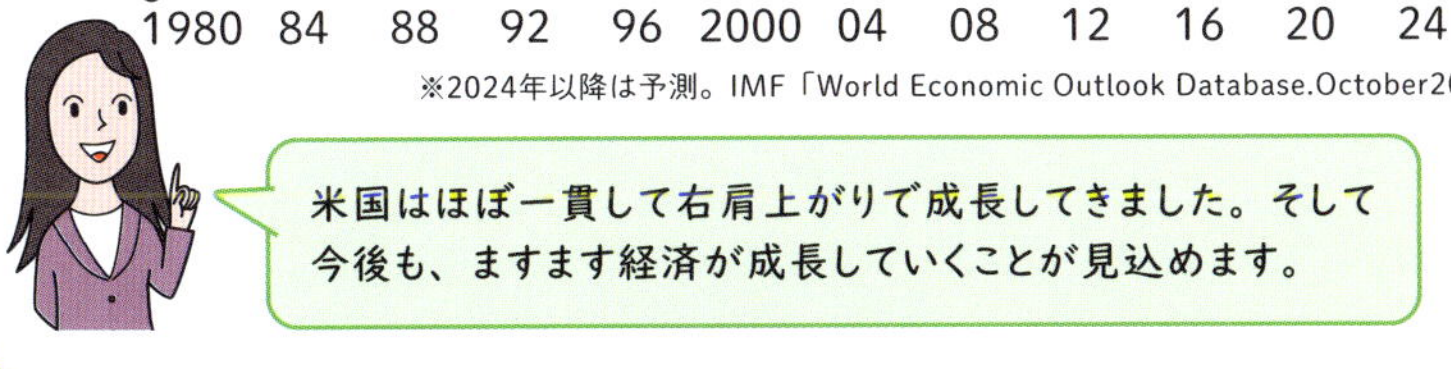

おすすめの理由② 世界中で利用される「ドル」の力

信用力も高く取引量の多いドル

ドルといえば米国のお金ですが、世界中で使われているお金でもあります。ドルは基軸通貨といって、貿易や金融取引などで幅広く使用されています。それだけ、信用されている通貨だということを表します。

ＢＩＳ（国際決済銀行）の３年に１度の調査によると、２０２２年４月の世界の外国為替市場の取引の44・2％がドルの取引となっています。２位のユーロ（15・3％）、3位の日本円（8・3％）などと比べても、その規模の大きさは抜きん出ています。**取引量の多さに加えて、流動性も高い**ので、変動も比較的少なめです。

インフレ率に金利が連動、為替レートにも反映される

インフレとは、物価が継続的に上がり、お金の価値が目減りすることです。日本は、食料をはじめ多くのものを海外から輸入しているため、為替レートが円安に進むと、円の価値が目減りし、ものを輸入するコストが上がり、物価も上昇するのです。

米国債の利回りとインフレ率はおおむね連動しています。インフレ率が上がると、それを抑えるために政策金利が上昇し、**米国債の金利も上昇**します。すると、米国債を欲しい人が増え、ドルを買う（両替する）動きが増えるため、為替レートはますます円安（＝ドル高）に進みます。

用語解説 外国為替市場

円、ドル、ユーロなど、異なる通貨の売買を行う市場。外国為替市場という場所は存在せず、時差の関係で東京、ニューヨーク、ロンドンなど世界各国の市場で時間帯ごとに取引が行われている。

ドルは世界中で使われている

外国為替市場の取引通貨

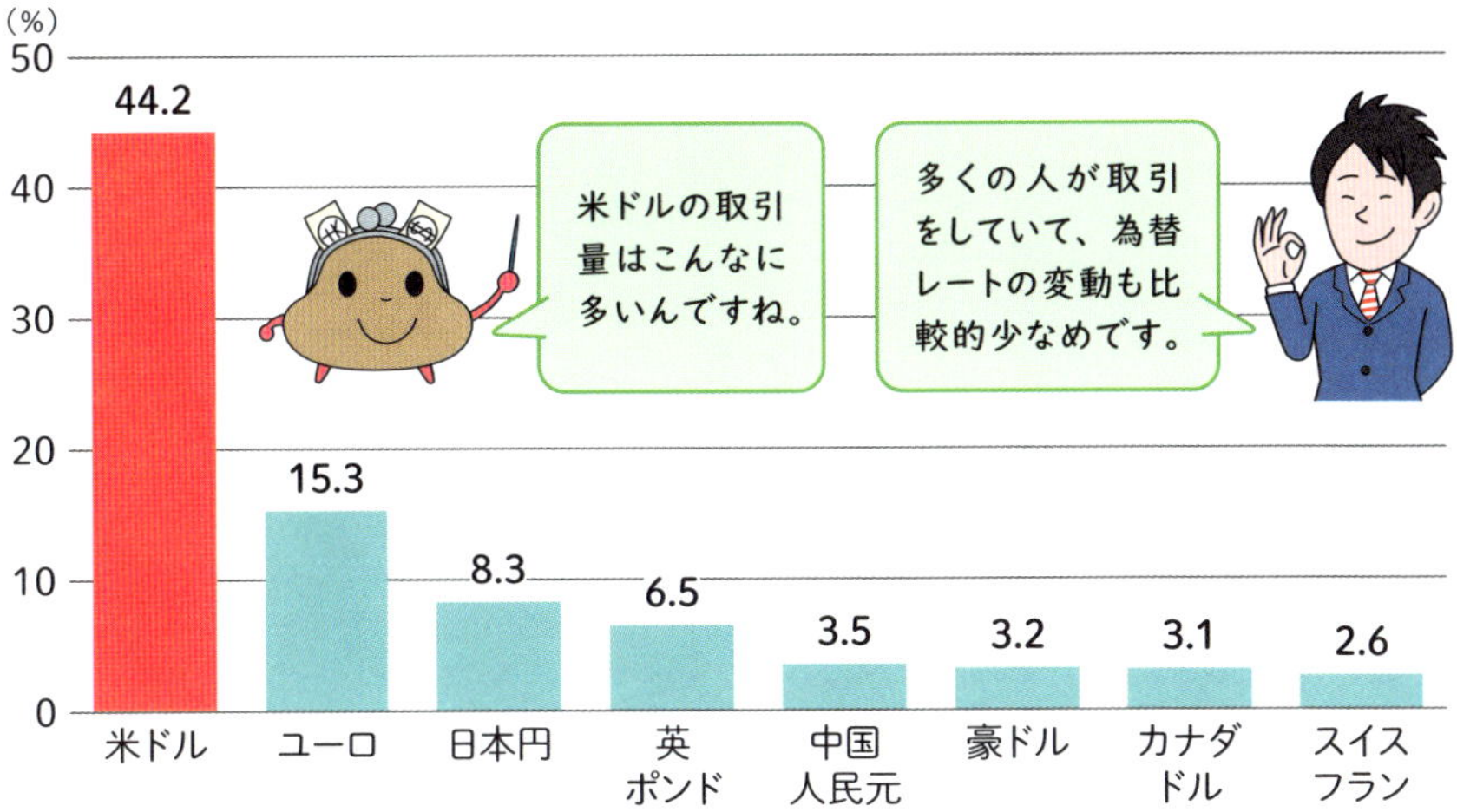

出典：BIS「2022 年外国為替及びデリバティブに関する中央銀行サーベイ」より

米国債の利回りとインフレ率の推移

出典：U.S. Bureau of Labor Statistics・Investing.comのデータより作成

信用リスクはほぼないに等しい!

おすすめの理由③ ドルベースの元本保証

●他の債券と比べてリスクが低い

米国債は、米国が破綻したら損をする「信用リスク」がないわけではありません。しかし、今の経済規模やこれからの人口増加を踏まえると、米国の破綻は考えにくいですし、米国より前に他の国が破綻する可能性のほうが高いでしょう。また、社債なども同様で、米国より前に企業が破綻するはずです。つまり、**米国債は他の債券と比べてリスクが低い**といえます。

市場金利が上昇することで債券価格が下落する「金利リスク」はあります。債券価格が安いときに中途売却すると、元本割れする可能性があります。とはいえ、償還日まで保有していれば、額面の金額が戻ってくるという点では、ほぼ元本保証です。

●元本保証はあくまで「ドルベース」

「為替リスク」もあります。米国債の元本保証はドルベース。したがって、もしも為替レートが円高になっていたら、**元本割れする可能性がある**ことは押さえておきましょう。

たとえば、米国債を1万ドル、1ドル＝１５０円のときに購入したとします。この米国債から10年間で３０００ドルの利子を受け取って償還したときに、1ドル＝１００円になっていたら、差し引き20万円の損を抱えることになります。

用語解説　信用リスク

債券の発行体の国・自治体・企業や、株を発行する企業などの財務状態が悪くなるなどして、元本や利子が受け取れないリスク。信用リスクが高まると、債券や株の価格は下落する。

米国債のリスクは少ない

米国債の信用リスクはほぼないに等しい

破綻したらお金は
返せません！
米国債
米国より破綻しなさそうな
国もないですよね……。
他の国債や、社債などの
債券と比べても安全性は
高いといえます。
☑Check!
他の債券と比べても
リスクが低い！

中途売却なら金利リスクに要注意

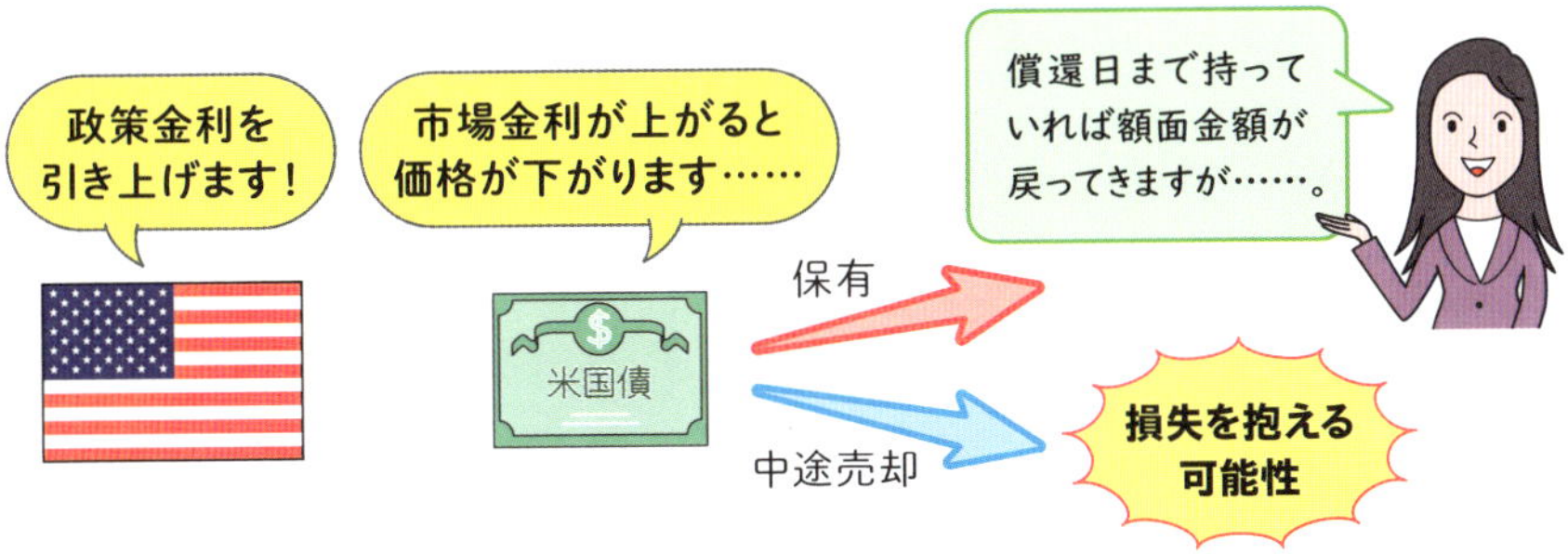
政策金利を
引き上げます！
市場金利が上がると
価格が下がります……
米国債
保有
償還日まで持って
いれば額面金額が
戻ってきますが……。
中途売却
損失を抱える
可能性

米国債の元本保証はドルベース

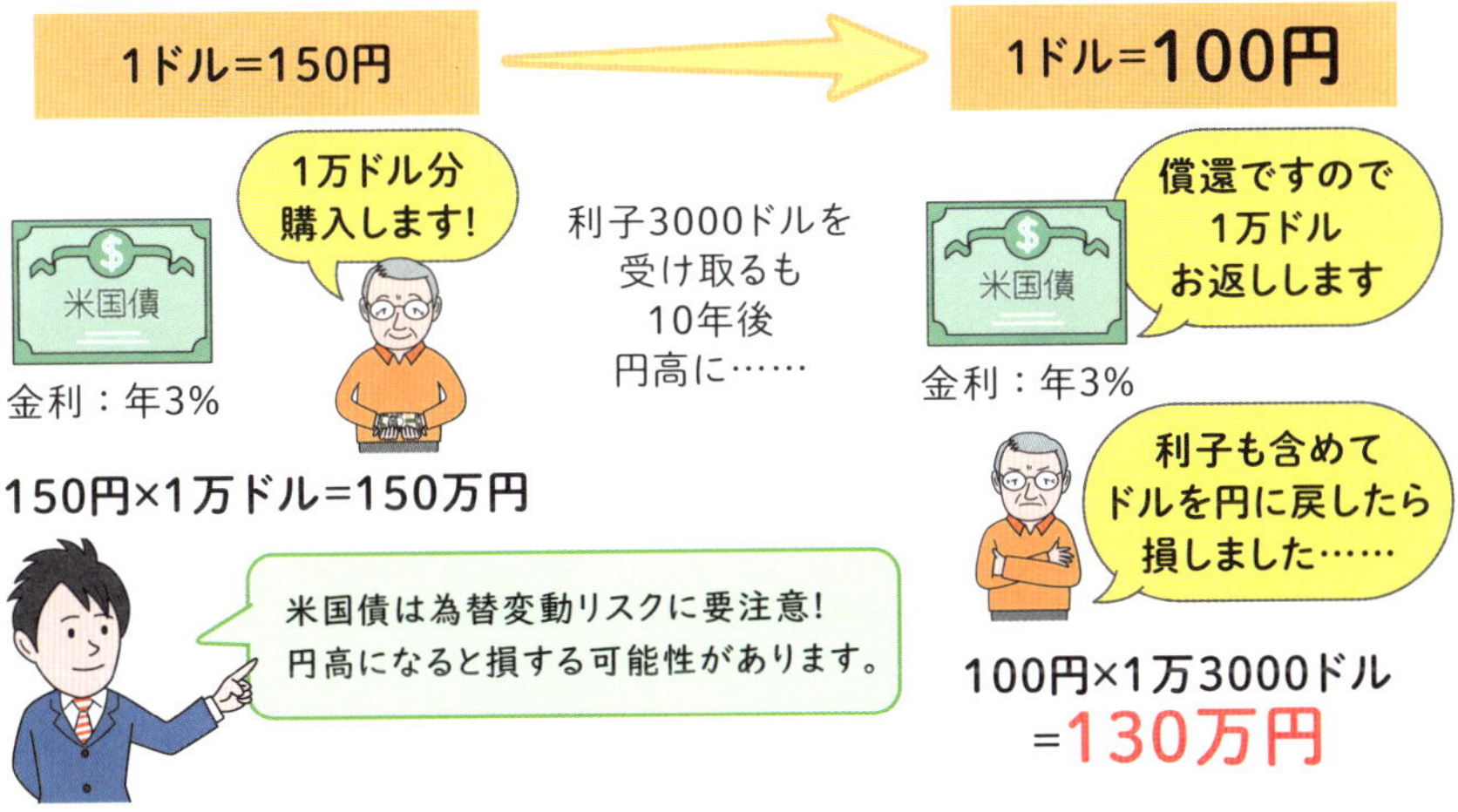
1ドル=150円
1ドル=100円
米国債
金利：年3%
1万ドル分
購入します！
150円×1万ドル=150万円
利子3000ドルを
受け取るも
10年後
円高に……
米国債
金利：年3%
償還ですので
1万ドル
お返しします
利子も含めて
ドルを円に戻したら
損しました……
100円×1万3000ドル
=130万円
米国債は為替変動リスクに要注意！
円高になると損する可能性があります。

世界中で取引されている！

おすすめの理由④ 流動性が高く換金しやすい

●米国債は流動性の高い商品

流動性とは、金融商品の取引のしやすさを表す言葉です。取引がしやすいことを「流動性が高い」、反対に取引しにくいことを「流動性が低い」などと表現します。

米国債は、流動性がとても高い商品です。すでに紹介したように、米国債は信用度が高くて市場規模も大きく、36ページで触れたとおり売買高もとても多いのが特徴。流動性が高いため、投資家は市場が開いている時間であれば**いつでも現金化できる**など、売買に対する制約が少ないのがメリットです。もちろん、短期的に売買することもできますし、償還日まで長期にわたって米国債を保有しつづけることもできます。

●流動性は価格にも関係あり

流動性の高さは、価格にも影響を及ぼします。流動性が低いと、買いたいときに買えない・売りたいときに売れないという可能性が生じます。

流動性が低いために売買できるタイミングや数量が限られている場合は、自分が望まないような価格で売買せざるを得ない可能性があります。

その点、米国債は流動性が高いため、**望む価格で売買しやすいのがメリット**です。

近年、国内の証券会社でも多くの米国債を取り扱うようになっています。

POINT!

流動性が低いと、自分の売買の注文によって商品の価格を引き上げてしまったり、引き下げてしまったりする可能性があります。価格の変動幅（ボラティリティ）も高くなります。流動性は取引時期や時間帯でも変わります。

とっても高い米国債の流動性

世界中の人が売買する米国債

流動性の高さと価格の関係

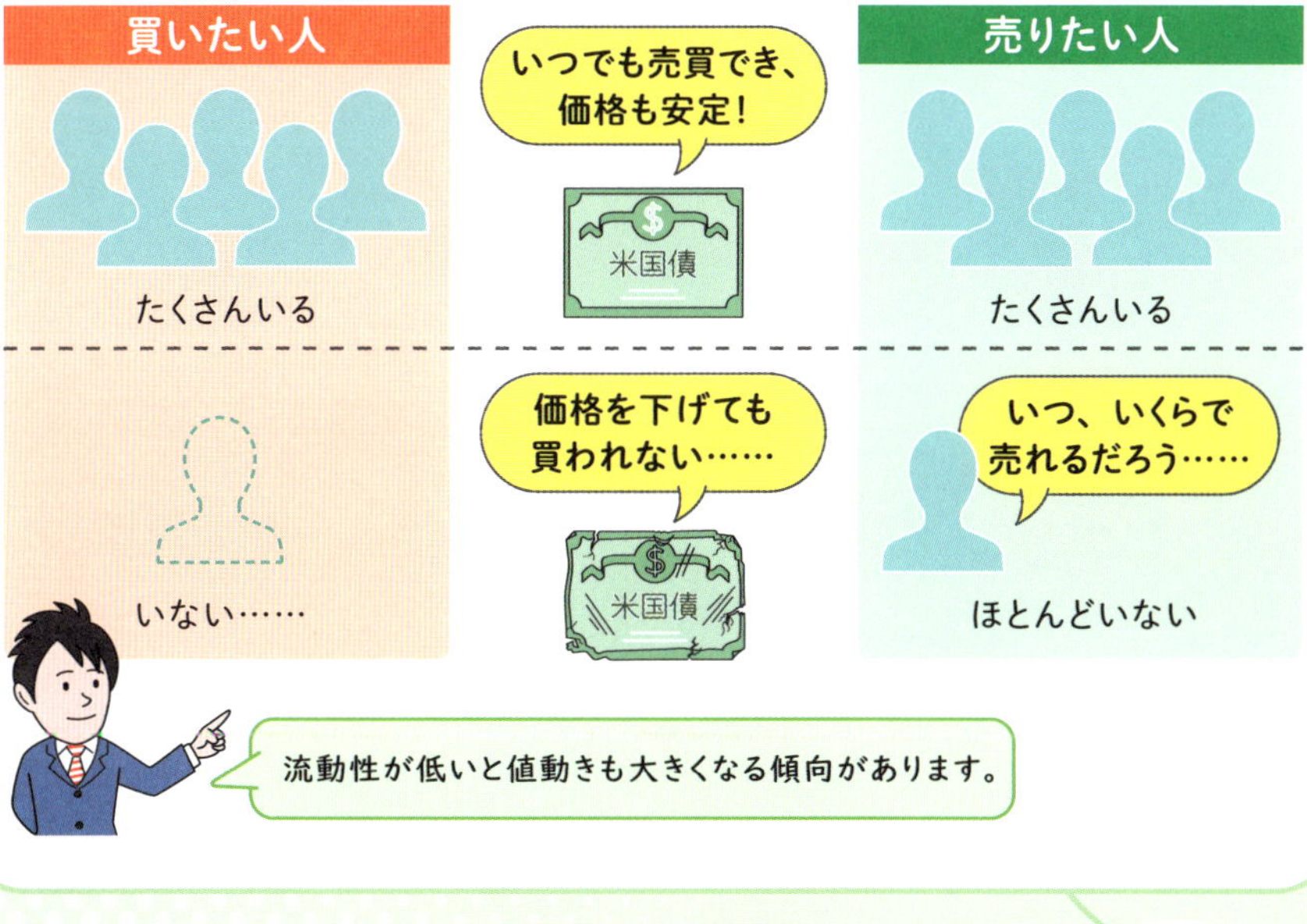

手数料は為替手数料だけ！

おすすめの理由⑤ 手間とコストがかからない

●米国債は手軽に買える！

米国債はネット証券で扱いがあり、スマホでも購入可能。最低100ドルから購入できます。購入後、償還日まで保有し続ける前提ならば、**日々の値動きを気にする必要もありません。**利付債であれば持っているだけで定期的に利子を受け取れ、償還日になれば額面金額が「償還金」として戻ってきます。

なお、米国債を自動で積み立て購入できる証券会社は限られます（↓P152）。少額からコツコツ積み立てて、時間をかけて資産形成するならば、新NISAのほうが向いています。

●米国債のコストは為替手数料（スプレッド）だけ

米国債の取引にあたっては、売買手数料や保有コストはかかりませんが、**為替手数料（スプレッド）**はかかります。為替手数料とは、円をドル・ドルを円に両替する際にかかる手数料です。

たとえばSBI証券の場合、米国債の価格のなかに1ドルあたり25銭の為替手数料が含まれています。仮に100ドルの米国債を買ったとしたら、そのうちの25円分が手数料です。また、この米国債を売るときにも1ドルあたり25銭（100ドル＝25円）かかるので、往復で50円の手数料がかかります。

POINT!

為替手数料（スプレッド）は通貨の組み合わせの数だけ存在します。米ドルと円の為替手数料は取引量が多いこともあって他の通貨の組み合わせより安価なことが多いのもメリットです。ただし、為替手数料は市場の動向に応じて変動することがあります。

手間もコストもかからない

米国債は手軽に買える

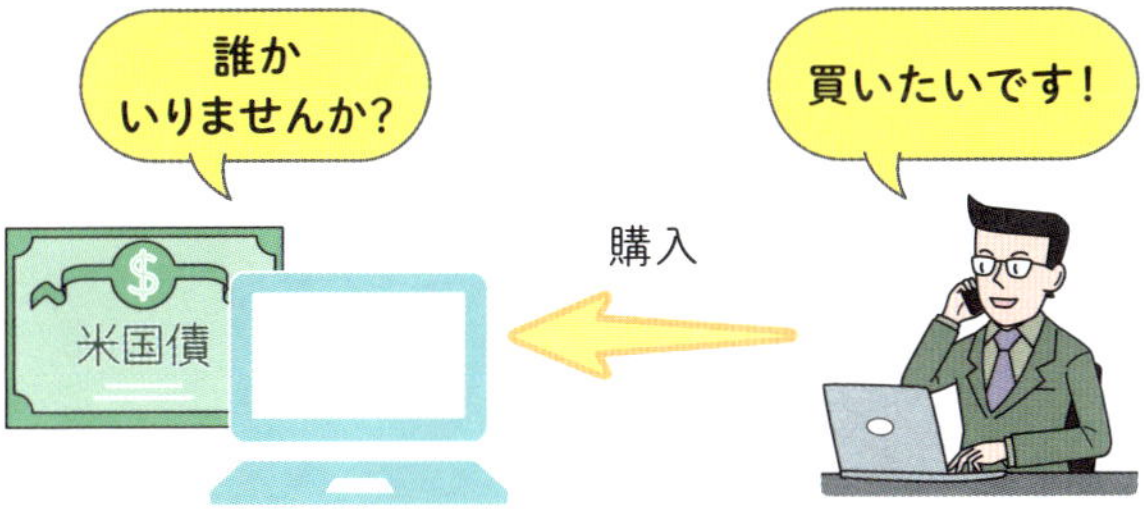
誰か
いりませんか?
米国債
購入
買いたいです!

スマホやパソコンでも買えます。償還日まで保有するなら値動きも関係なし!

米国債のコストは為替手数料だけ

	株	投資信託	米国債
買うとき	購入手数料	購入手数料	為替手数料
保有中	かからない	信託報酬	かからない
売るとき	売却手数料	信託財産留保額	為替手数料

キャンペーンで無料になることも!

※株や投資信託を売買する際の手数料もかからないケースがあります

為替手数料(スプレッド) 米国債の売買をする際にかかる為替手数料

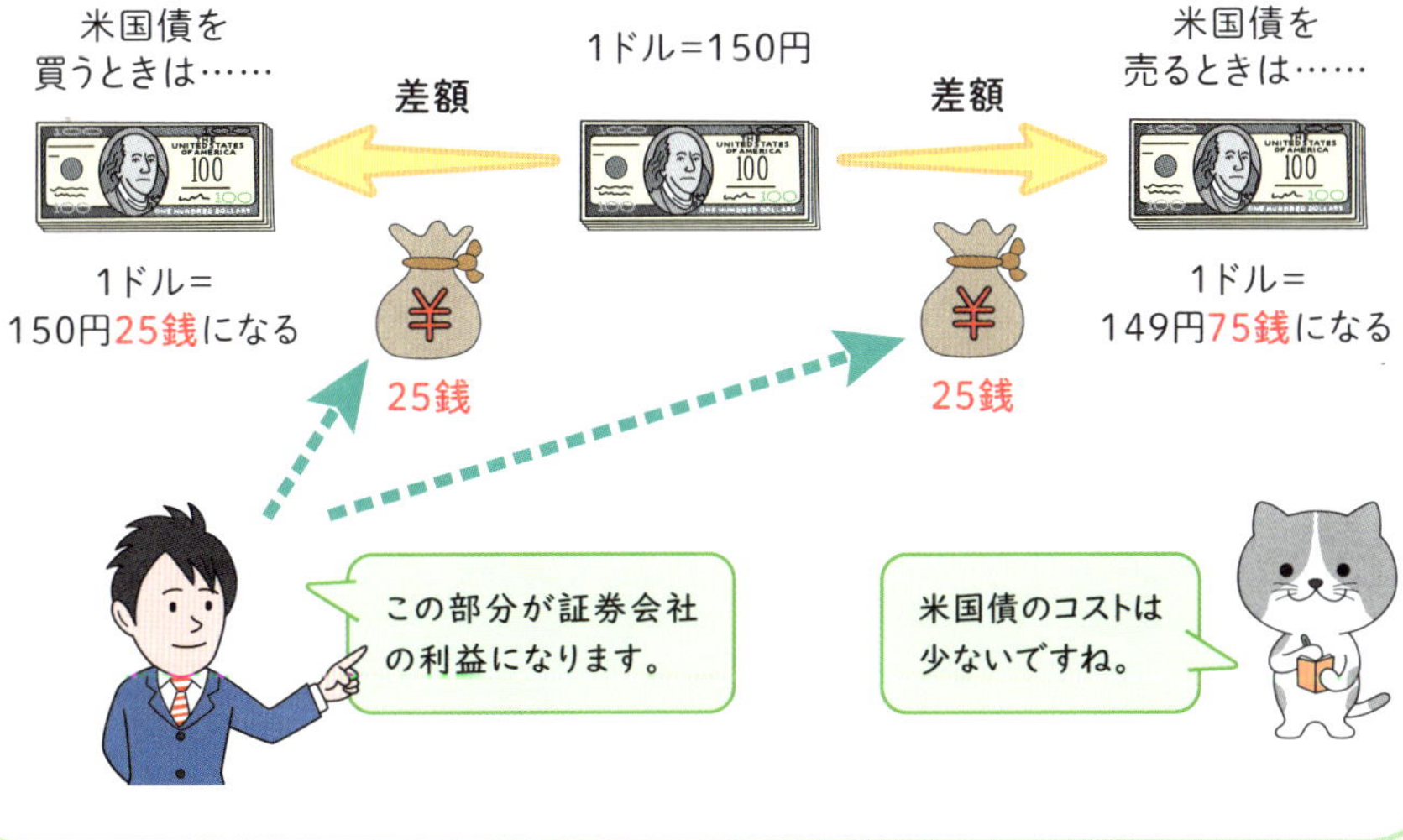
米国債を
買うときは……
1ドル=150円
米国債を
売るときは……
差額
差額
1ドル=
150円25銭になる
25銭
25銭
1ドル=
149円75銭になる
この部分が証券会社の利益になります。
米国債のコストは少ないですね。

単利の利付債と複利のストリップス債

おすすめの理由⑥ 商品の選択肢が多い！

利子がもらえる「利付債」

米国債には、大きく分けて**利付債**と**ストリップス債**があります。

利付債は、保有期間中に定期的に利子が受け取れ、償還日になると投資した元本が戻ってくる債券です。

米国債の売買はもちろん、利子や元本のやりとりもすべてドルで行います。米国債の利付債の場合、保有していると年2回、利子をドルで受け取れます。この利子は、そのままでは再投資されません。したがって、**利付債は単利の商品**です。利子は生活などのために使うこともできますし、次の投資に回すこともできます。

複利効果が生かせる「ストリップス債」

ストリップス債は、あらかじめ割引された価格で販売され、満期になると額面金額が受け取れる債券。米国財務省が開発した債券で、利付債の元本と利子を切り離し、それぞれをストリップス債の形で取引できるようにしています。

ストリップス債は、利子が元本に組み込まれ、償還日には額面の金額が戻ってきます。したがって、購入金額との差額が利益になります。

利付債のように保有中に利子をもらうことはできませんが、**複利効果が得られる**のがメリットです。

用語解説　**単利・複利**

利子を元本に組み入れないのが単利、組み入れるのが複利。お金を増やす観点では、利子が新たな利子を生み出す複利のほうが有利。単利は利子を使いやすいというメリットがある。

利付債とストリップス債では利子のつき方が違う

定期的に利子がもらえる利付債

この部分が利益！
利子
利子
利子
利子
利子
米国債
（利付債）
償還
米国債の利子は年2回、半年ごとにドルで受け取れます。

利子が元本に組み込まれるストリップス債

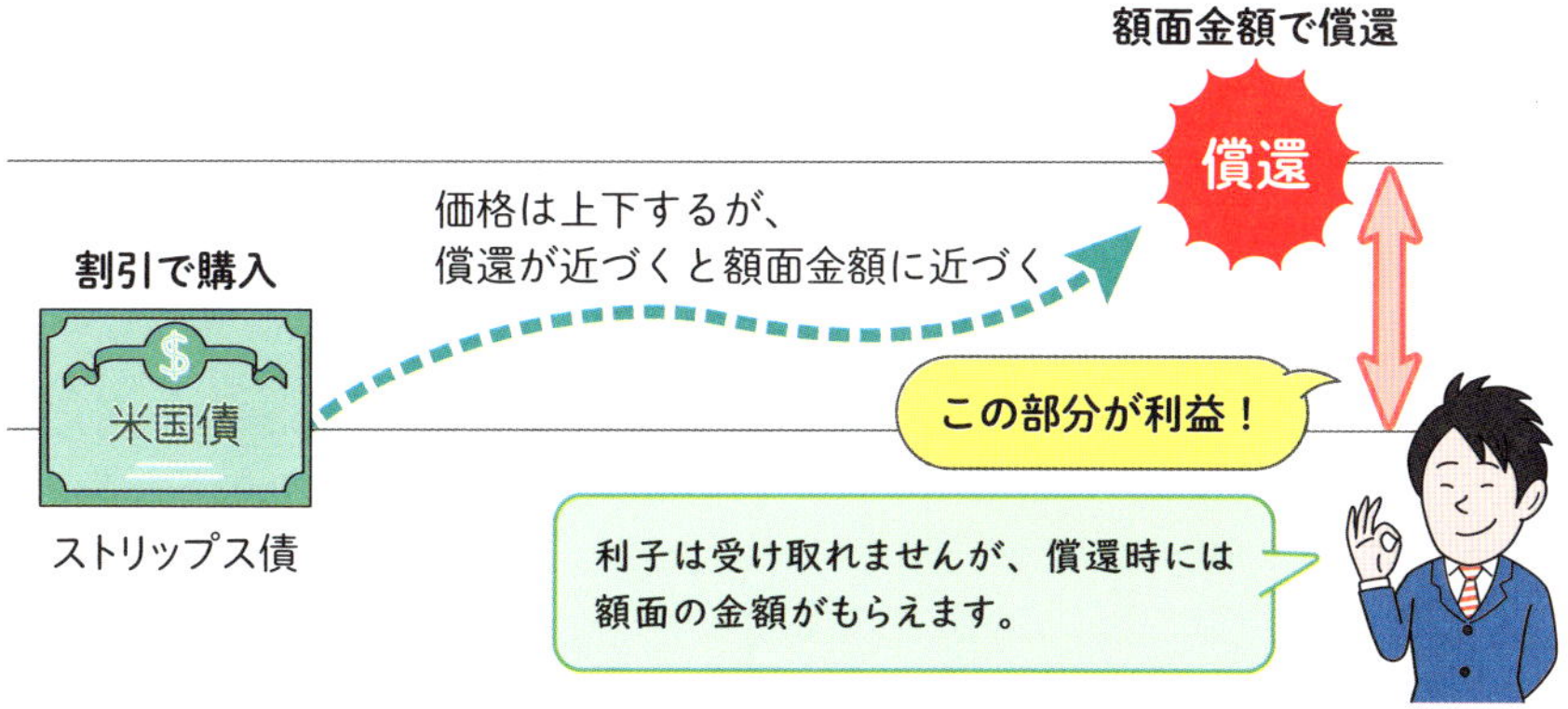
額面金額で償還
償還
割引で購入
米国債
ストリップス債
価格は上下するが、
償還が近づくと額面金額に近づく
この部分が利益！
利子は受け取れませんが、償還時には
額面の金額がもらえます。

単利と複利のイメージの違い（元本100万円・利子5%・5年間の場合）

単利 元本だけに利子がつく。利子には利子がつかない。

複利 元本に利子を組み込んで利子にも利子がつく。

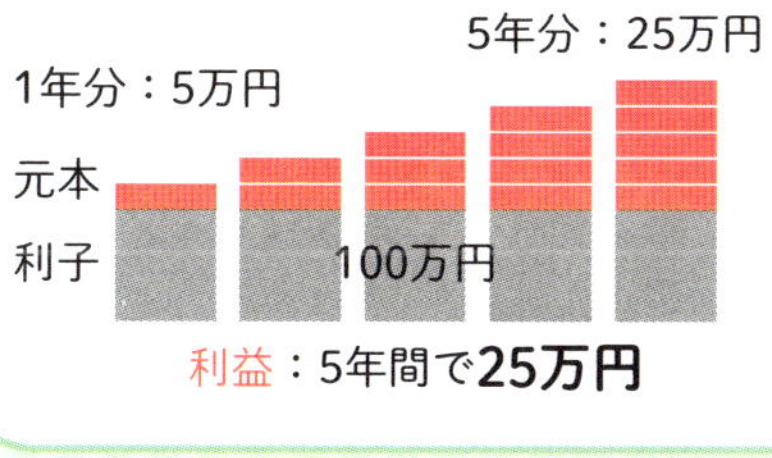
5年分：25万円
1年分：5万円
元本
利子
100万円
利益：5年間で25万円

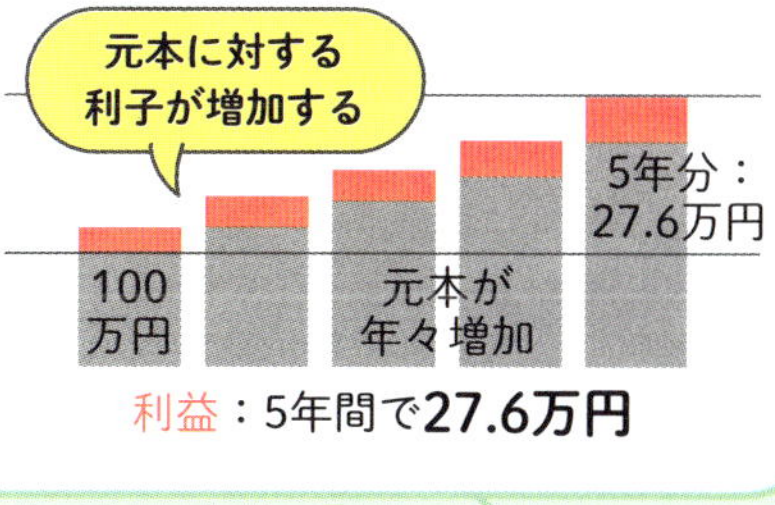
元本に対する
利子が増加する
5年分：
27.6万円
100
万円
元本が
年々増加
利益：5年間で27.6万円

Column

米国債は高い信用と高い金利が魅力

国債の格付

格付とは、債券の利子や元本が約束どおりに支払われるかをアルファベットや数字などで表した指標です。海外ではMoody's（ムーディーズ）、S&P（スタンダード・アンド・プアーズ）、Fitch Ratings（フィッチ・レーティングス）といった格付機関、日本ではR&I（格付投資情報センター）やJCR（日本格付研究所）といった格付機関が格付を行なっています。

格付の最高ランクはAAA（格付機関によって表記は多少異なります）。以下、AA、A、BBB……という具合に並びます。一般的には、BBBまでが「投資適格債券」といって比較的信用度の高い債券とされます。

順位	国名	ムーディーズ	S&P	フィッチ
1	ドイツ	Aaa	AAA	AAA
1	ルクセンブルク	Aaa	AAA	AAA
1	オランダ	Aaa	AAA	AAA
1	オーストラリア	Aaa	AAA	AAA
1	スイス	Aaa	AAA	AAA
1	デンマーク	Aaa	AAA	AAA
1	スウェーデン	Aaa	AAA	AAA
1	ノルウェー	Aaa	AAA	AAA
1	シンガポール	Aaa	AAA	AAA
10	カナダ	Aaa	AAA	AA+
11	ニュージーランド	Aaa	AA+	AA+
12	米国	Aaa	AA+	AA+
13	オーストリア	Aa1	AA+	AA+
13	フィンランド	Aa1	AA+	AA+
15	アイルランド	Aa3	AA	AA
16	韓国	Aa2	AA	AA-
17	香港	Aa3	AA+	AA-
18	英国	Aa3	AA	AA-
18	ベルギー	Aa3	AA	AA-
20	チェコ	Aa3	AA-	AA-
21	フランス	Aa3	AA-	AA-
22	サウジアラビア	Aa3	A+	A+
23	エストニア	A1	A+	A+
24	中国	A1	A+	A+
25	日本	A1	A+	A
26	スロベニア	A3	AA-	A
27	マルタ	A2	A-	A+

※2025年3月15日時点

また、＋や－の記号や「ポジティブ」「ネガティブ」といった評価をつけて優劣を表す場合もあります。

日本国債の格付は、かつては最高ランクでした。しかし、国の借金が多いことから徐々に引き下げられています。

一方、米国債の格付はMoody'sで最高ランクのAaa（AAAに相当）、S&PやFitch Ratingsでは最高ランクに次ぐAA＋となっています。2023年にMoody'sが見通しを「ネガティブ」とし、Fitch Ratingsが1段階引き下げたとはいえ、非常に高いのが特徴です。

「米国が絶対に破綻しない」と断言することはできませんが、日本よりも高い信用があり、高い金利がもらえるのが米国債の大きなメリットだといえるでしょう。

第2章

投資だから
当然リスクもある

いくらリスクが小さいといっても
米国債投資も100%安全ではありません。
どのようなデメリットやリスクがあるのか
きちんと知っておくことが大切です。

第2話

リスク0ではありません

まだ頼藤さんの話の途中だったでしょ。最後まで聞かなきゃダメじゃない～！

だって～富雄が～

しなしな～

まぁまぁ
投資をするときはリスクやデメリットを理解しておいたほうがいいですよ。

米国債にもやっぱりデメリットはあるんですね。

デメリット?

きゃ～っ
う～ん
ええ。米国債がいくら安全性の高い商品といっても損をする確率は0%ではありません。

それに、金利や為替との関係も知っておいたほうがいいですよ。

金利とか為替とかは難しそうだなぁ。

く～っ
そうねえ……

大切なのはリスクやデメリットをしっかり理解することです。

次のページから詳しく解説するので安心してくださいね！

債券は安全性は高いが、収益性は低い傾向

大きなリターンは得られない

●債券のリターンは控えめ

金融商品は運用した結果、元本が減りづらい**「安全性」**、運用することで利益が出やすい**「収益性」**、現金に交換しやすい**「流動性」**の3つのポイントを押さえるとわかりやすくなります。

これら3つのポイントがすべて完璧な、万能な商品はありません。特に、安全性と収益性は共存しません。リターンを高くしたいなら、株に投資する投資信託や株そのものに投資をしたほうが、お金が増やせる可能性が高いでしょう。

米国債は安全性が高くありながら、2025年4月時点の利回りは**年4〜4.5%**と歴史的に見ても高い水準にあるので、現状は投資の魅力度が高いといえます。

●リスク・リターンはトレードオフ

投資のリスクとは、損失が出る危険性を表すのではなく、値動きの幅（リターンの変動幅）の大きさを意味します。リスクとリターンにはトレードオフの関係があり、リスクが高いと高いリターンが狙えます。

債券は比較的**ローリスク・ローリターン。**値動きの幅が少ないので、お金が大きく増えることも、反対に大きく減ることもありません。一方、株はハイリスク・ハイリターン、ギャンブルやコストの高い商品はハイリスク・ローリターンです。

POINT!

ローリスク・ハイリターンな、おいしい投資はありません。世にあふれる「ノーリスクで必ず儲かる投資法」や「お金を配ります」といった話と同じです。もしそんな投資に誘われたら、投資詐欺を疑いましょう。

米国債のリターンは控えめ

金融商品の3つのポイント

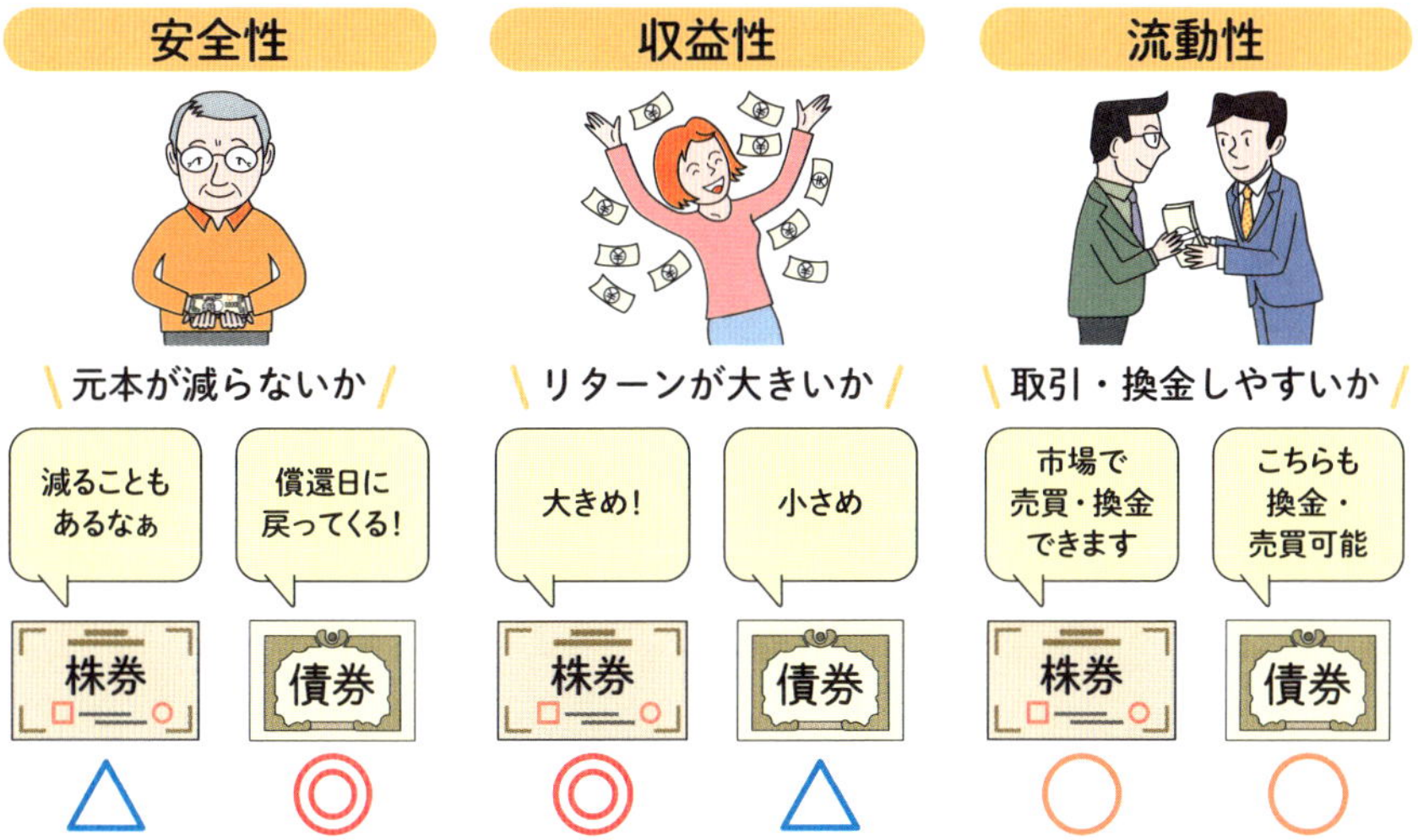
安全性
元本が減らないか
減ることもあるなぁ
株券
△
償還日に戻ってくる!
債券
◎
収益性
リターンが大きいか
大きめ!
株券
◎
小さめ
債券
△
流動性
取引・換金しやすいか
市場で売買・換金できます
株券
○
こちらも換金・売買可能
債券
○

債券は株より安全だけどリターンは控えめです。

金融商品ごとのリスクのイメージ

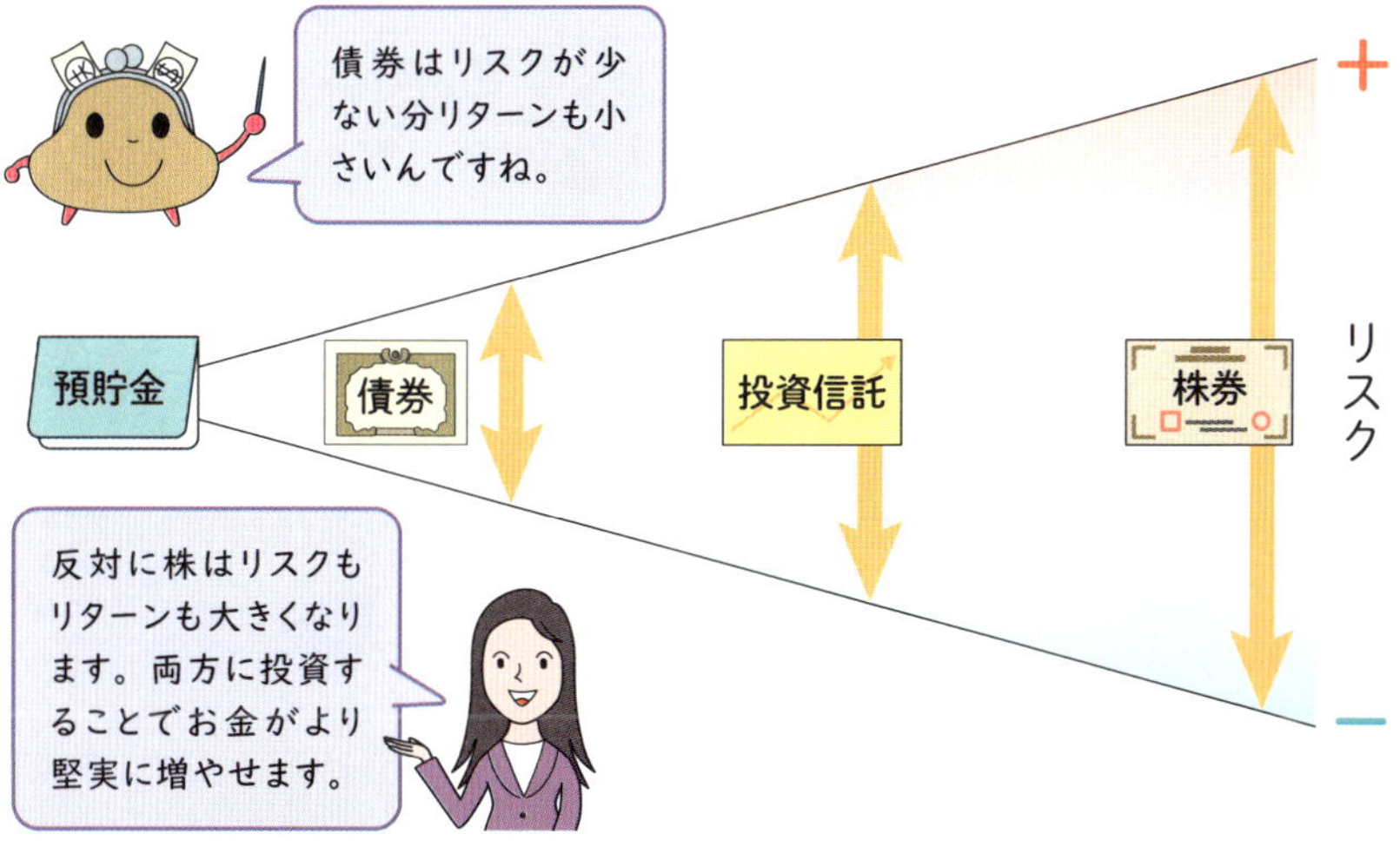
債券はリスクが少ない分リターンも小さいんですね。
預貯金
債券
投資信託
株券
＋
リスク
－
反対に株はリスクもリターンも大きくなります。両方に投資することでお金がより堅実に増やせます。

債券価格は金利・株価と「逆」に動く

金利・株価・債券価格の関係は？

利回りと債券価格はシーソーの関係

序章で紹介した債券利回りと債券価格の「シーソーの関係」を実際の推移で確認してみましょう。

左上のグラフは、米国債10年の利回りと、残存期間が20年を超える米国債で構成される指数と連動を目指す「iシェアーズ 米国債20年超ＥＴＦ」（ＴＬＴ）の値動きを比較したものです。米国債10年の利回りが下がるとＴＬＴの価格が上がり、反対に利回りが上がるとＴＬＴの価格が下がっている様子が見られます。

債券価格は、**株価とも逆の値動き**をする傾向にあります。

左下は、米国の代表的な株価指数、Ｓ＆Ｐ５００と連動を目指す「バンガードＳ＆Ｐ５００ＥＴＦ」（ＶＯＯ）とＴＬＴの値動きを比較したグラフ。ＶＯＯが値上がりするとＴＬＴが値下がりする様子がわかります。ＴＬＴは２０２０年以降、値下がりしていますが、２０２０年のコロナショックのときには、ＶＯＯの値下がりを抑えるように値上がりしています。

２本のＥＴＦを50%ずつ組み合わせることで、値動きは真ん中のグラフのように両者の間となり、**分散効果によって値動きを安定**させられます。しかも、ＴＬＴからは毎月分配金が得られます。直近10年間の分配金利回りは年平均３％となっています。

用語解説 ETF（Exchange Traded Fund）

上場投資信託。投資信託でありながら証券取引所に上場していて、株と同じように売買できる。投資信託と同じく数十から数百の投資先に投資しているため、手軽な分散投資に役立つ。

米国の金利が上がると米国債は値下がりする

米国債10年利回りとTLTの値動きの関係は？

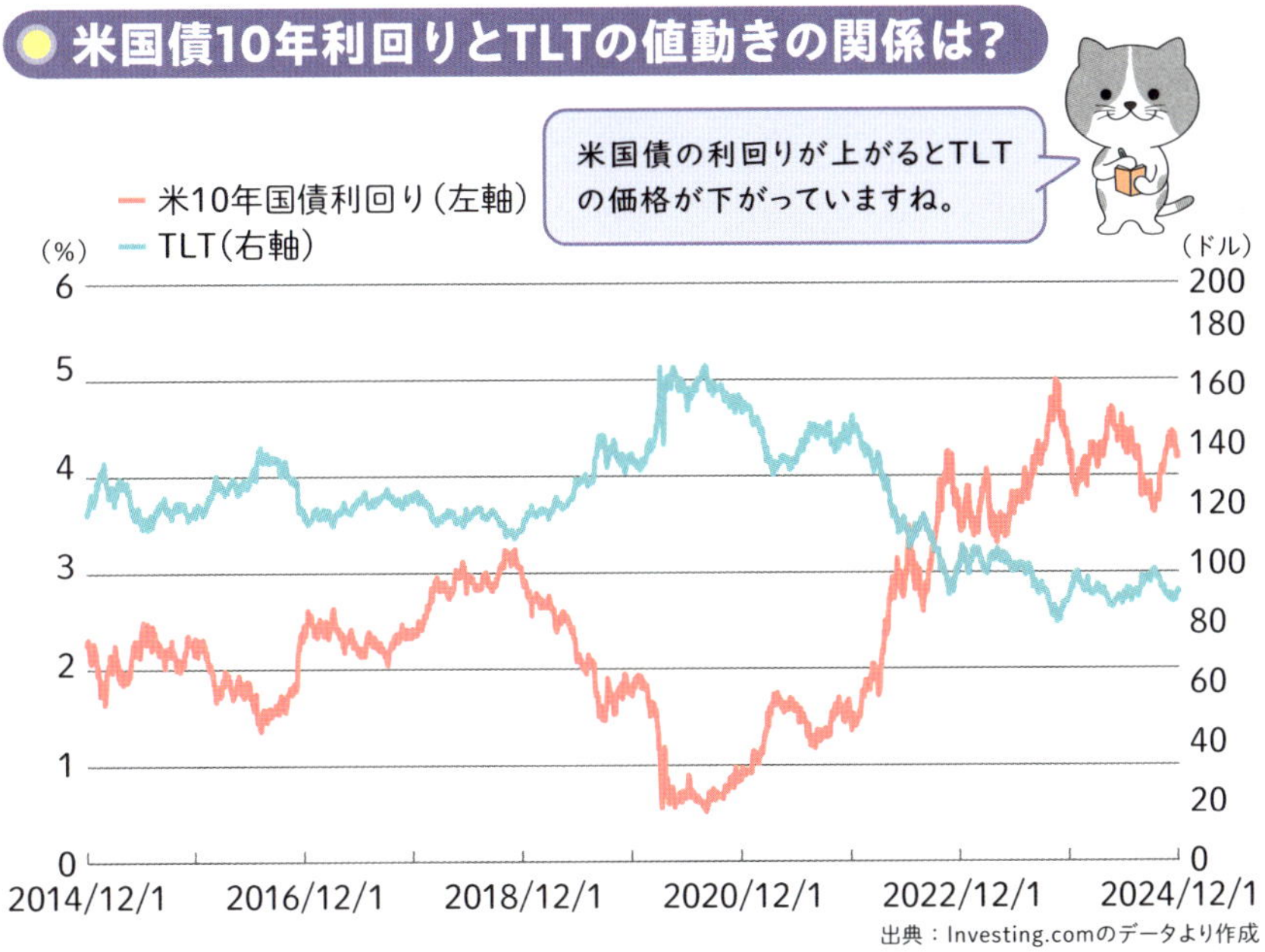

出典：Investing.comのデータより作成

VOOとTLTの値動きの関係は？

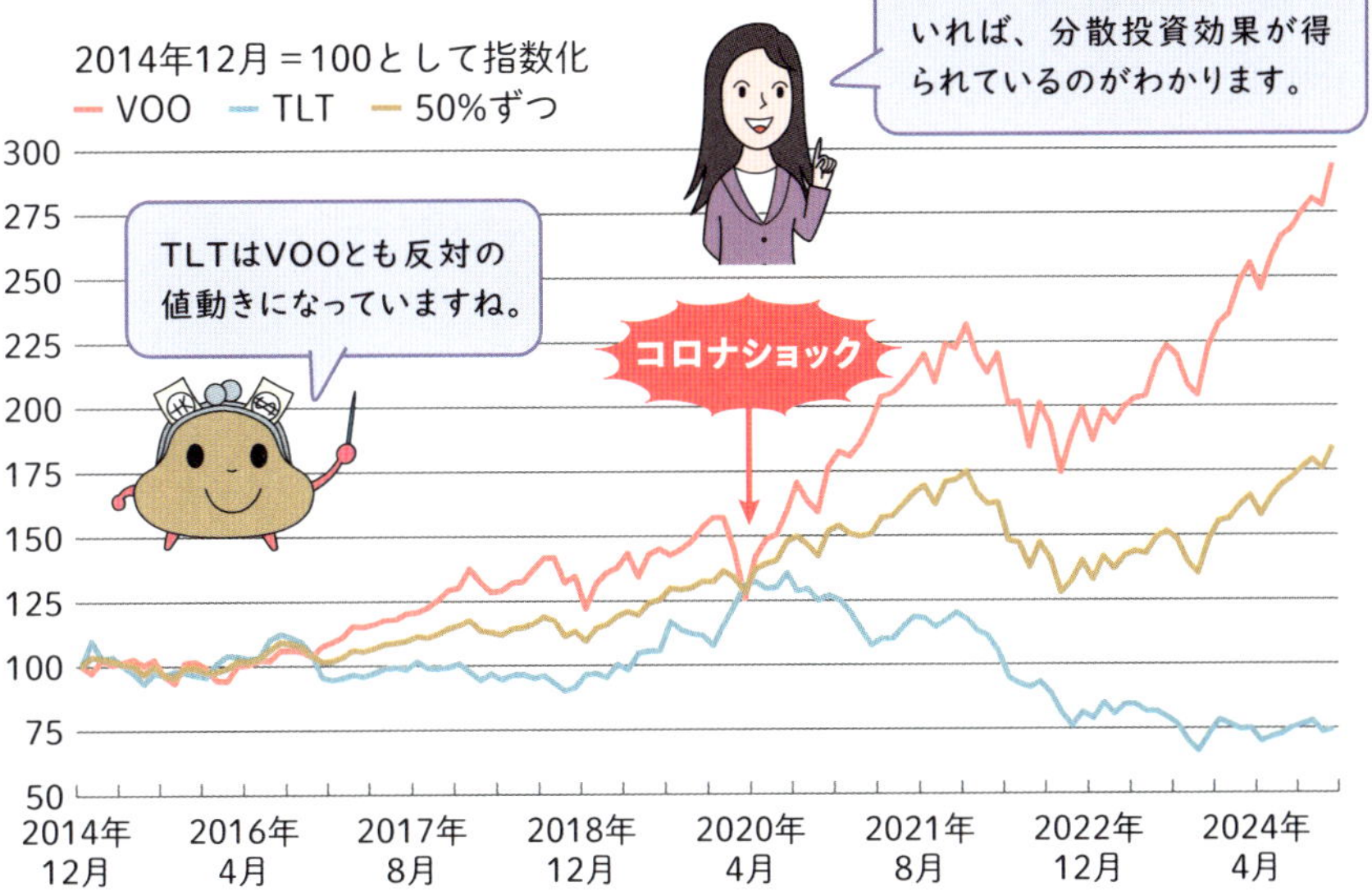

出典：Vanguard・isharesのデータより

円高になると損をする？

為替の変動で受け取れる額も変動する

よくも悪くも働く為替変動リスク

米国債には為替変動リスクがあります。米国債を持っていることでもらえる利子や、米国債が償還したことでもらえる償還金は、いずれもドルで受け取ります。そのドルを円にする際に、為替レートが円高になっていると、円での受け取り金額が減ってしまいます。反対に、為替レートが円安になった場合には、円での受け取り金額が増えます。

将来の為替レートがどうなるかはわかりませんが、仮に円高になっても、**ドルを円に変えるタイミングは自分で決められます。**また、ドルで受け取った償還金や利子を、米国債に再度投資することもできます。

償還時の損益分岐点を把握する

米国債の利子は日本国債よりもたくさんもらえます。そのため、償還したときに為替レートが多少円高に進んでいても、利子＋償還金の金額が投資元本を上回ることがあります。つまり、利子が為替変動リスクをカバーする期待ができるのです。

米国債が償還したときに、利益と損失の境目となる為替レートを**損益分岐点為替レート**といいます。損益分岐点為替レートを把握しておけば、為替レートがある程度円高になっても安心して保有できます。証券会社によっては、取り扱いのある米国債の損益分岐点為替レートが計算できます。

POINT!

為替レートの変動要因として大きいのは「金利差」と「需給」。高い金利の通貨は買われ、低い金利の通貨は売られます。また、貿易黒字の国・景気のよい国の通貨は買われ、貿易赤字の国・景気の悪い国の通貨は売られます。

損益分岐点為替レートの計算例

(例)次の米国債の損益分岐点為替レートは?

- 利率　年4%
- 残存期間　約5年1か月
- 購入金額　1万ドル
- 1ドル=150円のときに購入

この利付債を購入したときの損益分岐点為替レートを下のグラフで確認してみましょう。

損益分岐点為替レートの考え方

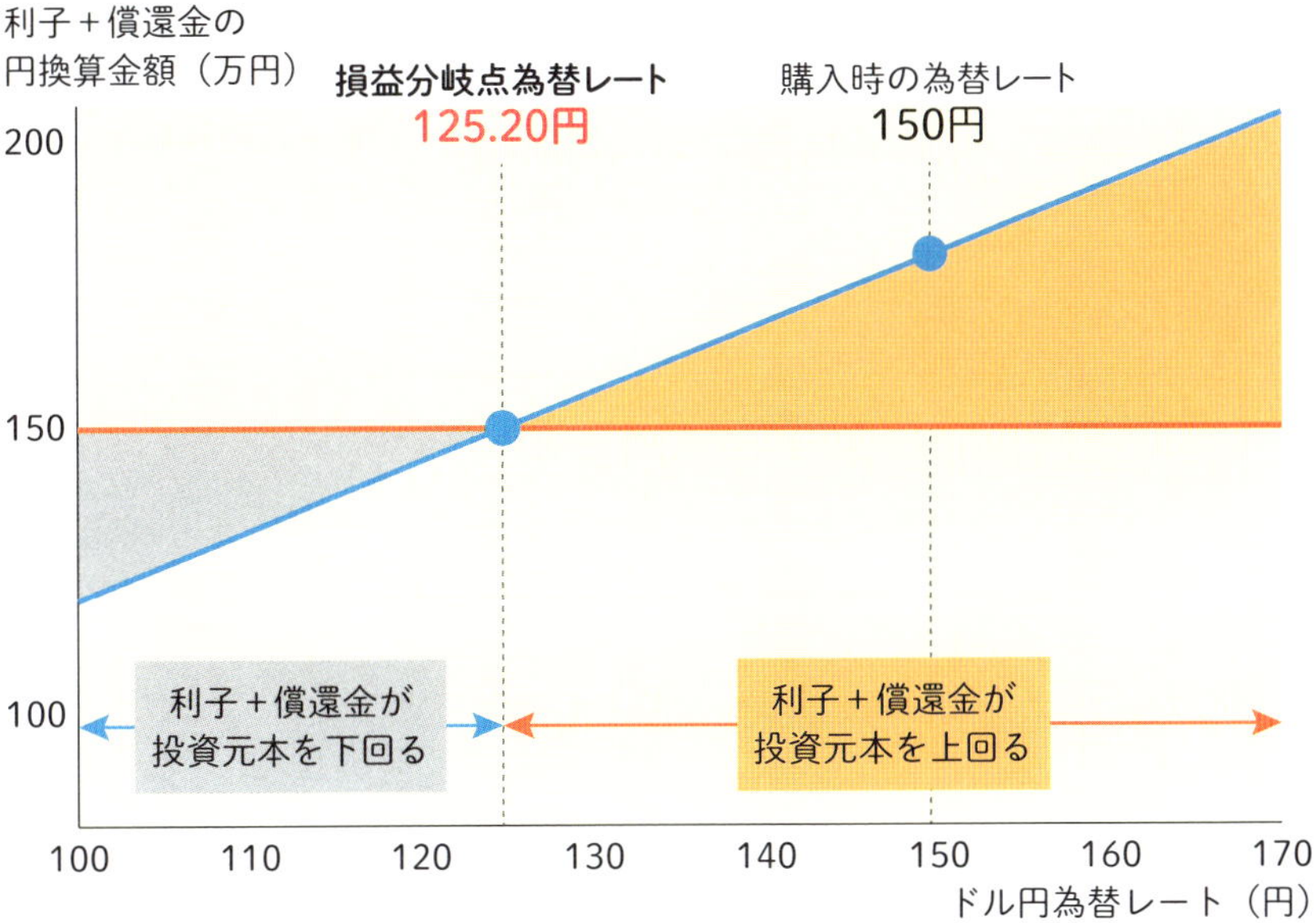

償還時に為替レートが125.20円よりも円高になっていなければ、利子+償還金が投資元本を上回ります。つまり、利益が出ます。詳しくは114ページで改めて紹介します。

他の金融商品ほどではないけれど……

途中で売却すると損をすることも!

購入時より売却時のほうが安ければ損

米国債は流通市場で取引されています。56ページで確認したように、米国債の価格は金利変動によって「ドルベース」で動きます。金利が上昇すれば債券価格が下落し、反対に金利が低下すれば債券価格が上昇します。そのため、売買のタイミングによって利益・損失が生じます。

さらに、58ページで触れたとおり、**「円ベース」での利益・損失は為替レートも関わってきます。**ドルベースで利益が出ていても、為替レートの動向によって円ベースでの損益が変わり、場合によっては損失を被ることもあるのです。

債券には満期がある

このような金融商品の売買や為替レートによる利益・損失のしくみは、債券に限らずどれも基本的には同じです。しかし債券には満期（償還日）がある点が異なります。

債券の値動きは、他の金融商品に比べると相対的に控えめです。そのうえ、満期になれば元本が戻ってくるため、満期が近づくと値動きが小さくなってきます。

株式などは満期がないため、保有している間じゅう価格が大きく変動する可能性があります。債券も、途中で売却することで損失を被る可能性はありますが、**他の商品ほどリスクは高くない**といえます。

POINT!

米国債を組み込んだ投資信託には、満期がありません。しかし、米国債の投資信託には、複数の債券にまとめて投資できることやNISAで購入できることなど、個別の債券にはないメリットもあります。詳しくは128ページで紹介します。

利益・損失が生じる条件をチェック

債券の値動きのイメージ（利付債）

債券の値動きは比較的少なめ。満期に近づくほど値動きが小さくなり、満期になると額面金額が戻ってきます。

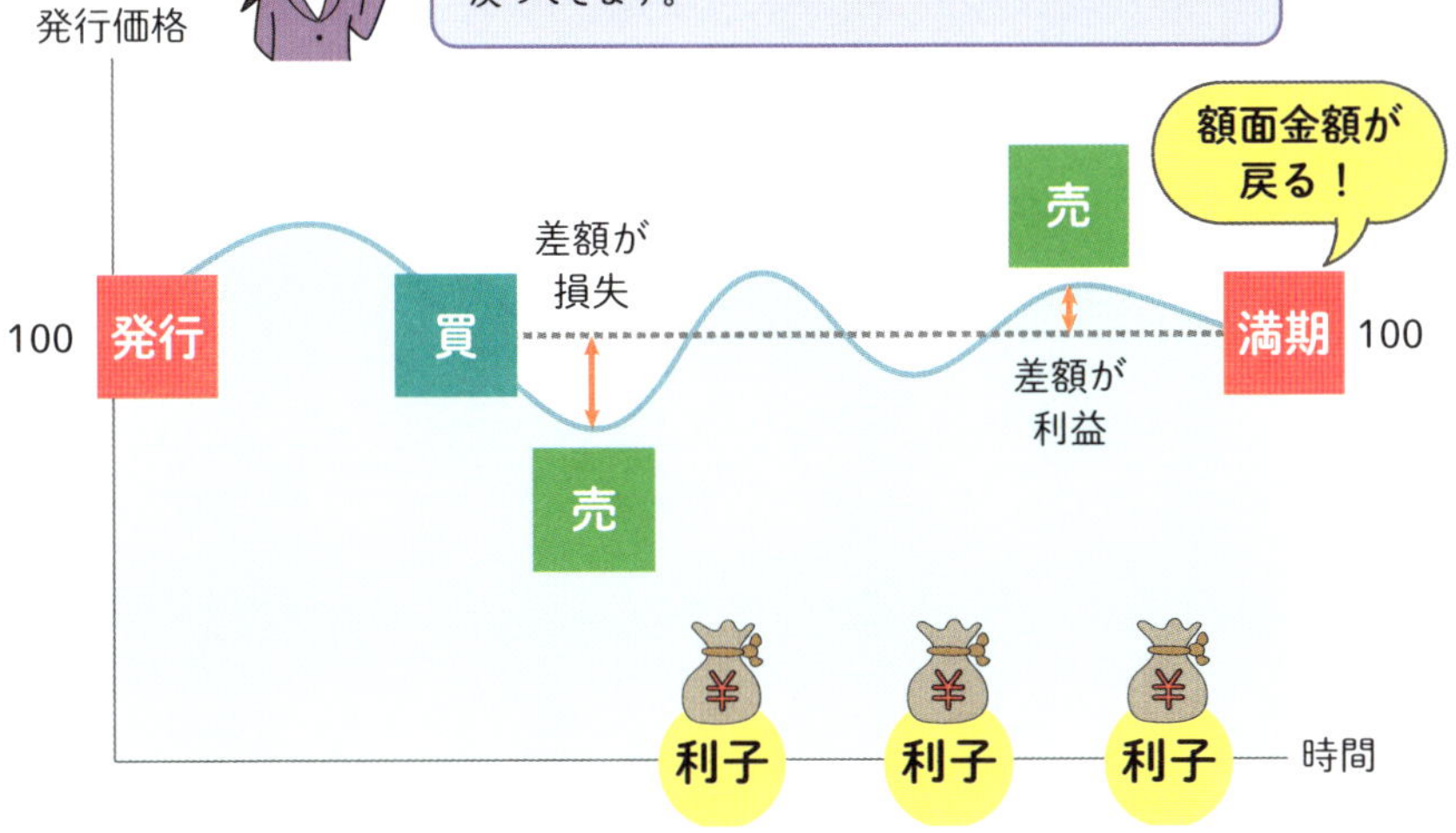
発行価格
額面金額が
戻る！
売
差額が
損失
100
発行
買
満期
100
差額が
利益
売
利子
利子
利子
時間

米国債が安いときに買っておけば……

市場金利が
上がったら……
そのまま
持ち続けます
償還日には額面金
額がもらえるので
問題なし！
米国債
市場金利が
下がったら……
途中で売るのも
いいかも……
価格が上がるので
売却益も狙える！

金利がどう動こうともお金が増やせるのが米国債投資の魅力です。

「上限を超える借金」が承認されないと……

米国が債務不履行になる可能性

信用が失墜して お金が調達できない!?

債務不履行とは財政難などを理由にして、償還金や利子の支払いが約束どおり行われないこと。**「デフォルト」**ともいいます。

国が債務不履行に陥ると、信用が失墜して、新たにお金を調達しにくくなります。国債を発行しても買い手がつかないので、金利も高く設定せざるを得ません。そのため、国の経済が困窮して、公共サービスなどが滞り、その国で生活する人たちが苦しむ可能性があります。また、その国の通貨が売られて安くなり、急激なインフレになる可能性もあります。実際、ギリシャのデフォルトは大騒ぎとなりました（↓P66）。

米国の意外な債務不履行リスク

米国であっても、債務不履行に陥る可能性はゼロではありません。とりわけ、知っておきたいのが債務上限問題です。

米国ができる借金（債務）には、法律であらかじめ上限が決められており、上限を超える借金をするには議会の承認が必要です。この承認が行われない場合には、**国債の利子や償還金が支払えなくなり、債務不履行に陥る可能性**があります。

米国では、過去何度もこの債務上限問題が注目されてきました。これまでは債務不履行を回避してきましたが、今後回避できなくなる可能性もないとはいえません。

POINT!

米国の債務上限問題は、上院と下院で多数政党が異なる「ねじれ議会」のときに要注意。2025年に発足した共和党トランプ第２次政権では上院も下院も共和党ですが、中間選挙でねじれ議会が生じれば、債務上限問題がまた起こるかもしれません。

ゼロにはならない債務不履行リスク

債務不履行になるとどうなる？

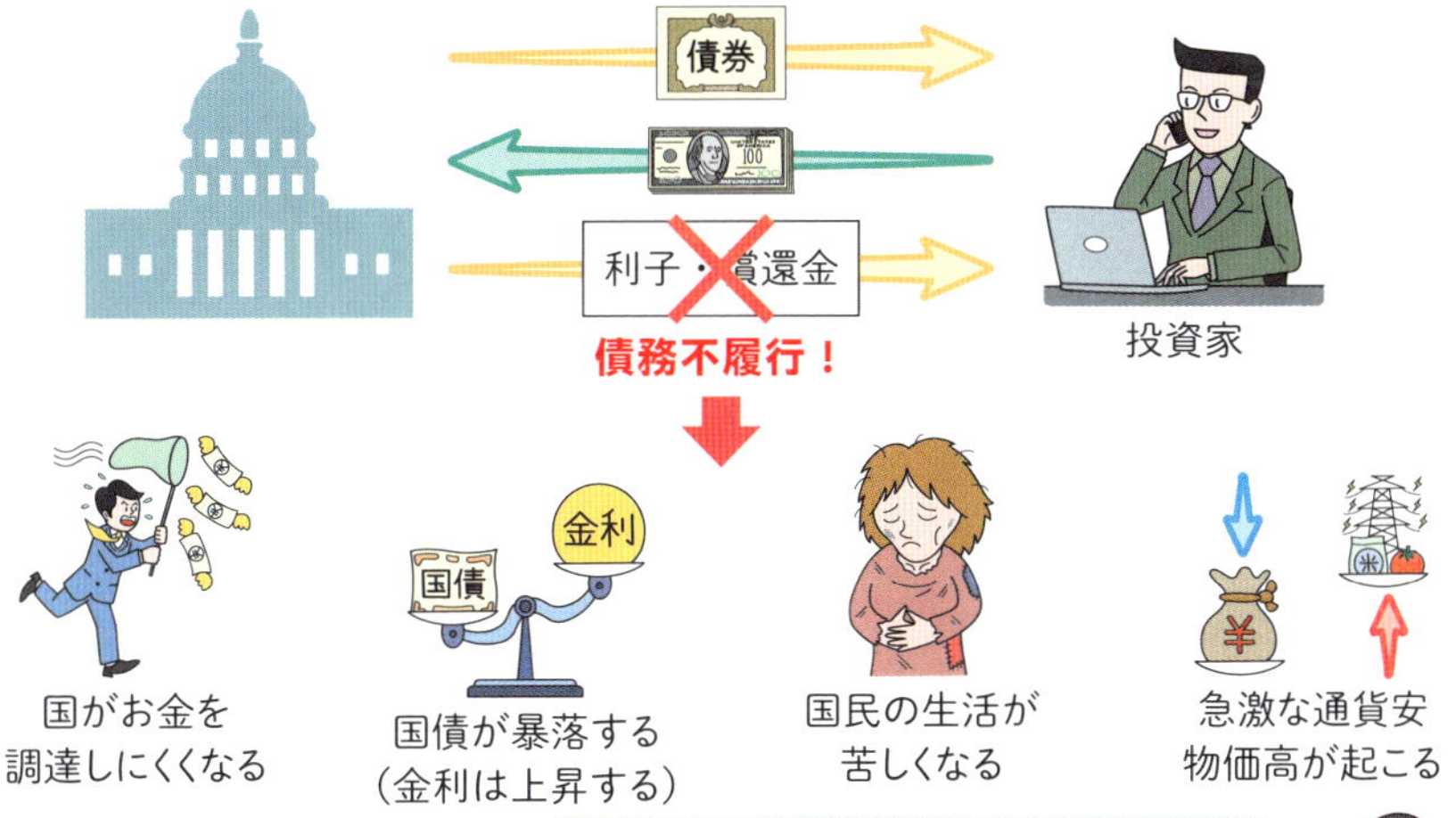
債券
利子・償還金
債務不履行！
投資家
金利
国債
国がお金を調達しにくくなる
国債が暴落する（金利は上昇する）
国民の生活が苦しくなる
急激な通貨安 物価高が起こる

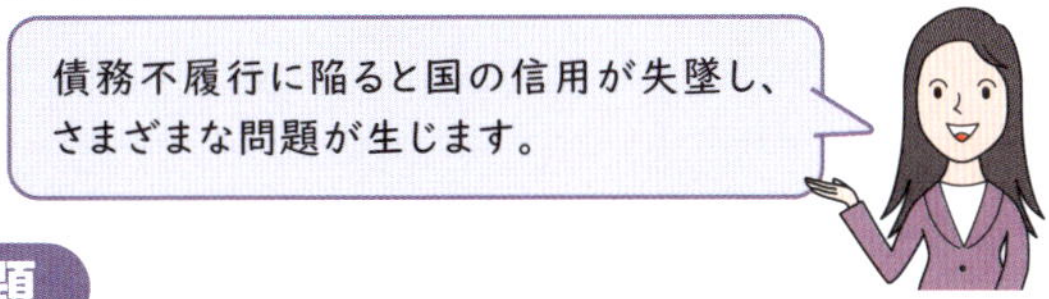
債務不履行に陥ると国の信用が失墜し、さまざまな問題が生じます。

米国の債務上限問題

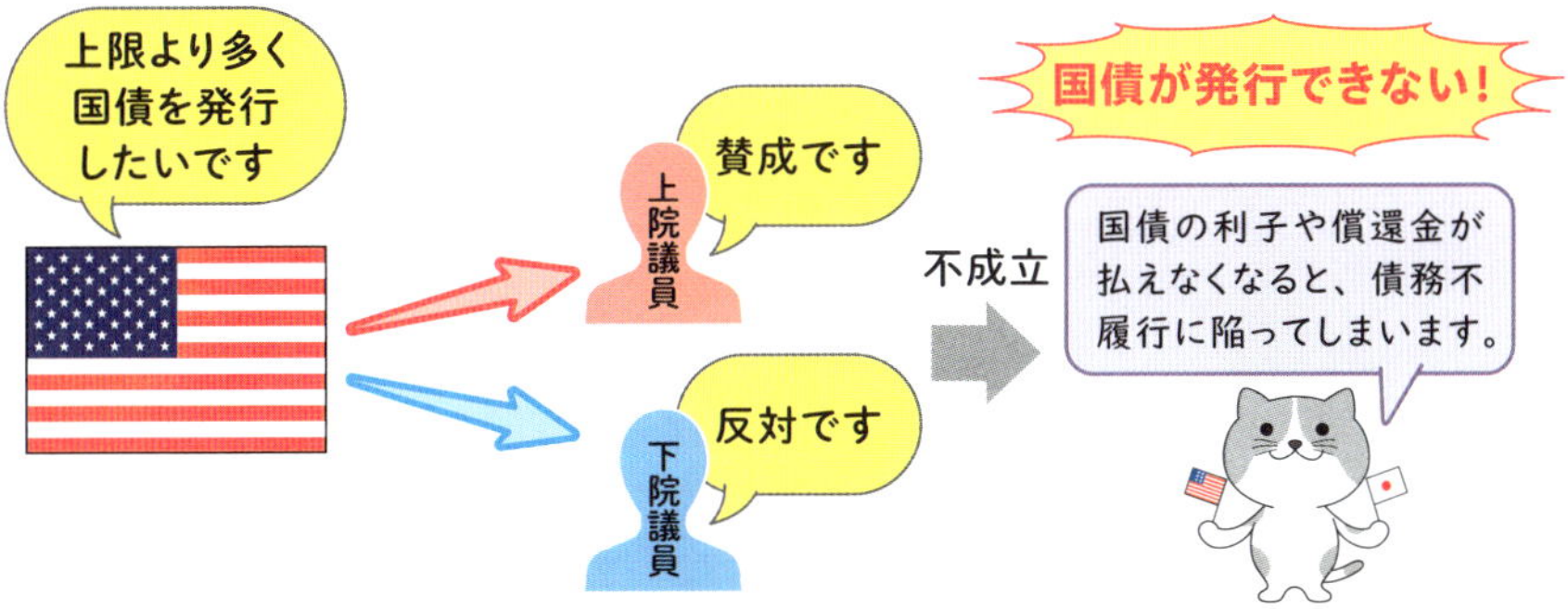
上限より多く国債を発行したいです
上院議員
賛成です
下院議員
反対です
不成立
国債が発行できない！
国債の利子や償還金が払えなくなると、債務不履行に陥ってしまいます。

近年の大統領と多数政党

上院と下院の政党が異なる「ねじれ議会」のときに要注意。

選挙年	大統領	上院	下院
2014	オバマ（民主党）	共和党	共和党
2016	トランプ（共和党）	共和党	共和党
2018	トランプ（共和党）	共和党	民主党
2020	バイデン（民主党）	民主党	民主党
2022	バイデン（民主党）	民主党	共和党
2024	トランプ（共和党）	共和党	共和党

国によって異なる元本割れリスクと利回り

米国以外の国の債券の危険度

日本国債の元本割れリスクは低いが利回りも低い

私たちにとって元本割れリスクがもっとも低い債券は、日本国債です。個人向け国債は元本保証があります。ただ、その分利回りも低め。日本国債の金利は上昇しつつあるとはいえ、お金を増やしたいと考えると、少々物足りないのは事実です。

米国債は、**ドルベースでは元本割れリスクはほとんどない**でしょう。ただし、為替変動リスクはあるので、ドルから円に替えるタイミングによっては元本割れする可能性があります。とはいえ、世界一安全な国債といわれるにも関わらず、金利が高いのは魅力的なポイントです。

米国債が「ちょうどいい」!

米国以外の先進国や新興国の国債も購入できます。しかし、信用リスクや為替変動のリスクは**米国よりは高め**です。特に新興国は、カントリーリスクや流動性リスクが大きくなります。利回りは高いのですが、元本割れリスクも相応に高くなります。

外国社債のリスクは国や会社によって異なりますが、一般的には個別企業の信用リスクがあるため、その会社のある国の国債のリスクよりも高めです。

安心して保有を続け、お金を上手に増やしていくには、米国債がちょうどいい、といえるでしょう。

用語解説　**カントリーリスク**

投資する国の政治・経済・社会情勢・自然災害・戦争や紛争などの影響によって金融市場が混乱したり、下落したりする可能性のこと。先進国より新興国のほうが高いとされる。

債券の種類による元本割れリスク・利回りの違い（イメージ）

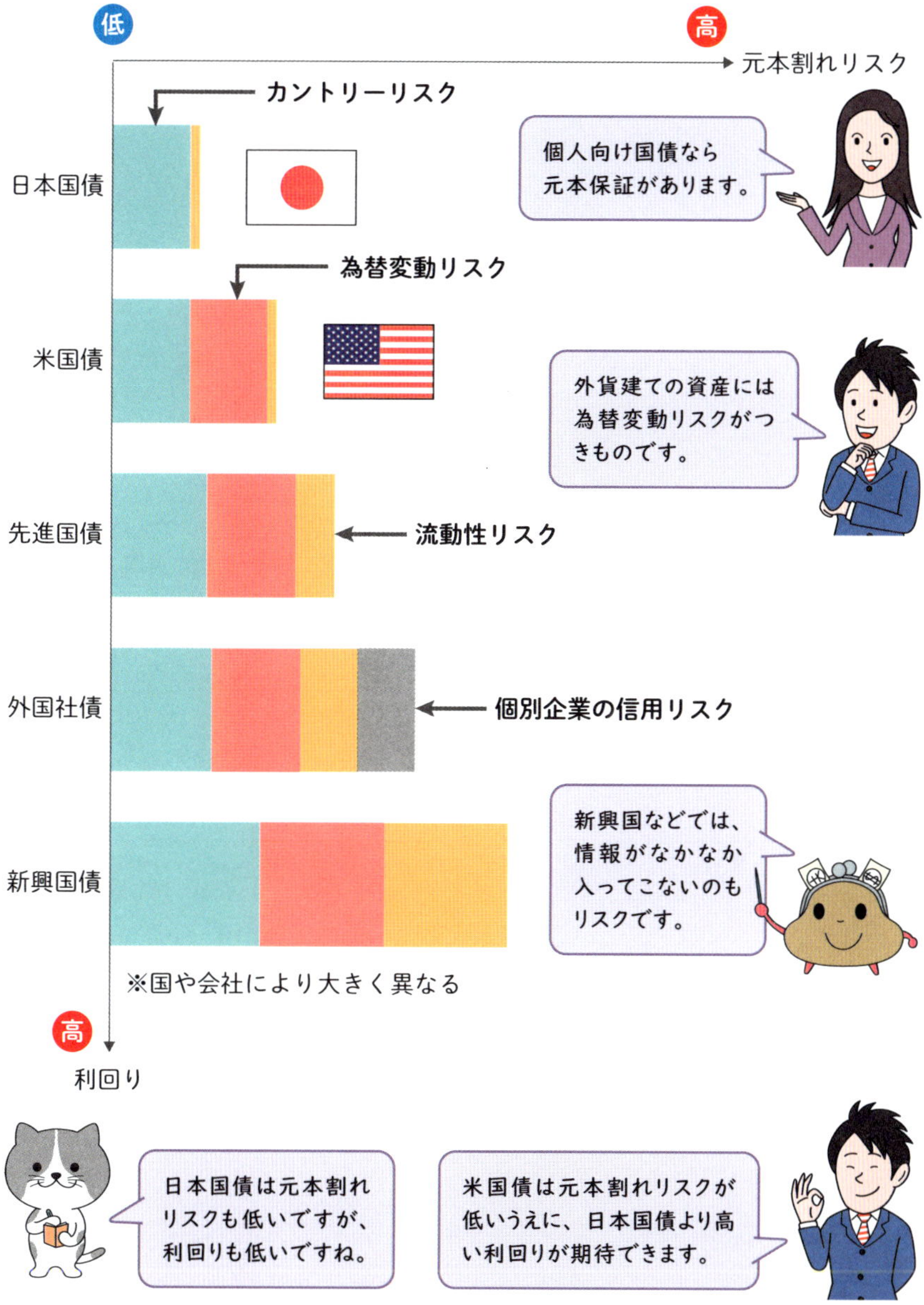

Column

ギリシャ危機で大混乱……

これまでにデフォルトした国

これまでにデフォルトした主な国は下の表のとおり、いろいろあります。なかでも世界的に話題になったのがギリシャです。

ギリシャでは2009年に政権交代が行われた際に、前政権が財政赤字を隠していたことが発覚。ギリシャ国債が格下げされたことを機に投資家がお金を引き上げ、「ギリシャ危機」と呼ばれる深刻な財政危機を迎えました。また、この影響がユーロの下落を招き、欧州全体に財政不安が波及するきっかけとなりました。

EUやIMF（国際通貨基金）は、公務員の数を削減し、充実していた年金を大幅に減額するなどの緊縮財政を行うことを条件にギリシャを支援。ギリシャが受けた支援は総額で2600億ユーロ（1ユーロ＝160円として、約42兆円）にものぼりました。2015年には、IMFが支援した約15億ユーロの返済が滞ることとなり、事実上のデフォルト状態に陥ったこともあります。ただその後、2022年にはIMFへの債務返済を完了。着々と債務圧縮が進んでいます。

年	国	負債額	備考
2001年	アルゼンチン	950億ドル	7回目のデフォルト
2008年	エクアドル	32億ドル	一部債券を「違法な債務」として支払い拒否
2014年	アルゼンチン	65億6000万ドル	8回目のデフォルト
2015年	ギリシャ	15億ユーロ	IMFに対する支払いが遅延
2020年	レバノン	12億ドル	経済低迷・歳出増で財政危機に
2020年	アルゼンチン	5億300万ドル	9回目のデフォルト
2020年	ザンビア	4250万ドル	新型コロナ以降アフリカ初のデフォルト
2022年	スリランカ	12億5000万ドル	慢性的な赤字と観光業の打撃
2022年	ガーナ	300億ドル	コロナ禍や先進国の利上げの影響
2023年	エチオピア	10億ドル	コロナ禍や干ばつの影響

第3章

米国債の種類と基礎知識

米国債の種類から償還期限の長短による違い、
利率や利回り、単価といった基本情報の見方など、
購入前に知っておくべき知識を紹介しています。
自分に合った米国債選びの参考にしてください。

第3話

米国債にも種類があるの？

利付債
定期的に利子が受け取れる
ストリップス債
額面より安く購入でき、
償還日に額面金額が受け取れる
まず覚えてほしいのはなんといっても利付債とストリップス債です。この2つは次のページで詳しく解説しますね。
米国債を購入するときは種類のほかにも**利率**や**利回り**、**受渡日**などを確認してから購入します。
ふむふむ
簡単そうと思っていたけどいろいろ覚えないといけないのね。
きゃ〜っ
そうみたいね。
種類と情報の見方も私たちがていねいに説明しますよ。
複雑なことはないので心配はいりません！

あなたに向いているのはどっち？

利付債とストリップス債、どちらを選ぶ？

利付債がおすすめの人

利付債からは定期的に利子が受け取れ、償還日には元本が戻ってきます。そのため、安定した収入が欲しい人に向いています。

たとえば、年金で生活している人が利付債を保有していれば、利子を年金の上乗せとして活用できます。現役世代でも、利子を生活に使えます。また、市場での値動きの影響を比較的受けにくいので、リスクを抑えた投資をしたい人に向いています。

ただし、複利効果は得られず、利子には毎回税金がかかるので、お金をより増やしたい人や、税金をなるべく抑えた運用をしたい人には向きません。

ストリップス債がおすすめの人

ストリップス債は利子が受け取れない代わりに額面より安く購入可能。償還日には額面金額が受け取れます。損益分岐点為替レートも、同程度の残存期間であればストリップス債のほうが円高に強く、元本割れしにくいのが特徴です。

ストリップス債は複利効果が得られるので、お金をより大きく増やしたい人に向いています。子どもの教育費や老後資金など、必要になる時期がはっきりしている資金を貯めたい人にも適しています。

ただ、償還日までお金が入ってこないので、利子が欲しい人には向きません。

POINT!

利付債もストリップス債も途中で売却することはできます。ただ、投資は余裕資金で取り組むのが前提。米国債への投資は、長期間使わないお金を使って行いましょう。

利付債・ストリップス債、おすすめの人は？

利付債とストリップス債の違いをおさらい

利付債

＼＼メリット／／
保有期間中、定期的に
利子が受け取れる

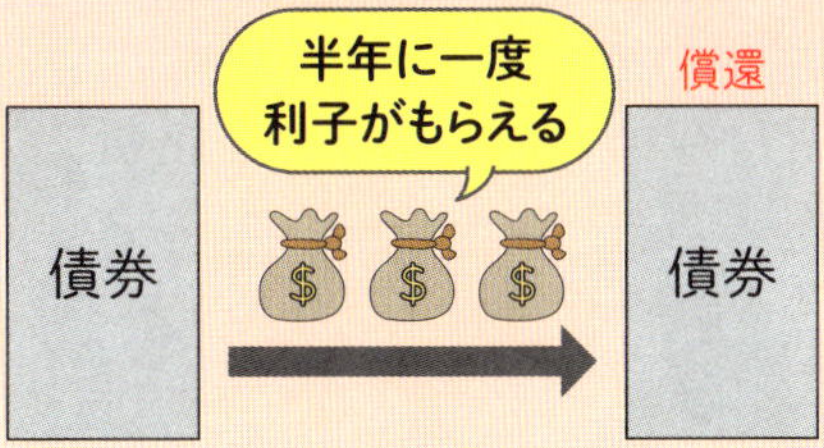

ストリップス債

＼＼メリット／／
割引で販売され、
満期になると
額面金額が受け取れる

資産形成に向いているのは複利効果が生かせるストリップス債ですが、利付債にも定期的に利子がもらえるメリットがあります。

利付債とストリップス債、おすすめの人

利付債

利子を生活の足しにしたい

日々の生活を充実させたい人

値下がりは抑えたい

リスクを抑えた投資をしたい人

ストリップス債

お金を大きく増やしたい

複利効果でお金を増やしたい人

将来に向けてお金を貯めたい

必要になる時期が決まっているお金を貯めたい人

短期・中期・長期……etc

償還期限による分類

償還期限に応じて名前が異なる

国債は償還日までの期限（償還期限）によっても分類できます。

米国債のうち、**償還期限が1年以内の債券をトレジャリービル（T-Bills）**といいます。トレジャリービルは、短期間の資金調達のために発行されています。

償還期限が1年超10年未満の中期の債券がトレジャリーノート（T-Notes）。トレジャリーノートは2・3・5・7・10年ものが定期的に発行されています。

さらに、**償還期限が10年超の長期の債券がトレジャリーボンド（T-Bonds）**です。トレジャリーボンドは、30年ものが定期的に発行されています。

「利回り」と「期間」で選ぶ

日本の証券会社で主に購入可能なのは、トレジャリーノートとトレジャリーボンドです。また、利付債から作ったストリップス債も購入できます。ただ、名称の違いは細かく気にする必要はありません。利回りや期間を考えて投資をすればOKです。

なお、米国債にはこのほかにも、登録された人しか払い戻しできない記名式の「米国貯蓄国債」（U.S. Savings Bonds）や、元本とクーポンが物価指数上昇率に連動する「インフレ連動債」（T-IPS）などの種類があります。

POINT!

日本の国債にも償還期限に応じた分類があります。償還期限が1年以下の国債を短期国債、1年超5年以下の国債を中期国債、5年超10年以下の国債を長期国債、10年超の国債を超長期国債と呼びます。

米国債のいろいろな種類

償還までの期間によって3種類に分けられる

債券 米国債（トレジャリー）

トレジャリービル（T-Bills）

償還期限1年以内の短期債

満期は4週・8週・13週・26週・52週ですが、日本では流通していません。

トレジャリーノート（T-Notes）

償還期限10年以内の中期債

満期は2・3・5・7・10年の5種類。10年ものの金利は米国の金利水準の指標となっていて、注目されています。

トレジャリーボンド（T-Bonds）

償還期限10年超の長期債

満期は30年と、とても長く設定されていますね。

このほかにも……

米国貯蓄国債（U.S. Savings Bonds）
登録した人しか払い戻しできない米国債
日本の「個人向け国債」に近い

インフレ連動債（TIPS）
元本とクーポンが物価指数上昇率に連動する米国債

余談ですが、米国財務省の「TreasuryDirect」を利用すると証券会社を通さずに米国債が買えます。ただし、日本人・日本在住ではほぼ利用不可ですので、証券会社経由で購入しましょう。

債券価格のブレ幅も変わる

償還期限の長短で何が変わるの？

もらえる利子や割引率が変わる

利付債を保有していれば、半年に1回、債券の定める利払日に利子が受け取れます。そのため、償還期限までにあと何回利払日があるかによってもらえる利子の金額が変わります。

ストリップス債は割引で販売されて、償還日に債券価格（単価）が100になります。そのため、償還期限が長いほど大きく割引されていて、償還期限が短くなるにつれて単価が100に近くなります。

利付債もストリップス債も、償還日までの期間が長いほど損益分岐点為替レートも円高になります。

金利の上下に対する価格変動が変わる

債券価格は、金利の変動によって上下します。この金利の変動による債券価格の上下は、**償還期限の長い債券や利率の低い債券ほどブレ幅が大きくなります。**

少々極端にいうと、仮に金利が上下しても、償還期限が明日の債券ならばほぼ影響はないでしょう。しかし、償還期限が30年後の債券にとっては大問題で、債券価格が大きく上下する可能性があります。

また、償還期限が同じ債券でも、利率が低い債券のほうが金利の上下による影響が大きいため、債券価格が大きく上下する可能性があります。

用語解説　**デュレーション**

金利の動きに対する債券価格の上下のしやすさを表す指標（単位・年）で、債券に投資した資金を回収するまでの期間でもある。償還期限が長い債券や利率の低い債券はデュレーションが大きくなる。

残存期間が違うとどう変わる?

利付債の場合

利子の支払い
あと2回です

残存期間
1年

利子の支払い
あと20回です

残存期間
10年

利子の支払い
あと60回です

残存期間
30年

残存期間が多いほど利子がもらえる回数が増えます。

ストリップス債の場合

償還時には
購入価格の1.25倍

残存期間5年
単価80

償還時には
購入価格の2倍

残存期間15年
単価50

償還時には
購入価格の約3.3倍

残存期間30年
単価30

残存期間が多いほど大きく割引されていて、償還時にたくさんお金が戻ってきます。

価格変動のしやすさも変わる

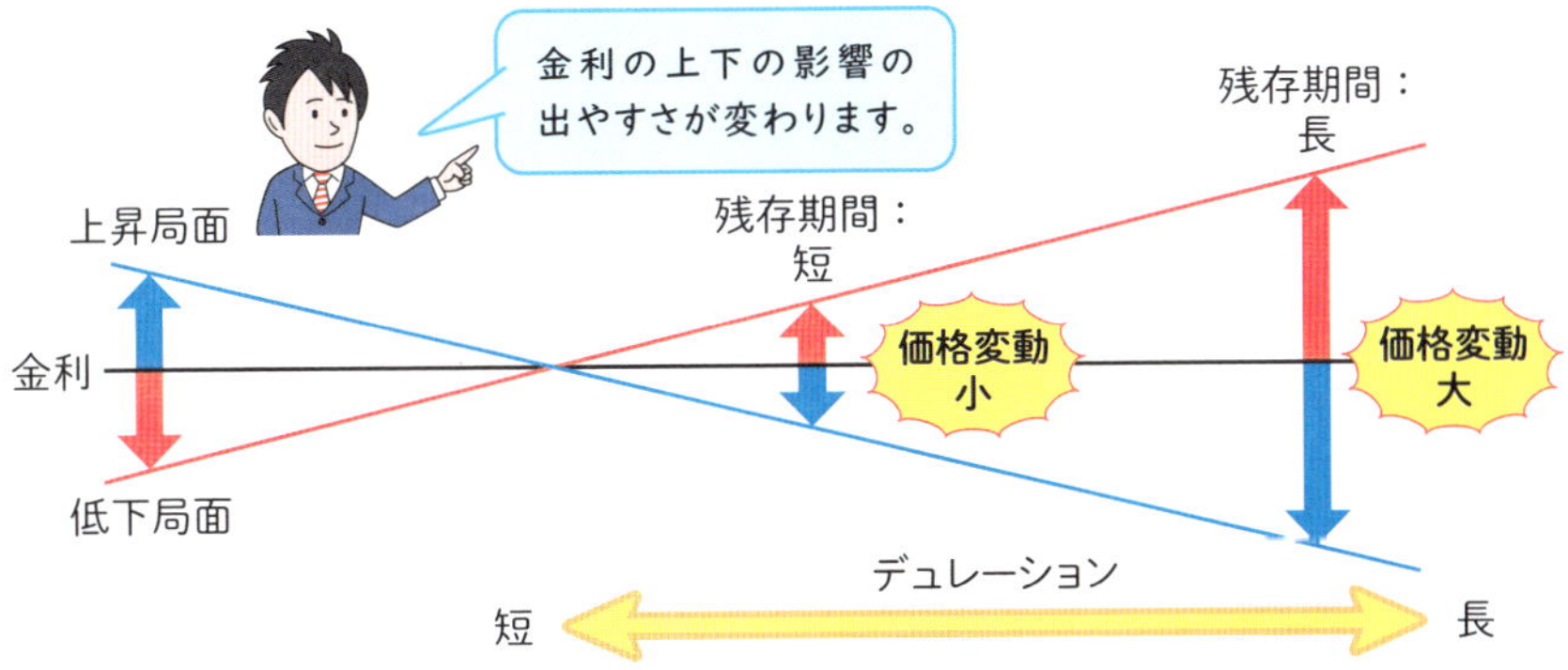

日本国内では新発債の取り扱いはない？

新発債と既発債

新しく発行される新発債

新しく発行される債券を**新発債**《しんぱつさい》、すでに発行されている債券を**既発債**《きはっさい》といい、米国債にも新発債と既発債があります。

新発債が発行されるときには、発行条件や申込期間などが提示されます。そして、申込期間に申し込まないと購入できません。

新発債の単価（発行価格）は一定額に固定されています。新発債を購入し、満期まで保有していれば、利率＝利回りなので、リターンがわかりやすいという特徴があります。もちろん、購入した新発債を既発債として途中で売却することもできます。

ただし、国内の証券会社では米国債の新発債をほとんど取り扱っていません。

すでに発行・売買されている既発債

国内の証券会社で取り扱っている米国債は、ほとんどが既発債です。

既発債は、すでに発行されて売買されている債券です。**既発債の単価は米国債の種類や利率、市場での売買に応じて変動します。**また利率も米国債ごとに決まってはいますが、利回りは購入した米国債の単価によって異なります。

既発債は、国内の証券会社に在庫があれば申込期間などなく、いつでも購入できます。ここまでお話ししてきた米国債の説明はすべて既発債を前提としています。

POINT!

お金を増やす目的で米国債を購入するのであれば、あえて新発債である必要はありません。既発債のほうが種類も豊富で買いやすく、残存期間もさまざまなものの中から選べるので便利です。

新発債と既発債の違い

新発債と既発債では取引する場所が違う

国債を
発行します
新発債
単価は発行価格と
同じ
既発債
単価は市場での
価格により
さまざま
債券
証券会社
債券
証券会社

米国債の新発債は米国が発行したものを購入するんですね。

既発債は投資家どうしの取引なので、日本にいても投資しやすいですね。

新発債と既発債では細かな条件が違う

	新発債	既発債
単価	発行価格と同じ	債券ごとに違う（時価）
購入期間	決まっている（2週間～4週間程度）	償還日を迎えるまで
販売量	上限に達するまで	証券会社の在庫がなくなるまで
取扱数量	募集がない期間も多い	証券会社により異なるが数十銘柄
利率	固定されているものが多い	固定されているものが多い
利回り	利率と同じ	（利子+償還金）÷購入金額（年率）

主な証券会社の米国債取り扱い本数

証券会社	利付債	ストリップス債
SBI証券	67本	37本
楽天証券	51本	50本
マネックス証券	15本	3本
野村證券	20本	5本
大和証券	7本	6本

証券会社によって取扱のある米国債の本数は大きく異なります。

※2025年3月25日時点

ウェブサイトで基本情報をチェック!!

実際の情報を確認してみよう

● 米国債の基本情報を確認

証券会社のウェブサイトでは、購入できる米国債の情報が確認できます。証券会社によって体裁は異なりますが、記載されている内容に大きな違いはありません。

米国債はドル建てなので、通貨はドル（米ドル）、発行体は米国です。銘柄名は「米国国債」「トレジャリーノート」「ストリップス債」などと書かれていますので、間違いないか確認しておきましょう。

利率は額面に対する利子の割合、利回りは投資金額に対する収益の割合です。詳しくは次項で紹介しますが、投資に際してより大切なのは利回りです。

残存期間には、償還日までのおおよその期間が記載されています。

● 利付債とストリップス債の違いも確認

単価は現在の各米国債の価格です。利付債とストリップス債を比べると、利付債のほうが高くなっていて、１００を超えているものもあります。一方、**ストリップス債は80程度**になっています。残存期間が長くなるほど単価は下がっていきます。

損益分岐点為替レートが表示されている証券会社もあります。為替レートがこれよりも円高になる状況では損をします。

まずは一覧で情報を確認して、よさそうな銘柄の詳細を確認すればよいでしょう。

POINT!

証券会社によっては、米国の社債や他の国の国債などを扱っているところもあるので、間違えないように要注意。検索機能があれば、米国債だけ、利付債・ストリップス債だけを表示して比較できます。

利付債とストリップス債の情報を確認しよう

利付債

銘柄名	利率（税引前・外貨ベース）	単価	利回り（税引前・複利）	残存期間	損益分岐点為替（参考）
米ドル (USD) 米国国債 4.000% 2030/2/28満期 国債 利付債	年4.000%	100.47	3.898%	約5年3ヵ月	124.97円
米ドル (USD) 米国国債 3.625% 2030/3/31満期 国債 利付債	年3.625%	98.69	3.900%	約5年4ヵ月	124.41円
米ドル (USD) 米国国債 4.875% 2030/10/31満期 国債 利付債	年4.875%	105.02	3.911%	約5年11ヵ月	122.54円

米ドル建

米国国債 3.625% 2030/3/31満期

国債 利付債

利回り（税引前・複利） 3.900% 残存期間 約5年4ヵ月 単価 98.69

利払日	毎年03/31、09/30	満期償還日	2030/03/31
利払回数/年	2回	銘柄コード	ML485A001
利率（税引前・外貨ベース）	年3.625%		

投資したときの利回りはこちらをチェック！

ストリップス債

銘柄名	利率（税引前・外貨ベース）	単価	利回り（税引前・複利）	残存期間	損益分岐点為替（参考）
米ドル (USD) 米国国債（ストリップス債） 2030/5/15満期 国債 割引債	ゼロクーポン	80.41	4.074%	約5年5ヵ月	123.61円
米ドル (USD) 米国国債（ストリップス債） 2030/11/15満期 国債 割引債	ゼロクーポン	78.76	4.083%	約5年11ヵ月	121.07円
米ドル (USD) 米国国債（ストリップス債） 2031/2/15満期 国債 割引債	ゼロクーポン	78.12	4.050%	約6年2ヵ月	120.09円

利率はゼロクーポンになっていて、単価が利付債より安くなっていることがわかります。

米ドル建

米国国債（ストリップス債） 2031/2/15満期

国債 割引債

利回り（税引前・複利） 4.050% 残存期間 約6年2ヵ月 単価 78.12

利払日	-	満期償還日	2031/02/15
利払回数/年	0回	銘柄コード	L3888A001
利率（税引前・外貨ベース）	ゼロクーポン		

出典：SBI証券のウェブサイトより

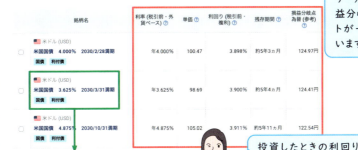

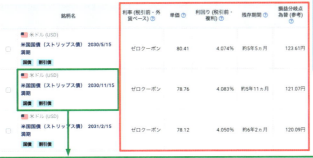

似ているようで全然違う

利率と利回り、どう違う？

投資で重要なのは「利回り」

米国債に限らず、債券の情報には「利率」と「利回り」があります。**投資するにあたっては「利回り」が重要指標です。**

債券の利率とは、債券の額面に対して毎年得られる利子の割合のことです。たとえば、額面金額１００ドルの債券から、毎年４ドルの利子がもらえる場合、この債券の利率は年４％です。

債券の利率は発行されるときに決まり、原則として変動しません（日本の個人向け国債の「変動10年」のように、例外的に変動するものもあります）。

一方、債券の利回りとは、**購入金額に対する収益の割合**のこと。通常、償還日まで保有した場合の「最終利回り」を見ます。債券の収益には、利子と償還差益（損）があります。米国債の購入金額は単価によって変わるため、それにより利回りも変わります。

たとえば、額面金額が１００ドル、利率４％の米国債を5年後の償還日まで保有したとします。この米国債を95ドルで購入していたら利回りは5・26％、１０５ドルで購入していたら利回りは2・86％になります（計算は左図参照）。

どちらも債券の利率は４％ですが、実際の投資の収益を正しく表しているのは利回りだとわかるでしょう。

POINT!

最終利回りのほかにも、元本に対する利子の割合を示す「直接利回り」、途中で売却したときの「所有期間利回り」、発行から償還まで持ち続けた場合の「応募者利回り」があります。

利率と利回りの計算式の違い

利率

額面に対する利子の割合

$$\frac{\text{利子}}{\text{額面}} \times 100\ (\%) = \text{利率}$$

利率は債券の発行時に決まり、原則としてずっと一緒です。

（例）額面100の債券を100ドル購入し、1年で4ドルの利子を受け取る場合

$$\frac{4}{100} \times 100\ (\%) = 4\%$$

利回り

購入金額に対する利益の割合

計算できなくても大丈夫。サイトに書いてあります。

$$\frac{\text{利子} + \dfrac{\text{額面} - \text{購入金額}}{\text{投資期間(年)}}}{\text{購入金額}} \times 100\ (\%) = \text{利回り（最終利回り）}$$

（例）額面金額100、利率4%の米国債を5年後の償還日まで保有する場合

【95ドルで購入した場合】

$$\frac{4 + \dfrac{100 - 95}{5}}{95} \times 100\ (\%) = 5.26\%$$

投資の収益を知るためには利回りが重要です。

【105ドルで購入した場合】

$$\frac{4 + \dfrac{100 - 105}{5}}{105} \times 100\ (\%) = 2.86\%$$

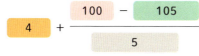

買ってもすぐには手元にこない

債券の受渡日はいつ？

注文がすぐに成立するとは限らない

米国債の売買の注文が成立することを約《やく》定《じょう》といいます。しかし、米国債を買う注文をして約定しても、すぐに米国債が手に入るわけではありません。

証券会社によっても異なりますが、ネット証券の場合、米国債の買い注文自体はほぼ1日中可能です。ただ、約定するタイミングは**「0時～14時までの注文は当日約定、17時～24時までの注文は翌営業日約定」**などと決まっています。土日祝日の注文の約定は翌週に持ち越されます。

円貨で決済する場合、約定の際に各証券会社の定める為替レートによって円がドルに両替され、米国債が買い付けられます。手持ちの外貨があれば、両替せずに米国債を買い付けられます。

米国債の受渡日は2営業日後

米国債が実際に手に入るのは受渡日です。米国債の受渡日は、新発債の場合は約定日の翌営業日、既発債はＳＢＩ証券・楽天証券・野村證券の場合約定日の2営業日後となっています。なお、債券は電子化されています。お使いの金融機関の「保有資産一覧」などで保有が確認できます。

約定日や受渡日は注文時の画面や注文後の画面などに表示されていますので、いつ手に入るのかを確認しておきましょう。

用語解説　**円貨決済・外貨決済**

米国債の代金を円で支払うことを円貨決済、ドルで支払うことを外貨決済という。円貨決済では証券会社で円がドルに両替されて米国債を買い付ける。外貨決済ではすでにあるドルで米国債を買い付ける。

債券の受渡日はいつ?

債券の受渡日

（例）夜21時に注文した場合

月	火	水	木	金	土	日
1	2	3	4	5	6	7
8 注文日	9 約定日 →	10 →	11 受渡日	12	13	14
15	16	17	18	19 注文日 →	20 →	21 →
22 約定日 →	23 →	24 受渡日				

約定日の2営業日後（約定日から数えて3営業日め）に受け渡されることが多いんですね。

証券会社により多少ルールが異なるので、前もって確認しておきましょう。

【主な証券会社の取引ルール】（既発債・平日）

※土日祝日の注文は翌営業日に約定。一部取引時間外の時間帯もあります

証券会社	約定日	受渡日
SBI証券	0時～14時：当日/17時～24時：翌日	約定日の2営業日後
楽天証券	0時～15時：当日/17時15分～24時：翌日	約定日の2営業日後
マネックス証券	0時～14時：当日/17時40分～24時：翌日	約定日の3営業日後
野村證券	0時～15時半：当日/16時～24時：翌日	約定日の2営業日後
大和証券	10時30分～17時：当日	約定日の2営業日後

円貨決済と外貨決済

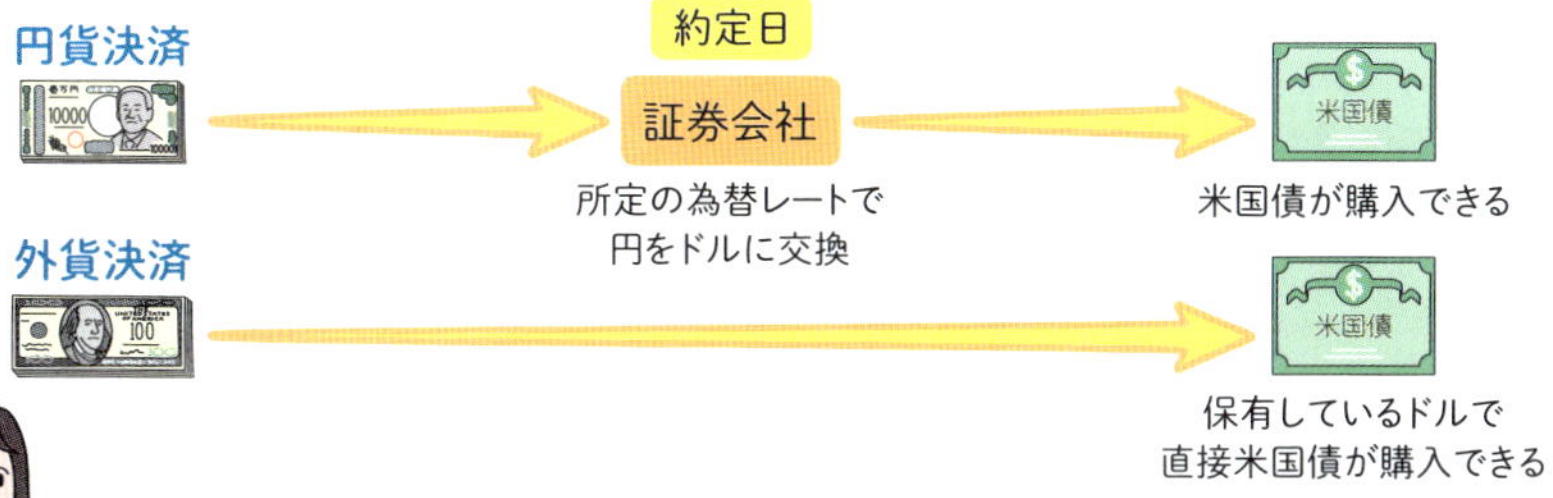
円貨決済
約定日
証券会社
所定の為替レートで
円をドルに交換
米国債
米国債が購入できる
外貨決済
米国債
保有しているドルで
直接米国債が購入できる

為替手数料は円貨決済よりも前もってドルに交換してから外貨決済したほうがお得になる場合も。手数料の安いほうを利用しましょう。

売買で損しないための手続き

支払うこともらうこともある経過利子

買い手が売り手に利子を支払う

経過利子とは、**利付債の既発債を購入するときにやりとりする利子**のことです。

利付債の利子は、半年に一度、6か月分が支払われます。しかし、利払日以外に米国債の受渡日があると、売り手がもらえる利子が少なくなり、買い手がもらえる利子が多くなってしまいます。そこで、買い手が売り手に経過利子を支払い、利子を調整します。**それぞれの保有期間分に応じて、利子を分け合うという考え方です。**

経過利子は米国債の買付金額の中から支払います。ネット証券の場合、注文の確認画面などで概算金額を確認できます。

経過利子は「損」ではない

米国債を購入するにあたって経過利子を支払うというと、何だか損しているように見えるかもしれません。しかし実際には損ではありません。購入した利付債の最初の利払日がきたときには、**その利付債から6か月分の利子がもらえる**からです。これで帳尻が合います。

また、米国債を売却する際に受渡日が利払日以外だった場合には、経過利子が受け取れます。米国債の中途売却を考える際に「次の利子がもらえるまで待って売却しよう」と利子の受け取りまで待つ必要はありません。

POINT!

株からもらえる配当金は、銘柄ごとに定める「権利確定日」時点で株主の人がもらえます。経過利子のような、途中で売却した人が配当金の一部をもらえるしくみはありません。

経過利子のイメージ

米国債の経過利子

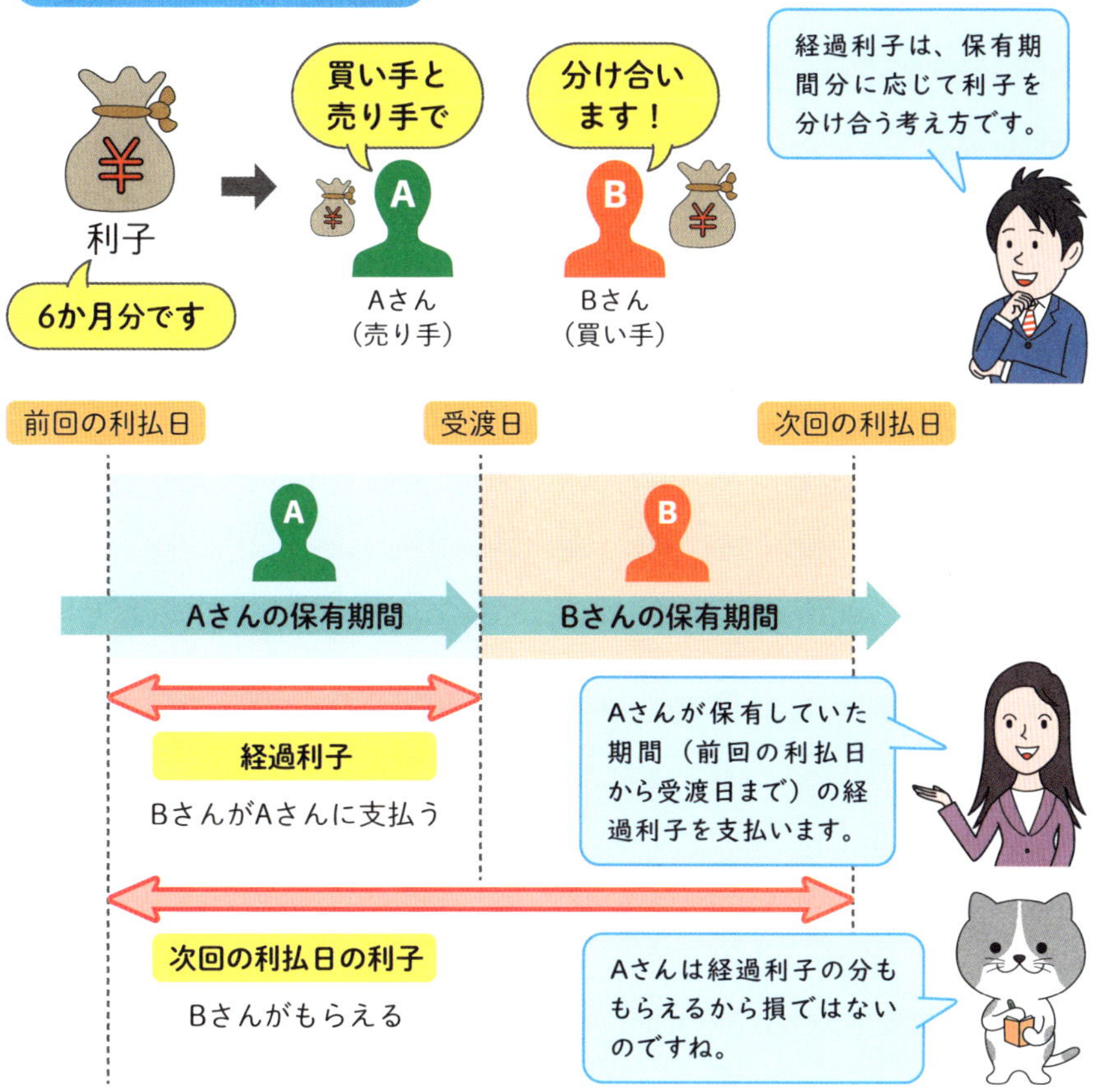
経過利子は、保有期間分に応じて利子を分け合う考え方です。
買い手と売り手で
分け合います！
利子
6か月分です
A
Aさん
（売り手）
B
Bさん
（買い手）
前回の利払日
受渡日
次回の利払日
Aさんの保有期間
Bさんの保有期間
経過利子
BさんがAさんに支払う
Aさんが保有していた期間（前回の利払日から受渡日まで）の経過利子を支払います。
次回の利払日の利子
Bさんがもらえる
Aさんは経過利子の分ももらえるから損ではないのですね。

株の配当金は権利確定日に保有している株主が総取り

もらえない……
配当金がもらえた！
債券の利子とは違い、権利確定日に株主だった人だけがもらえます。
配当金
今期の配当です
A
Aさん
権利確定日前に
株を売却
B
Bさん
権利確定日に
株主

Column

米国債より価格の変動が大きい！

米国株と米国債を比較してみる

米国株は文字どおり、米国企業が発行する株を売買するものです。株を発行する企業が成長すれば、株価は上昇します。また、株を持っていることでもらえる配当金も、米国株の場合は年4回もらえることが一般的です。

ただ、企業が思うように成長せず、業績が低迷してしまうと、株価は大きく下落することもあります。最悪の場合、倒産して無価値になってしまう可能性もあるのです。

その点、米国債は価格の変動こそありますが、米国株のように何倍にも増えることはありません。米国が破綻する可能性は厳密にはゼロとはいえませんが、ほぼないとはいえます。なにより償還日になれば額面金額で戻ってくる点は米国株にはないポイント。米国株は米国債に比べて価格の変動が非常に大きいといえます。

株と債券は逆の値動きをします。景気がいいと、投資家は米国株のほうが利益が得られると考えるため、米国株の価格は上昇する一方で米国債の価格は下落（金利は上昇）します。反対に、景気が悪いと米国株は値下がりし、米国債は値上がりします。米国株と米国債、ともに投資することによって分散効果が高まり、堅実にお金を増やす期待ができるでしょう。

	米国株	米国債
償還（満期）	なし	あり
利益の種類	値上がり益・配当	値上がり益・利子・償還差益
配当金・利子	年4回が多い	年2回（ストリップス債はなし）
価格変動	大きい	小さい
最低購入単位	1株から（1株の価格は銘柄による）	100ドルから
景気がいいと	株価は上がる	債券価格は下がる（金利は上昇）
景気が悪いと	株価は下がる	債券価格は上がる（金利は低下）
税金の扱い	値上がり益：日本で20.315% 配当：米国で配当金に10% 日本で配当金に20.315% ※外国税額控除の対象	値上がり益・償還差益：日本で20.315% 利子：米国で利子に10% 日本で利子に20.315% ※外国税額控除の対象

※確定申告をすることで米国での10%の税額を控除できる（詳しくは186ページ参照）

第4章

金利と景気から考える基本の戦略

債券に大きな影響を与える米国の金融政策から、
金利と景気の関係までを踏まえた
米国債投資の基本の戦略を解説。
購入前のシミュレーションの方法もお教えします。

第4話

もっと詳しく教えてください！

①金利　②為替
米国債を購入する前に絶対に覚えておきたいのがこの2つです。
特に金利は米国債の価格と密接に関係しています。
ふむふむ
おっ
金利と債券価格はシーソーの関係なので金利の動向をみれば米国債の価格が上がるのか下がるのかがわかります。金利の上げ下げによって購入するべき米国債も変わるんですよ。
金利
米国債
ほほ〜
なるほどアメリカの金融政策や金利の動向に気を配る必要があるんだな……。
投資してお金が減ってしまうのは不安だわ。
経済学苦手だ〜
そうした不安を取り除くためにも投資する前に必ずシミュレーションを行いましょう！やり方もきちんとお教えします！
シミュレーション！

米国債への影響大!!

米国の金利動向と金融政策に気を配ろう

債券と密接に関わる政策金利

政策金利とは、景気や物価などをコントロールするために設定される金利のことです。政策金利は債券はもちろんのこと、預金や住宅ローンの金利など、**生活に関わるさまざまな金利にも影響を及ぼします。**

景気がよくて収入や消費が増えると、物価が上昇（インフレ）します。程よいインフレなら問題ないものの、インフレが加熱しすぎると給与よりも物価が常に高い状態となり、国民の生活が苦しくなっていきます。そこで、政策金利を引き上げてインフレを抑え込もうとするわけです。反対に、景気が悪く物価が下落（デフレ）傾向にあるときには、政策金利を引き下げて景気を刺激し、物価を上げようとします。

24ページで紹介したとおり、債券価格は金利とシーソーの関係にあるので、政策金利が上がると下落し、下がると上昇します。

政策金利はＦＯＭＣで決まる

米国の政策金利は、米国の中央銀行にあたる組織、ＦＲＢ（連邦準備制度理事会）が決定します。年に8回行うＦＯＭＣ（連邦公開市場委員会）という会議で金融政策について話し合われ、政策金利が決まります。**政策金利を上げることを「利上げ」**、**下げることを「利下げ」**といい、その動向はニュースなどでも大きく話題になります。

POINT!

日本の政策金利は日銀が年8回実施する金融政策決定会合で決められます。金融政策決定会合には、日銀総裁、副総裁（2人）、審議委員（6人）の計9人が参加します。2025年時点の日銀総裁は植田和男氏です。

米国債のいろいろな種類

中央銀行が行う金融政策

米国政策金利の推移

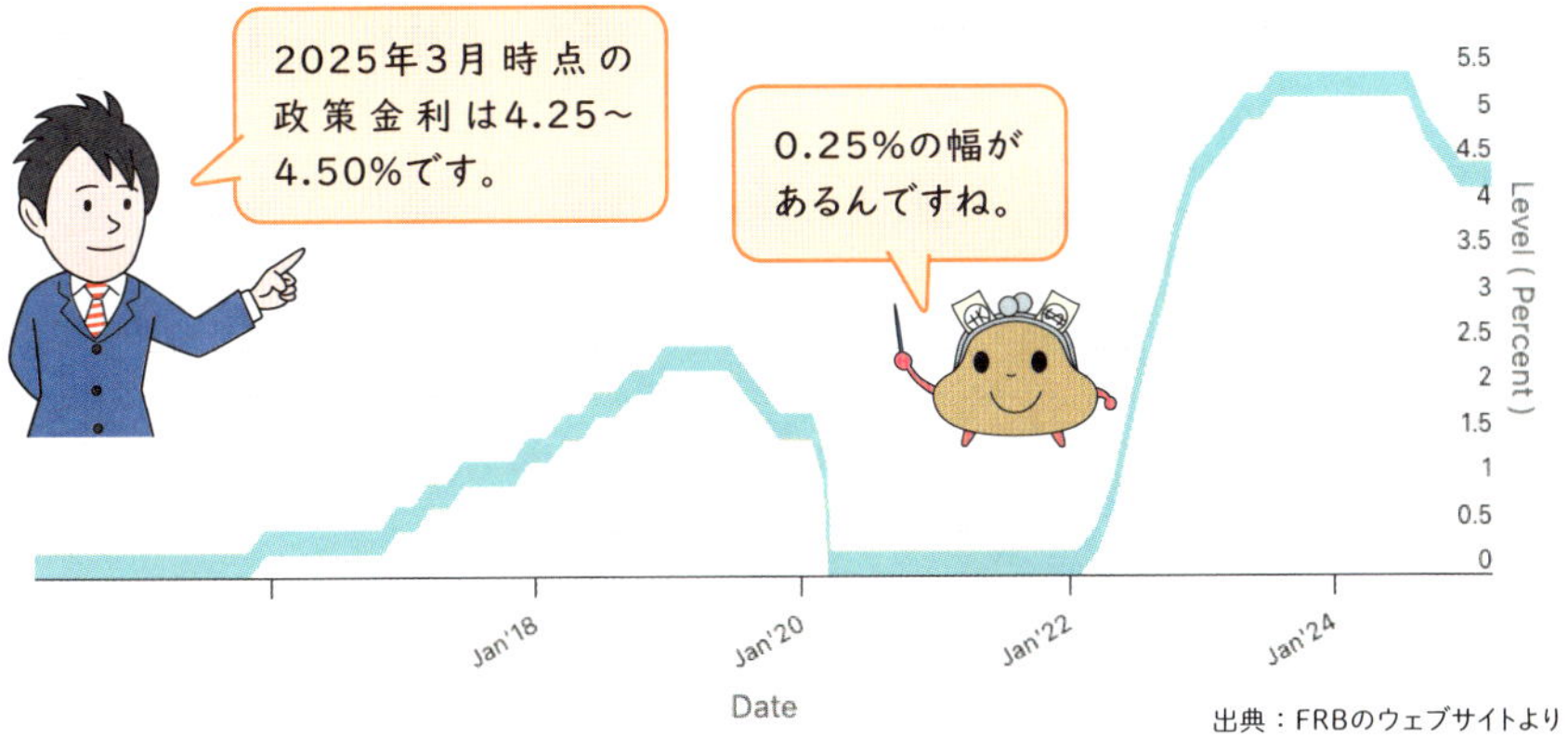

出典：FRBのウェブサイトより

FOMC参加者の見通しがヒントに！

米国の政策金利はこれからどうなる？

●この10年、政策金利は急変動

2008年のリーマンショック以降、景気後退局面にあった米国は、ゼロ金利政策を行い、景気回復を目指しました。経済が回復してきた2015年以降、徐々に利上げをしてきたのですが、コロナ禍にあって再びゼロ金利政策を行いました。

2021年以降は、コロナ禍からの経済回復やロシアのウクライナ侵攻などによるエネルギー価格の高騰もあり、インフレが急激に進行。インフレを抑えるべく、政策金利を急ピッチで引き上げました。2024年以降は、**インフレ率が落ち着いてきていることなどを受け、再び利下げの局面に入っています。**

●FOMC参加者の考えが見えるドットチャート

今後の政策金利の動向がどうなるかを知るのに役立つのがドットチャートです。ドットチャートは、FOMCの各参加者が適切と考えている政策金利の水準を点で示して散布図にしたもの。3・6・9・12月のFOMCの後に公表される政策経済見通しの資料のなかにあり、注目されています。

ドットチャートには、**今後2〜3年の金利の見通し**と、**ロンガーラン（中立金利）という長期的な見通し**が示されています。今後の政策金利の動向を知るうえで投資行動の参考になるでしょう。

POINT!

FOMCの参加者は、FRBの議長（1人）、副議長（2人）理事（4人）と、米国の12地区の地区連銀総裁（12人）の合計19人。2025年時点の議長はパウエル氏です。

今後の政策金利を予想する

ドットチャートで今後の政策金利の見通しがわかる

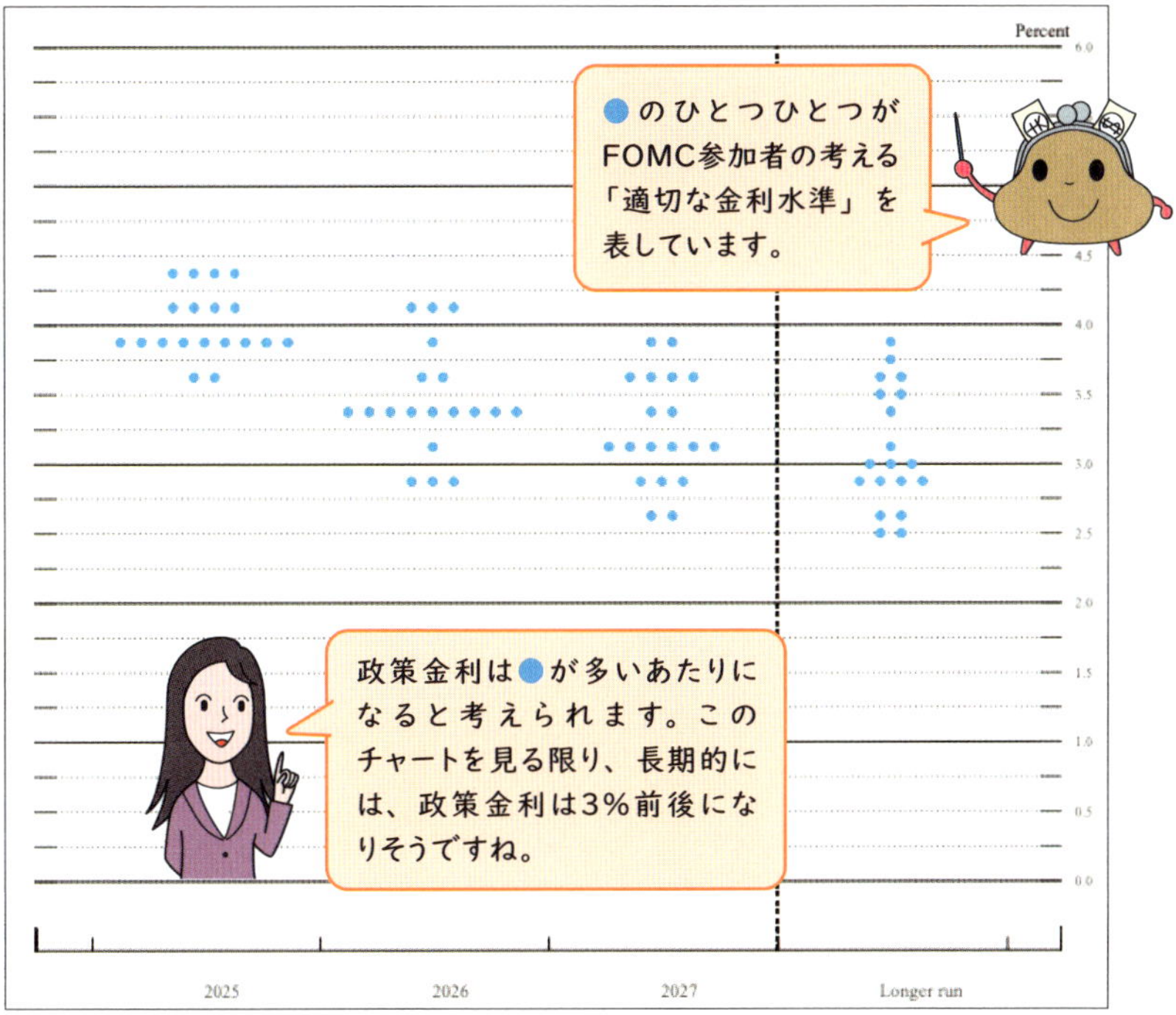

出典：FRB「Summary of Economic Projections」（2025年3月）より

2025年・2026年のFOMCの予定一覧

2025年	2026年
1月28日～29日	1月27日～28日
3月18日～19日	3月17日～18日
5月6日～7日	4月28日～29日
6月17日～18日	6月16日～17日
7月29日～30日	7月28日～29日
9月16日～17日	9月15日～16日
10月28日～29日	10月27日～28日
12月9日～10日	12月8日～9日

※「Summary of Economic Projections」の略で、FRBが四半期ごとに公表する政策経済見通しの資料のこと

好景気になったり、不景気になったり……

景気の3つのサイクル

●金利と景気は循環する

景気はよくなったり悪くなったりを繰り返します。これを景気循環といい、景気循環と金利には深い関係があります。

景気がよくなると収入が増えるので、個人や企業の消費や投資が増えます。お金を使いたい人が増えると金利は上昇し、物価も上昇していきます。

しかし、中央銀行が行き過ぎた物価上昇を抑えるために政策金利を引き上げると、今度は消費や投資を減らすようになり、景気が悪くなっていきます。**お金を使いたい人が減るので、金利も物価も下落します。**

これに対応するために中央銀行が政策金利を引き上げると、再び景気が回復します。

●景気の3つのサイクル

景気のサイクルとしてよく知られているのが、お金の貸し借りが関わる**「信用サイクル」**、利上げ・利下げが関わる**「金融政策サイクル」**、企業の生産と在庫が関わる**「在庫サイクル」**の3つです。およそ10年、5年、2・5年の周期で景気の拡大と縮小を繰り返しています。

常に完全に当てはまるというわけではないのですが、景気循環の流れを知っていれば、今が景気拡大（金利上昇）の局面なのか、それとも景気後退（金利低下）の局面なのかを考えるのに役立ちます。

POINT!

米国の景気が後退していることを認定しているのが全米経済研究所（NBER）です。NBERは「経済全体に広がり数か月以上続く経済活動の著しい低下」が見られたときに景気後退を認定します。なお、日本の景気後退は内閣府が認定します。

景気循環を示す3つの景気サイクル

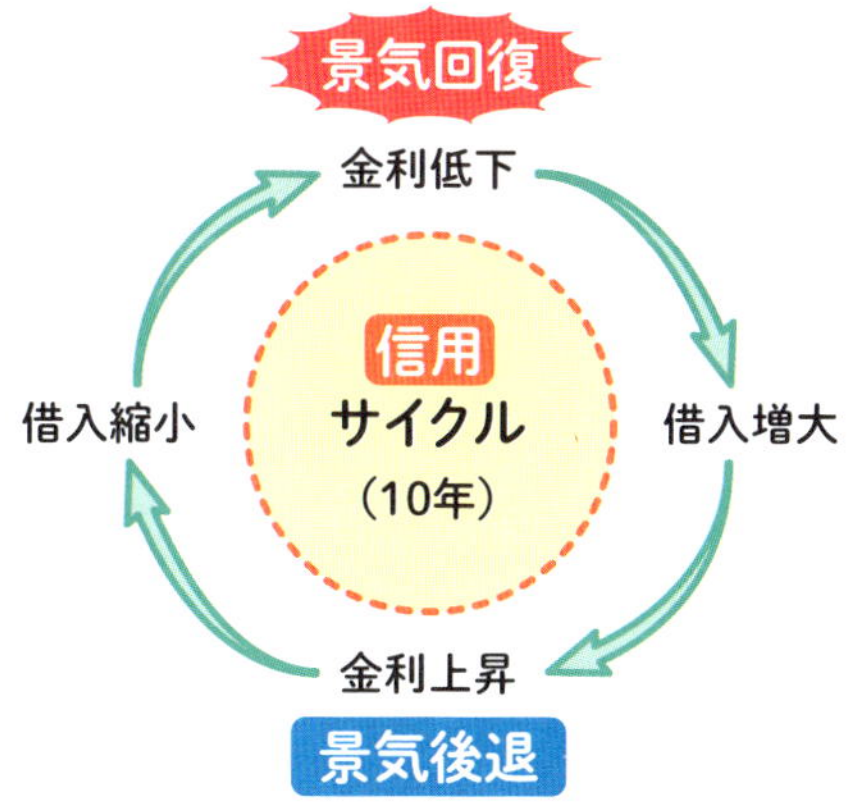
景気回復
金利低下
借入増大
金利上昇
景気後退
借入縮小
信用
サイクル
（10年）

金利が低下すると企業の借入が増えて好景気に。反対に金利が上昇すると借入が減って景気が悪化します。

行き過ぎた景気の加熱や後退を防ぐために政府が利上げ・利下げを行い、景気をコントロールしようとしています。

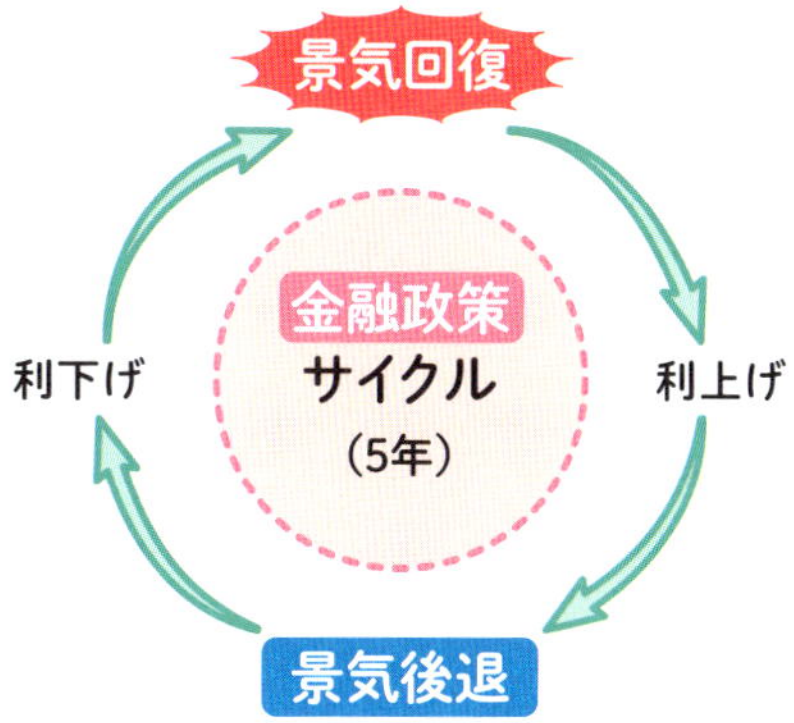
景気回復
利上げ
景気後退
利下げ
金融政策
サイクル
（5年）

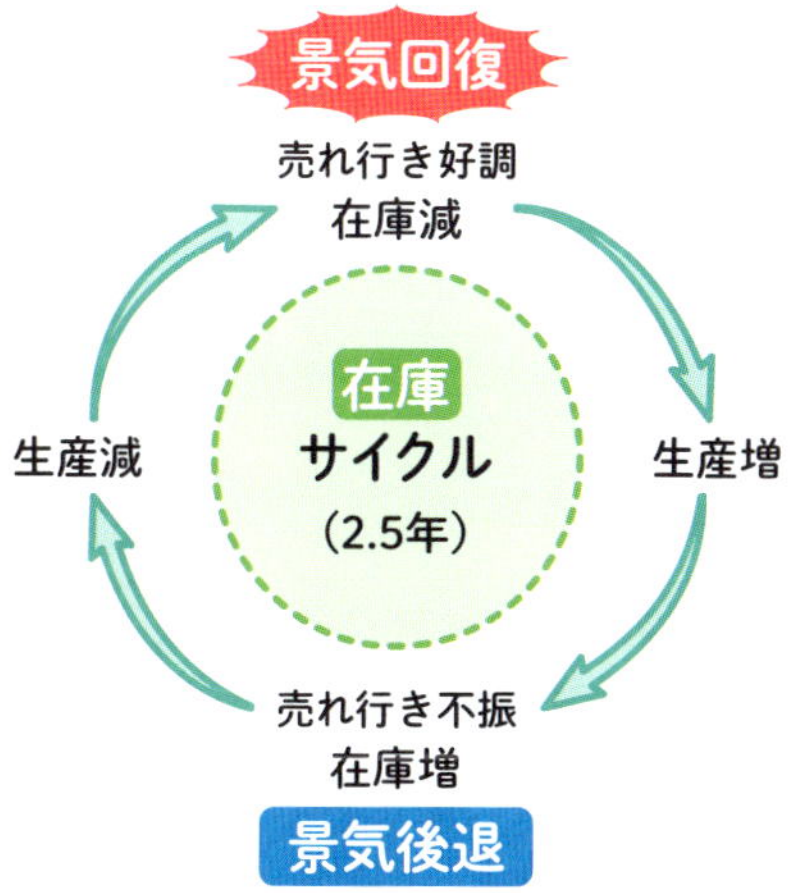
景気回復
売れ行き好調
在庫減
生産増
売れ行き不振
在庫増
景気後退
生産減
在庫
サイクル
（2.5年）

売れ行き好調で在庫が減ると景気が回復し、売れ行き不振で在庫が増えると景気が悪化します。

さまざまな要素がからみあう

米国の景気の移り変わり

景気と金利・物価・株価の関係

前項の話を米国に落とし込んだのが左の図です。**景気拡大の局面では、金融緩和・利下げの影響を受けてドル安となる一方で、株価が上昇をはじめます。**ただ、景気拡大が鮮明になると、今度はインフレが加熱してしまいます。それを抑えるために、今度は金融引き締め・利上げを行います。

利上げをするとドル高になりますが、お金を借りるコストが増加するので、インフレを抑える要因になります。また、株価の下落にもつながります。これが続くと景気が減速してしまうので、改めて金融緩和を行い、景気を上向かせようとします。

景気と企業・銀行の信用の関係

同様に企業と銀行の信用サイクルと景気の関係もひとつにまとめることができます。**景気拡大の局面では、企業は利益を増やしたいと考えてお金を借りて設備投資などを行います。**銀行も、お金を積極的に貸し出して利益を上げたいと考えます。

しかし、企業の借入金が増えると銀行は貸し倒れリスクを嫌ってお金を貸さなくなります。企業の業績は下がり、株価も下落し、倒産する企業も出てきます。ただ、企業がそれを乗り越えて借入金を返済することで企業の信用が回復。再び銀行はお金を貸し出すようになります。

POINT!

銀行は業績のよい企業にはお金を貸しますが、業績が悪くなった企業には貸しません。「銀行は晴れた日に傘を貸し、雨の日に取り上げる」と揶揄されることもありますが、銀行もいくらでも「傘」が貸せるわけではない以上、仕方ないことだともいえます。

米国の景気は移り変わる

米国の景気の変動イメージ

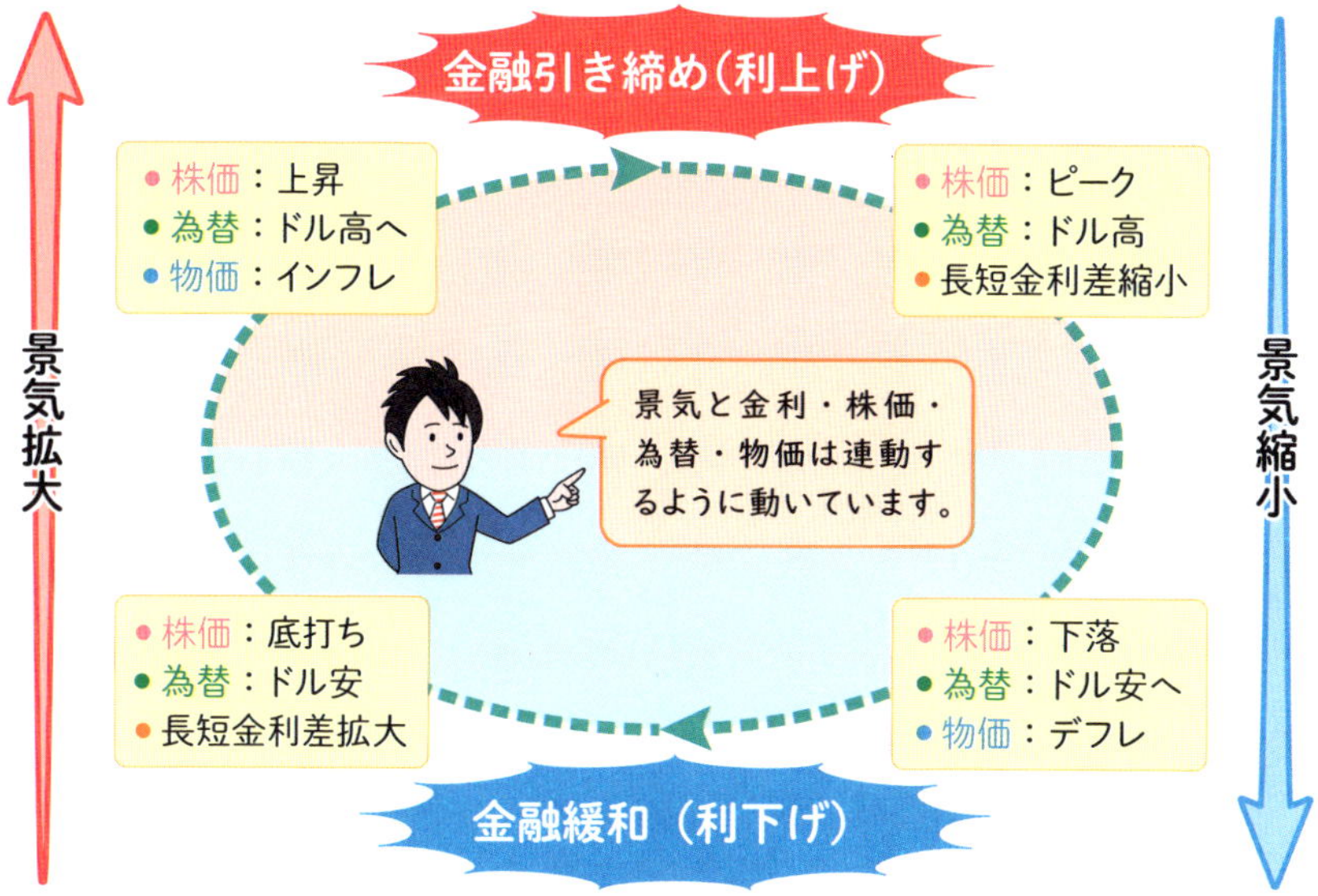

金融引き締め（利上げ）
● 株価：上昇
● 為替：ドル高へ
● 物価：インフレ
● 株価：ピーク
● 為替：ドル高
● 長短金利差縮小
景気と金利・株価・為替・物価は連動するように動いています。
景気拡大
景気縮小
● 株価：底打ち
● 為替：ドル安
● 長短金利差拡大
● 株価：下落
● 為替：ドル安へ
● 物価：デフレ
金融緩和（利下げ）

信用サイクルの変化のイメージ

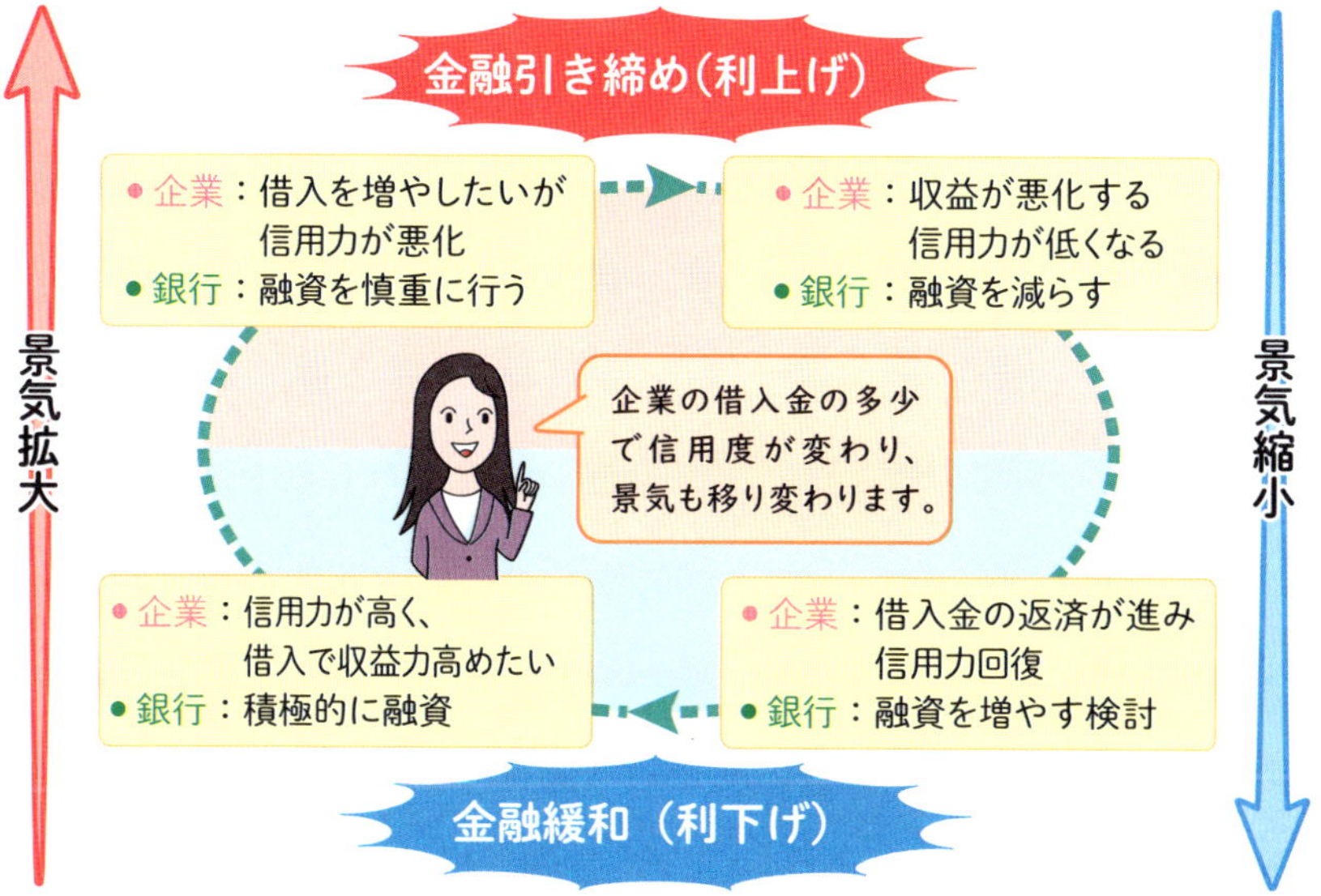

金融引き締め（利上げ）
● 企業：借入を増やしたいが信用力が悪化
● 銀行：融資を慎重に行う
● 企業：収益が悪化する信用力が低くなる
● 銀行：融資を減らす
企業の借入金の多少で信用度が変わり、景気も移り変わります。
景気拡大
景気縮小
● 企業：信用力が高く、借入で収益力高めたい
● 銀行：積極的に融資
● 企業：借入金の返済が進み信用力回復
● 銀行：融資を増やす検討
金融緩和（利下げ）

長短金利差をチェック！

金利の動きから景気後退がわかる？

1年未満か以上かで分かれる

金利には、主に1年未満のお金の貸し借りに使われる**「短期金利」**と、1年以上のお金の貸し借りに使われる**「長期金利」**があります。90ページで紹介した政策金利は、中央銀行が決める短期金利です。また、米国では3か月国債の利回りがよく参照されます。対する長期金利は、政策金利、今後の景気や経済成長、物価の変動などで変わります。10年国債の利回りを多くの人が参考にしています。

長短金利差に注目

長期金利は短期金利と違い、市場の動向や将来の予測をもとに変動するため、短期金利よりも先に変動する傾向があります。そこでチェックしたいのが、長期金利と短期金利の差を示す**「長短金利差」**です。

金利はお金の貸し借りをする際の手数料です。長期間お金を貸すならば、金利を高く要求するのは当然の流れです。よって、通常、長期金利は短期金利よりも高く、長短金利差はプラスの値になります。しかし、景気が悪くなると、先に長期金利が下がるため、プラスの幅が縮小し、ときにはマイナス（＝長期金利のほうが低金利）になることもあるのです。**目安として、長短金利差が1％を下回ると景気減速、マイナスになると景気後退が懸念されます。**

POINT!

長短金利差で景気後退を察知しようとする研究は昔から行われてきました。2006年のニューヨーク連邦銀行のレポートでは、左図に示した10年国債利回りと3か月国債利回りの差が景気後退を予測する力が高いと紹介しています。

長短金利差が示す景気後退

短期金利と長期金利

短期金利 ……1年未満のお金のやりとりに使われる金利

銀行の預金金利や貸出金利などに影響があります。

短期金利より長期金利が先に動くことで、長短金利差も日々変わります。

長期金利 ……1年以上のお金のやりとりに使われる金利

住宅ローンや車のローンなどの金利に影響があります。

米国の長短金利差と景気後退の関係

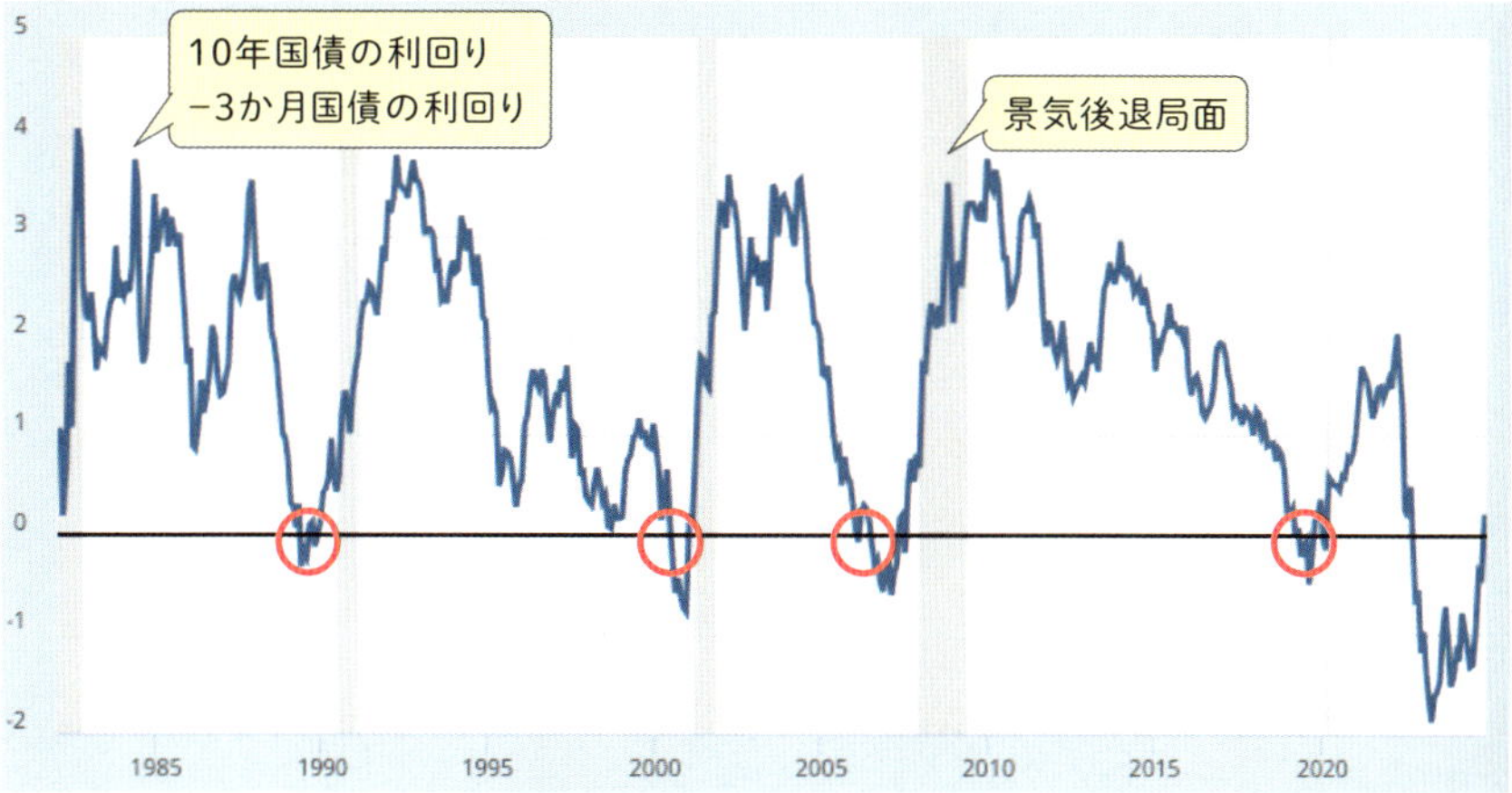

出典：Federal Reserve Bank of St. Louis（セントルイス連邦銀行）のデータより

長短金利差が0%を下回った少しあとに景気後退局面が来ていますね。

「毎回必ず」ではないのですが、景気後退のタイミングがわかりやすいですね。

イールドカーブと逆イールドカーブ

「逆イールド」は景気後退のサイン！

利回りと残存期間を表すイールドカーブ

イールドカーブとは、債券の残存期間と利回りの関係をグラフで表したものです。グラフの縦軸に利回り、横軸に債券の残存期間をとって、同じ発行体の期間の異なる債券の利回りと残存期間で点を打ち、線でつなぎます。債券の利回りは、残存期間が長いほど高くなるのが一般的ですが、残存期間が長くなると、利回りの上昇幅はだんだん減っていき、イールドカーブも曲線的なグラフ（カーブ）になります。なお、**イールドカーブの右側が高い（残存期間が長いほど利回りが高い）グラフを「順イールド」**といいます。

「逆イールド」に要注意

一方、イールドカーブの左側が高いグラフを「逆イールド」といいます。金利はお金の貸し借りをする際の手数料と説明しましたが、短い期間ほど金利が高いのは異常な状態であることが感覚的にわかります。**逆イールドは、景気後退局面で起こります。**景気が後退するとき、中央銀行はインフレを抑えるために利上げを行うため、短期金利が上昇しやすくなります。それによって短期金利が長期金利を上回ると、逆イールドになるのです。逆イールドが発現したときは景気後退のシグナルとされているため、景気動向に注意が必要です。

POINT!

米国債は2022年10月から逆イールド状態が続いていましたが、2024年9月に解消。その後2024年9月、11月、12月と3回にわたって利下げを実施しています。

利回りと残存期間を示すイールドカーブ

順イールドと逆イールド

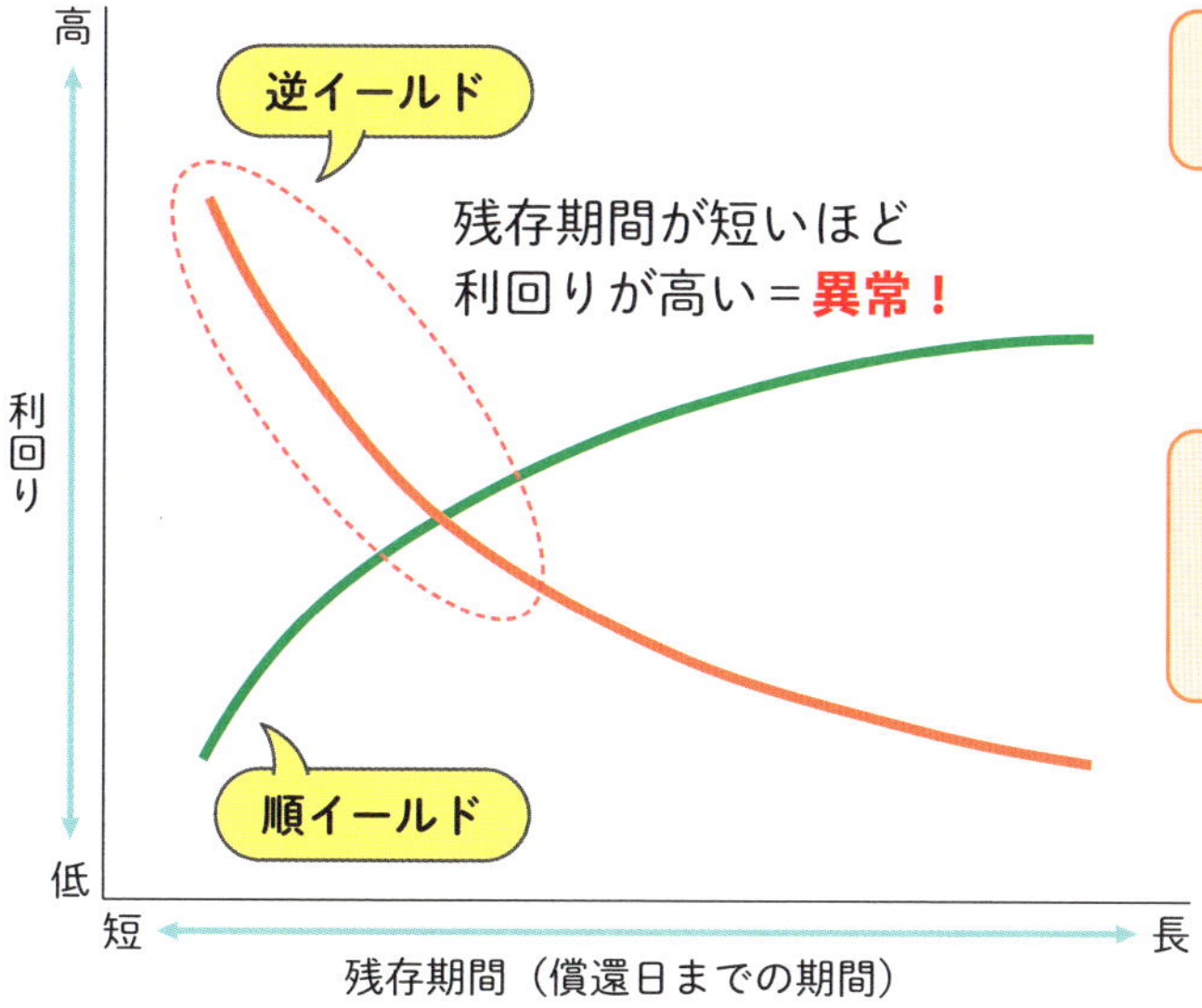

普通は長期金利が高い状態です。

短期金利が上昇し、長期金利を上回ると景気後退の可能性があります。

米国のイールドカーブ

2023年は逆イールドですが、2024年は順イールドになっていますね。

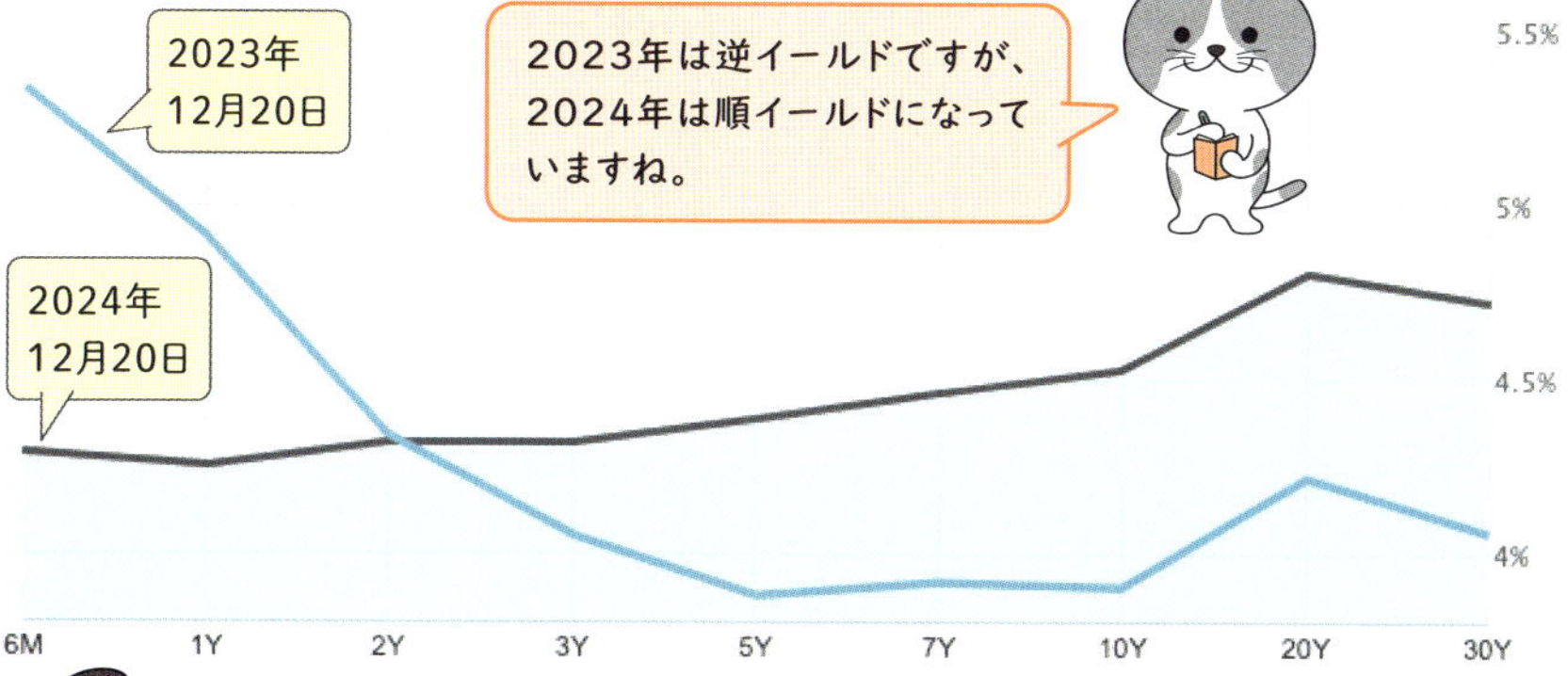

出典：investing.comのデータより

2022年～2024年は逆イールドでも米国の景気は堅調でした。今後、景気後退が起こるかどうか、注目されています。

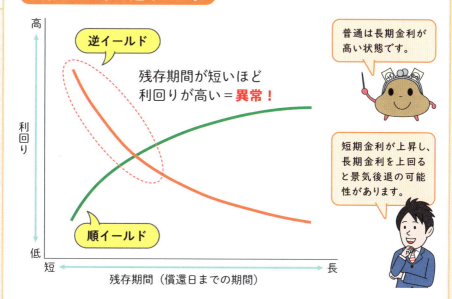

景気に合わせて形を変える

イールドカーブでわかる景気の状態

4種類のイールドカーブ

イールドカーブの動きで、金利水準が全体的に上昇（債券価格は下落）することを**「ベア」**、全体的に低下（債券価格は上昇）することを**「ブル」**といいます。

また、イールドカーブの傾きが急になることを**「スティープ化（スティープニング）」**、緩やかになることを**「フラット化（フラットニング）」**といいます。

イールドカーブには、ベアとブル、スティープニングとフラットニングの組み合わせで、合わせて4種類の形があります。

イールドカーブは、景気の「回復→過熱→減速→後退」サイクルで形を変えます。

イールドカーブが示す景気のサイクル

景気が回復すると、利上げの見込みを踏まえて長期金利の上昇幅のほうが大きい**「ベア・スティープニング」**になります。

しかし、景気が過熱して利上げが起こると、長期金利よりも短期金利の上昇幅が大きくなる**「ベア・フラットニング」**になります。

景気が減速してくると、市場が利下げを期待して長期金利の低下幅が大きくなる**「ブル・フラットニング」**が起こります。

景気後退を確認し、実際に利下げが行われると短期金利の低下幅が大きくなる**「ブル・スティープニング」**となります。

POINT!

ベアは熊が手を振り下ろすところから弱気（低下）、ブルは雄牛が角を突き上げるところから強気（上昇）を示す言葉として投資の世界でよく使われます。なお、スティープは「急勾配」、フラットは「平坦」を表す英単語からきています。

イールドカーブの4つの形

利回りと残存期間の関係

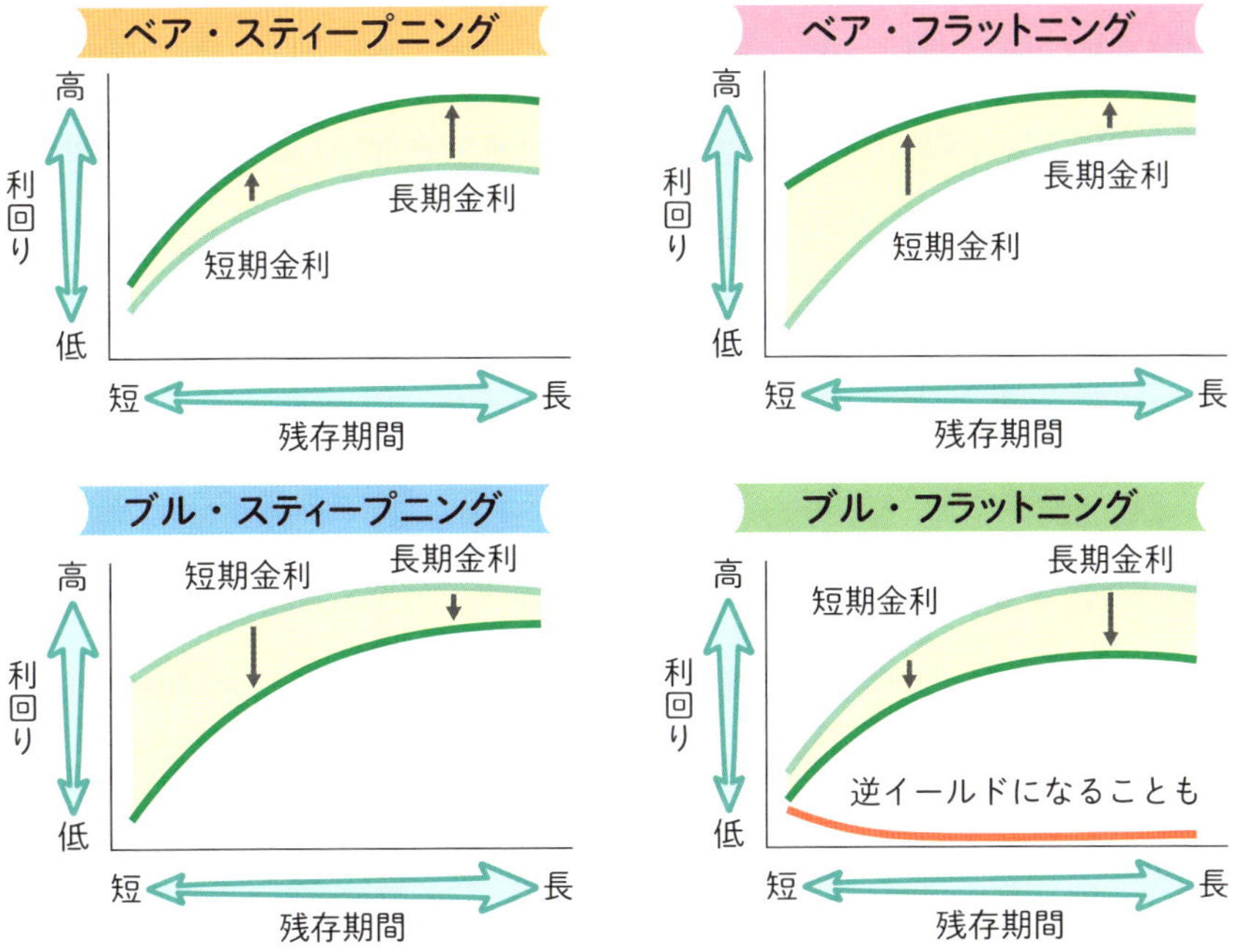
ベア・スティープニング
高
利回り
低
短期金利
長期金利
短
長
残存期間
ベア・フラットニング
高
利回り
低
長期金利
短期金利
短
長
残存期間
ブル・スティープニング
高
利回り
低
短期金利
長期金利
短
長
残存期間
ブル・フラットニング
高
利回り
低
長期金利
短期金利
逆イールドになることも
短
長
残存期間

イールドカーブが表すもの

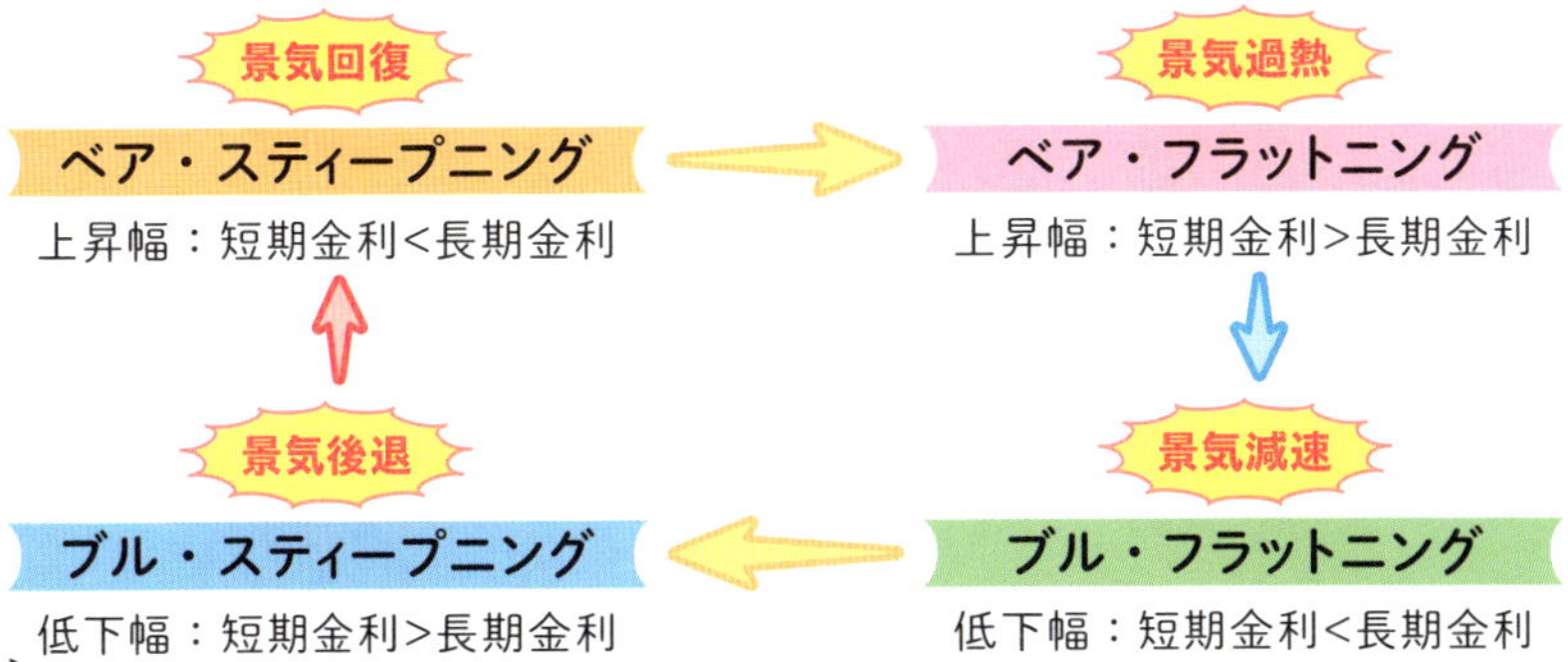
景気回復
ベア・スティープニング
上昇幅：短期金利<長期金利
景気過熱
ベア・フラットニング
上昇幅：短期金利>長期金利
景気減速
ブル・フラットニング
低下幅：短期金利<長期金利
景気後退
ブル・スティープニング
低下幅：短期金利>長期金利

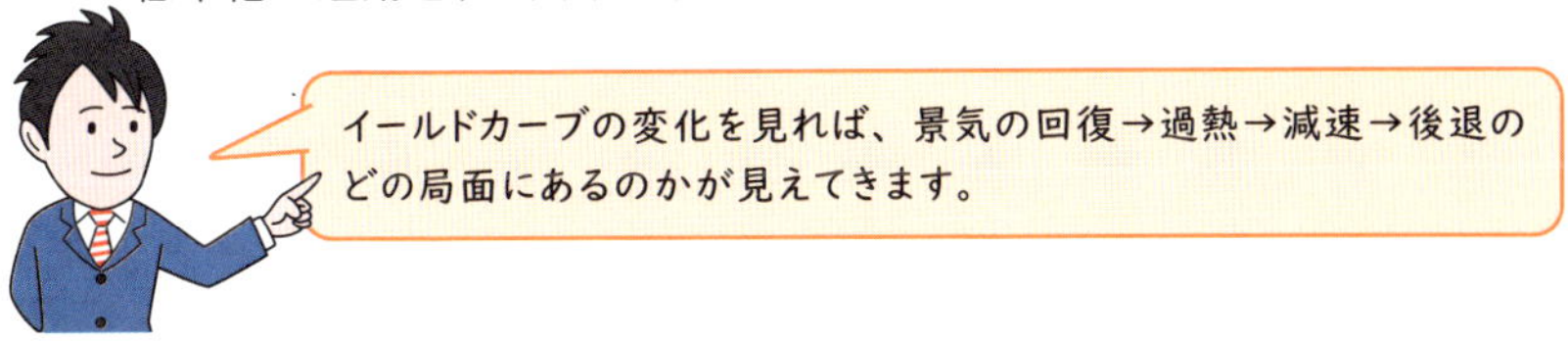
イールドカーブの変化を見れば、景気の回復→過熱→減速→後退のどの局面にあるのかが見えてきます。

高くなったら景気後退のサイン

社債スプレッドが示す景気の良し悪し

● 国債利回りに上乗せされる社債スプレッド

社債スプレッドとは、**同年限の社債と国債の利回りの差を表す数値**です。

米国政府が発行する国債と米国企業が発行する社債では、社債のほうが信用リスクは高くなります。政府より企業のほうが破綻する可能性が高いからです。

社債スプレッドは、企業の信用度（格付）が低いほど大きくなる傾向にあります。格付が高ければ、利回りが少なくても投資したいと考える人がいるでしょう。しかし、格付が低いと貸し手は簡単には見つかりません。そこで、利回りを高くして投資してもらおうとするのです。

● 社債スプレッドの上昇で景気後退局面に？

社債スプレッドは、景気や金利の動向で変動します。わかりやすいのは景気後退局面。景気後退局面では、銀行は格付の低い企業にお金を貸そうとしなくなります。そのため、格付の低い企業はお金を集めるために社債の金利を上昇させます。つまり、**社債スプレッドが増加**するのです。実際、景気後退局面は社債スプレッドが大きく増加するときに訪れていることがわかります。

反対に景気がいいと、企業の信用力も高まりますし、企業の株も買われます。お金の調達コストが少なくなるため、**社債スプレッドが減少**します。

POINT!

社債スプレッドが上昇することをワイドニング、社債スプレッドが下落することをタイトニングといいます。一般的には、社債スプレッドが上昇すると社債は値下がりし、社債スプレッドが下落すると社債は値上がりします。

社債スプレッドで景気がわかる

社債スプレッド=社債利回り−国債利回り

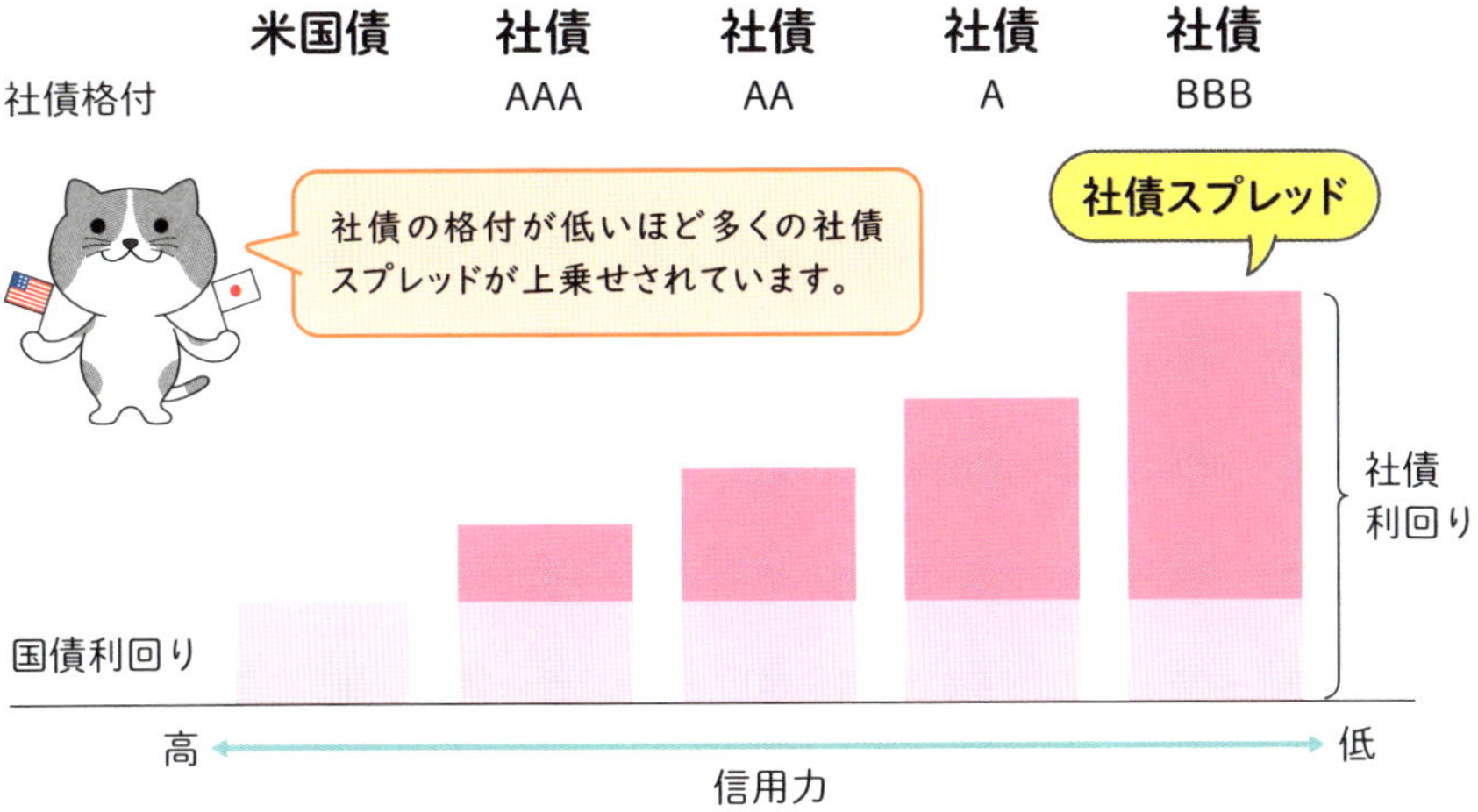
米国債
社債
社債
社債
社債
社債格付
AAA
AA
A
BBB
社債の格付が低いほど多くの社債スプレッドが上乗せされています。
社債スプレッド
社債利回り
国債利回り
高
低
信用力

※米国債と社債の償還までの期間が同じ場合のイメージ

米国の社債スプレッドと景気後退の関係

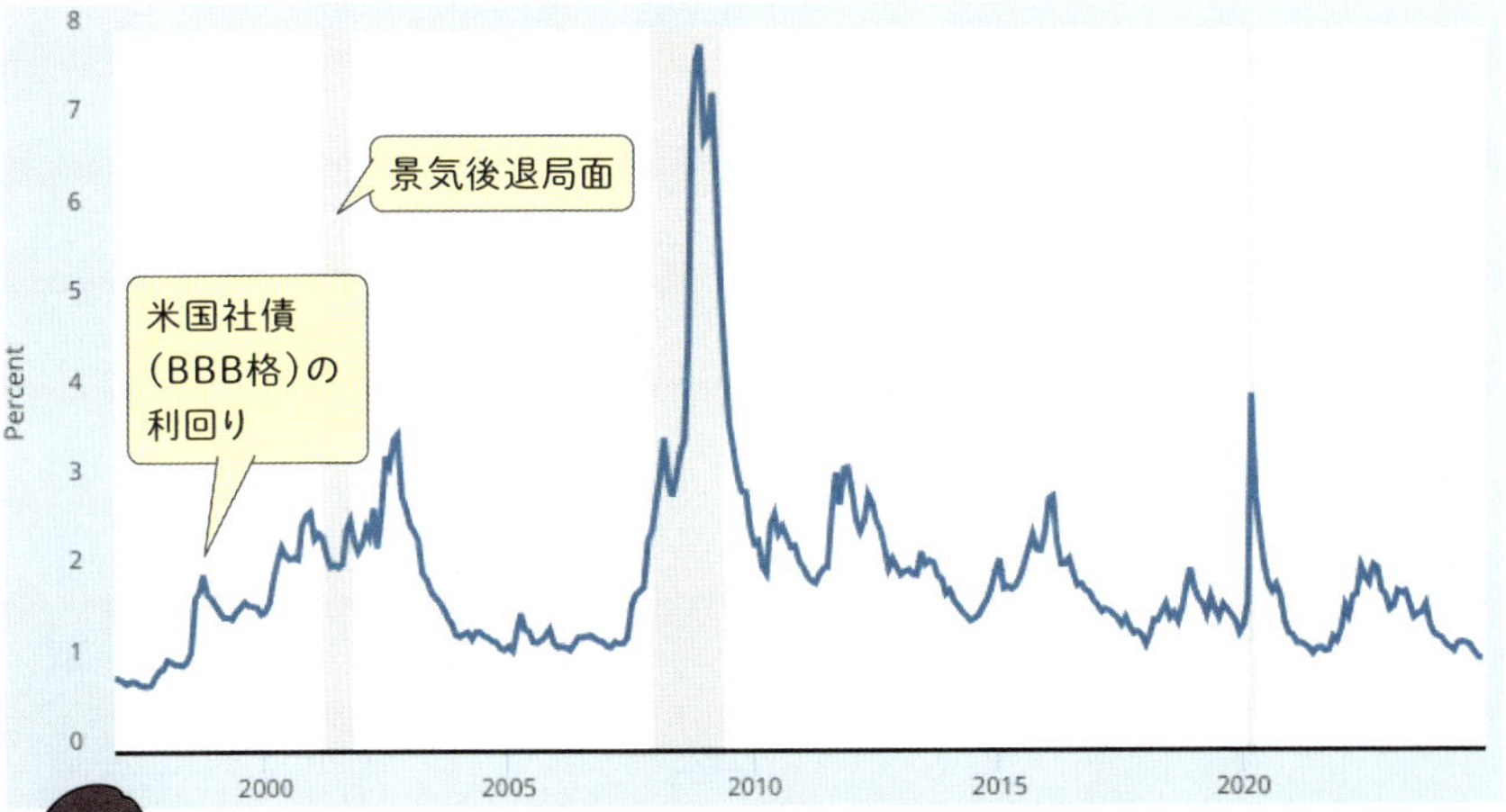
8
7
6
5
4
3
2
1
0
Percent
景気後退局面
米国社債
(BBB格)の
利回り
2000
2005
2010
2015
2020

出典：Federal Reserve Bank of St. Louis（セントルイス連邦銀行）のデータより

社債スプレッドが上昇すると景気後退になっていることがわかります。
社債スプレッドの拡大はおおむね10年サイクルになっています。

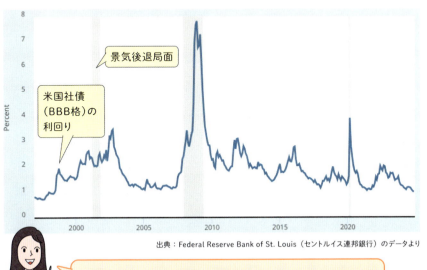

為替レートは考慮すべき？

円高のときに買う？ 円安のときに買う？

金利上昇局面は米国債より米国株

結論からいうと、米国債を購入する際に為替レートを気にする必要はありません。米国債に限らず、外貨建ての商品は円高のときに購入して、円安になったときに売却すれば、為替差益を得ることができます。**しかし、米国債は円高のときには金利が低くなるため、投資のうまみがありません。**

もしもこれから米国の市場金利が上がっていくとしたら、景気が上向くということですから、米国債よりも米国株を買ったほうがよいかもしれません。米国企業の成長の恩恵を受けて、米国債よりもお金を増やせる期待が持てるからです。

金利低下局面に備えて高金利の米国債

米国債の投資のうまみは、高金利にあります。ただ、為替水準はドル金利が高いので、日本人からすれば円安のタイミングです。今後米国の市場金利が下がり、日本の市場金利と金利差が縮小するので円高になっていくことでしょう。

今後円高になるならば買い控えるという判断は早計です。なぜなら、ドルを円に換えるタイミングは自分で選べるからです。もしも円に換えるときに円高になっているのであれば、すぐに換えるのではなく、円安のタイミングまで待ってから換えるようにすればよいでしょう。

POINT!

米国の市場金利が下がることで円高になっても、それまでに購入した米国債の金利は変わりません。相対的に高金利になる米国債の価格は上昇します。

為替レートは気にしなくてOK

円高でも円安でも関係なし

円高のとき

今後円安になれば
為替差益が得られるが、
購入時点の金利は低い

米国債

円安のとき

今後円高になれば
為替差損が生まれるが、
購入時点の金利は高い

米国債

あえて円高を狙う必要はないということですね。

為替差益よりも高い金利がもらえることのほうが重要です。

ドルを円に変えるタイミングは自分で選べるので為替レートを気にせず購入すればOK!

為替レートと日米金利差（2024年）

ドル円為替レート
(円)
170
165
160
155
150
145
140
135
130
日米10年国債金利差
(%)
4.0
3.5
3.0
2.5
2.0
2024/1
2024/4
2024/7
2024/10
2025/1
日米10年国債の金利差（右軸）
ドル円為替レート（左軸）
為替レートは日米の金利差とよく連動していますね。
米国金利が下がるときは株安傾向なので、高い金利がもらえる米国債が注目されます。

出典：各種データより筆者作成

金利によって異なる戦略

米国債投資の基本戦略を考える

金利の上昇局面か低下局面かで変わる

金利上昇局面では、発行される債券の金利が上昇していきます。**金利上昇の恩恵を受けるためには、償還期限の短い債券を選ぶのがベター。**償還日を迎えたら、新たに償還期限の短い債券に乗り換え（ロール）すれば、前に投資していた債券よりも高い金利が得られるようになってお得です。

一方、金利低下局面では、発行される債券の金利が低下していきます。ですから、今度はなるべく償還期限が長く、金利の高い債券を選びます。そうすれば、金利がさらに低下しても、比較的高い金利を受け取り続けることができます。

ライフイベントがあるときは？

ライフイベントのためにお金を貯めたい場合、ライフイベントの近辺に満期を迎える米国債のなかから、一番利率の高いものを選ぶのも手ですが、米国債は途中で売却できますので、上記の戦略で投資するのが王道です。円高になれば為替差損が生じることもありますが、金利収入もありますし、ドルを円に戻すタイミングは自分で決められるので、大きな問題にはなりません。

なお、米国債の購入価格には注意しましょう。**償還時に１００になるため、高すぎるものを買うと償還時に損をします。**価格とのバランスも見ての投資が鉄則です。

POINT!

定期預金でも、金利上昇局面では満期までの期間が短いものがベター。更新のタイミングで金利が上がる可能性があります。金利低下局面では長い期間を選ぶと、比較的高い金利を得られます。

米国債投資の全体像

金利上昇局面……短期間で債券をロールする

低い金利で長期間固定してしまうのはもったいないので、米国債を短期間で乗り換えていきます。

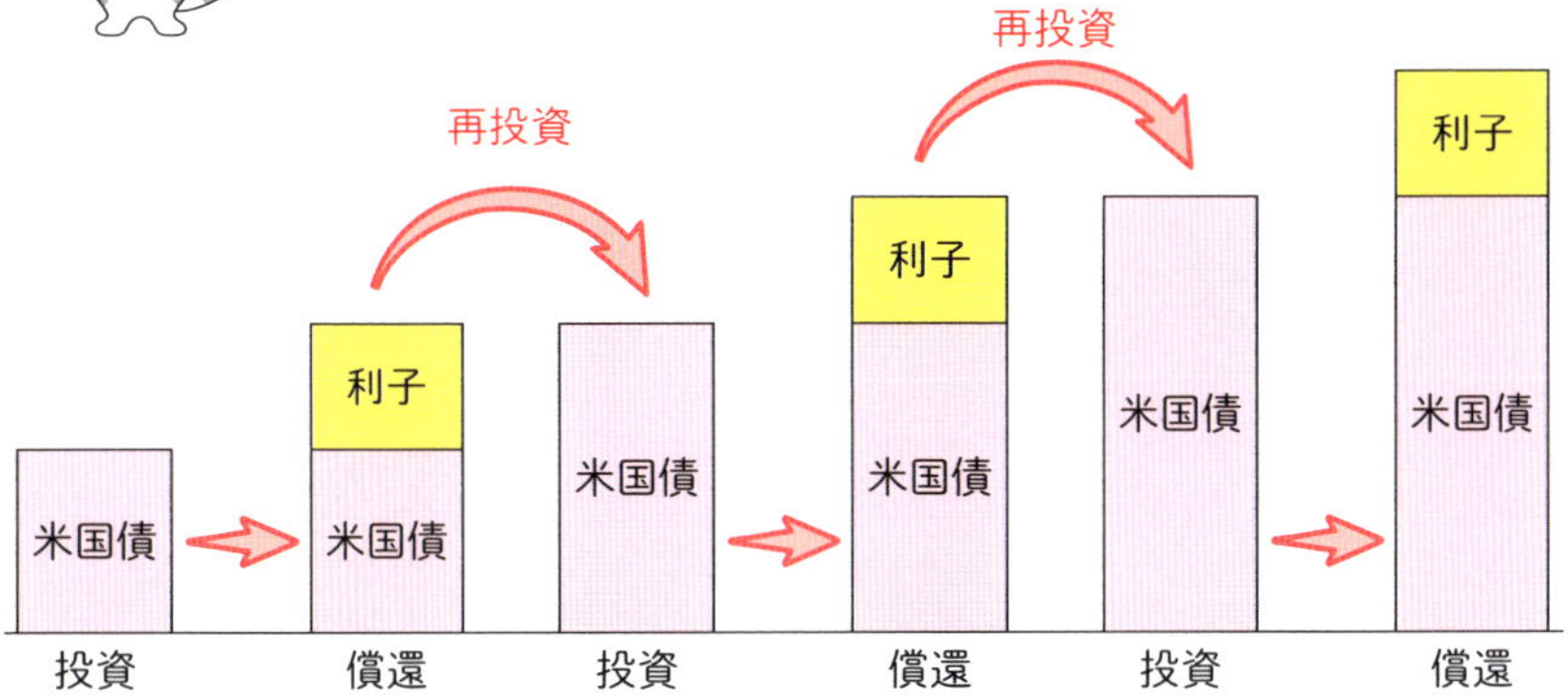

金利低下局面……金利の高い債券で高金利をもらう

短期間で乗り換えると金利が下がっていってしまうので、なるべく金利の高い債券を長期間保有します。

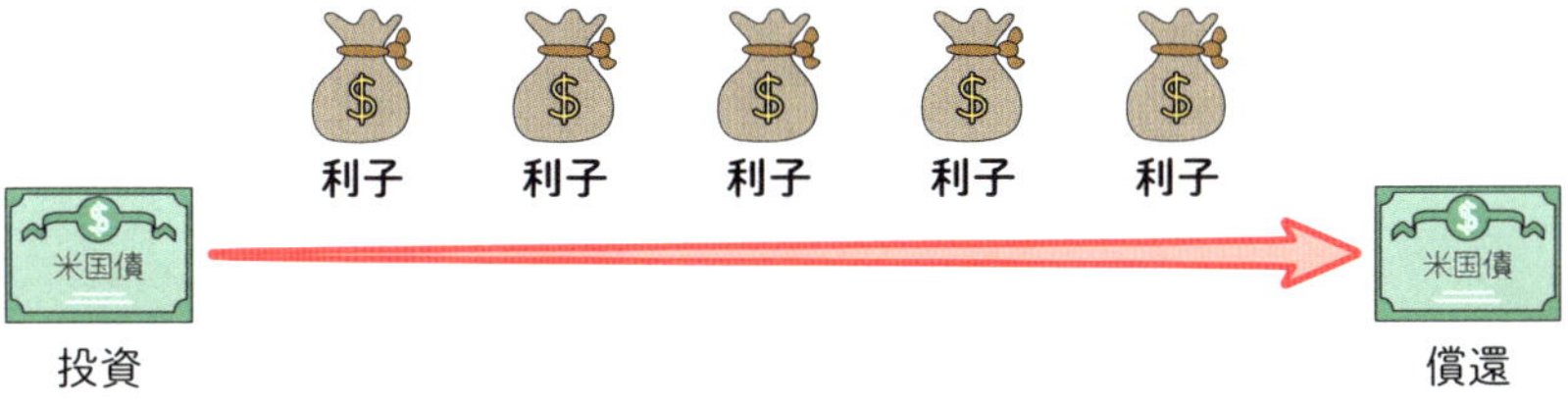

決まったライフイベントのためにお金を貯めたい場合も、米国債に投資しておいて、お金が必要になったときに必要な分だけ売却すればよいでしょう。

米国債投資の基本戦略①
金利上昇局面

利回りが高く、残存期間が短い債券を選ぶ

金利上昇局面では、残存期間の短い米国債を購入し、償還まで保有するのが基本戦略です。

たとえば、左図のような①〜③のストリップス債があったとしたら、**おすすめは③**です。ここに挙げた3つの債券の中で一番利回りが高くなっているからです。単価も一番安くなっています。**償還日には単価が100になるのですから、この後徐々に値上がりしていきます。**損益分岐点為替レートの面でも、今後の円高をある程度許容できます。

償還日には次の債券に再投資

残存期間が短い米国債が償還日を迎えたら、元本＋金利分（または、ストリップス債の償還金）を次の残存期間の短い米国債に再投資します。**特にお金を使う予定がないのであれば、再投資を繰り返してお金を増やしていけばよいでしょう。**

再投資の際にどのような商品があるかは、そのときになってみなければわかりませんが、金利上昇局面が続いているならば、よりたくさん金利がもらえる利付債を購入できるでしょう。ストリップス債でも、割引率が高くなるので、低価格で償還益の多い商品を購入できるでしょう。

POINT!

証券会社によっては、取り扱いのある債券を検索できるところもあります。利付債・ストリップス債の別だけでなく、利回り、残存期間、単価が100以上か100未満かなどの条件でも検索が可能です。

金利上昇局面の投資戦略

どの債券を選んだら
よいのでしょう？

		銘柄名	利率（税引前・外貨ベース）	単価	利回り（税引前・複利）	残存期間	損益分岐点為替（参考）
1	☐	米ドル (USD) 米国国債（ストリップス債） 2025/5/15満期 国債 割引債	ゼロクーポン	98.66	3.537%	約5ヵ月	154.59円
2	☐	米ドル (USD) 米国国債（ストリップス債） 2026/2/15満期 国債 割引債	ゼロクーポン	95.72	3.888%	約1年2ヵ月	149.98円
3	☐	米ドル (USD) 米国国債（ストリップス債） 2027/5/15満期 国債 割引債	ゼロクーポン	90.96	4.014%	約2年5ヵ月	142.52円

出典：SBI証券のウェブサイトより

おすすめは利回りが高い③です。単価が低いため、償還まで保有した場合の利益が多いからです。損益分岐点為替レートを見ても、円高をある程度許容できることがわかります。

【償還日まで保有した場合の損益】

10万円分購入した場合	
①	5220円（+5.87%）
②	7866円（+9.13%）
③	1万4175円（+14.84%）

※1ドル=150円で計算

3つのなかでは残存期間がもっとも長いこともあるのですが、利益も多くなります。

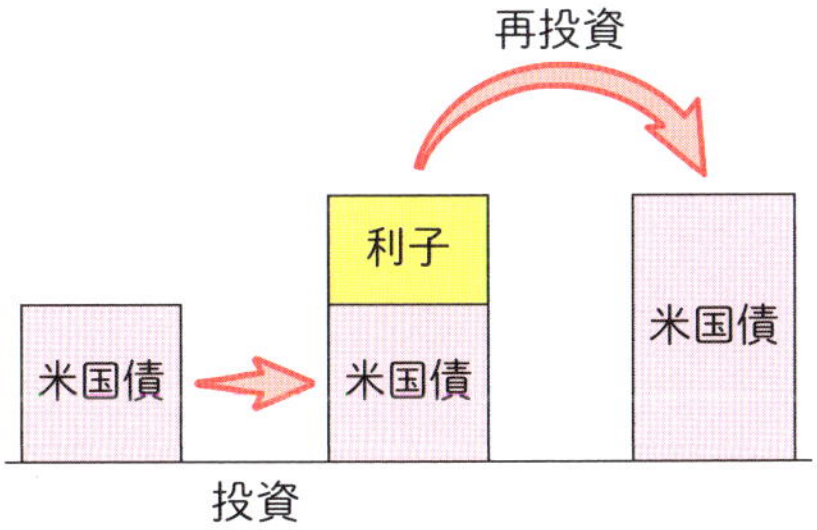

金利上昇が続いていれば、金利もたくさんもらえるようになるでしょう。ストリップス債ならば割引率が高くなるので、より価格が下がり、償還差益が増えます。

米国債投資の基本戦略②
金利低下局面

●利回りが高く、残存期間が長いものを選ぶ

金利低下局面では、残存期間の長い米国債を購入し、保有を続けることで、そこから高金利を受け取るようにします。

たとえば、左図のような①~③の利付債があったとしたら、**おすすめは①**です。ここに挙げた3つの債券のなかでは一番残存期間が長く、利回りが高くなっています。また利率も高いですし、単価も100を切っています。

金利低下局面では、利回りが高く、残存期間が長いものを選ぶ、近辺の債券と比べ価格が割高になっていないものを選ぶことで、その後市場金利が下がったとしても、高い金利を受け取り続けることができます。

●途中で売却してもよいという考えも

利回りが高く、残存期間が長い債券を購入したら、あとはそのまま保有していればいいのですが、必ずしも満期まで保有を続ける必要はありません。

市場金利の低下は、債券価格の上昇を意味します。**残存期間が長く、利率が高いものほど、大きく値上がりします。**ですから、ある程度値上がりしたところで売却することで、売却益を得ることもできるでしょう。市場金利が下がり、あらためて上昇するタイミングで売却し、110ページで紹介した戦略に移行するのもひとつの手です。

POINT!

米国債の売却益や償還金は、ドルで支払われます。これを円に戻さず、そのまま次の米国債の購入代金にあてれば、為替手数料がかかりません。

金利低下局面の投資戦略

どの債券を選んだら
よいのでしょう？

	銘柄名	利率（税引前・外貨ベース）	単価	利回り（税引前・複利）	残存期間	損益分岐点為替（参考）
1	米ドル（USD） 米国国債 4.625% 2044/5/15満期 国債 利付債	年4.625%	99.42	4.670%	約19年5ヵ月	82.40円
2	米ドル（USD） 米国国債 4.750% 2043/11/15満期 国債 利付債	年4.750%	101.29	4.646%	約18年11ヵ月	83.80円
3	米ドル（USD） 米国国債 4.375% 2043/8/15満期 国債 利付債	年4.375%	96.53	4.655%	約18年8ヵ月	83.92円

出典：SBI証券のウェブサイトより

おすすめは満期までの期間の長い①です。利回りも比較的高く、単価も他の債券に比べて割高ではありません。金利が低下しても、変わらずに高い利子を受け取れます。

【償還日まで保有した場合の損益】

10万円分購入した場合	
①	8万8878円（+98.79%）
②	8万7211円（+95.14%）
③	8万3869円（+94.97%）

※1ドル=150円で計算

19年前後の保有で2倍近くに増える計算です。

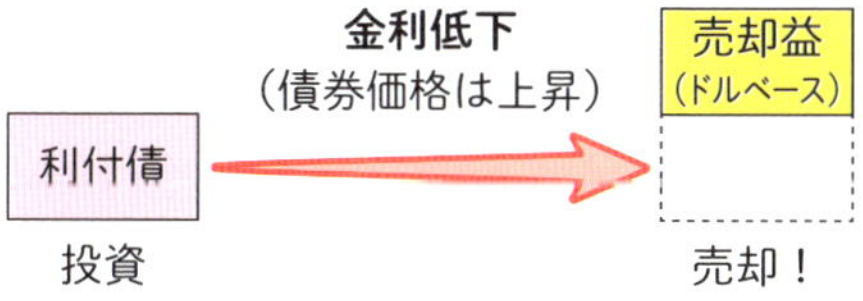

長期の金利の高い債券を買って、金利が大きく低下したら売却するのもひとつの手です。

結局いくら増えるかをチェック！

購入前に必ずシミュレーションを行おう

● 損益分岐点為替レートはどう計算する？

米国債の購入前には、将来お金がどのくらい増えそうなのか、シミュレーションをしてみましょう。

もらえる利子の金額は、**「買付額面金額×利子率×年数」で算出することができます。**たとえば、利率4％、残存期間10年の米国債（買付額面金額1万ドル）を償還日まで保有した場合、もらえる利子の合計額は1万ドル×4％×10年＝4000ドルです。この米国債が償還したときには、1万ドルが戻ってきますので、利子＋償還金額の合計は1万4000ドル。為替レートが売買時に同じ1ドル＝150円だったとすると、150万円が210万円に増える計算です（ここでは手数料などを考慮していません）。

また、米国債の損益分岐点為替レートは、**投資時の為替レートを利回り（ここでは「1＋0・04」）の10乗（運用年数）で割ることで求められます。**この例での損益分岐点為替レートは101・33円です。

● 証券会社のシミュレーションを活用

購入予定の米国債で、購入時の単価や為替手数料なども考慮しつつ計算するとなると少々面倒です。証券会社によっては、購入予定の米国債を利用してシミュレーションできますので、ぜひ活用しましょう。

POINT!

実際の為替レートがどうなるかによって最終的な利益が変わってくることに注意。左のSBI証券の場合「円に戻す」の為替レートを変更すると、為替レートが変わった場合の利益もシミュレーションできます。

SBI証券のシミュレーションの例

購入したい米国債を選んで、投資金額と為替レートを入力します。1ドル＝150円のときに150万円投資すると？

損益分岐点為替レートは102.3円とわかります。

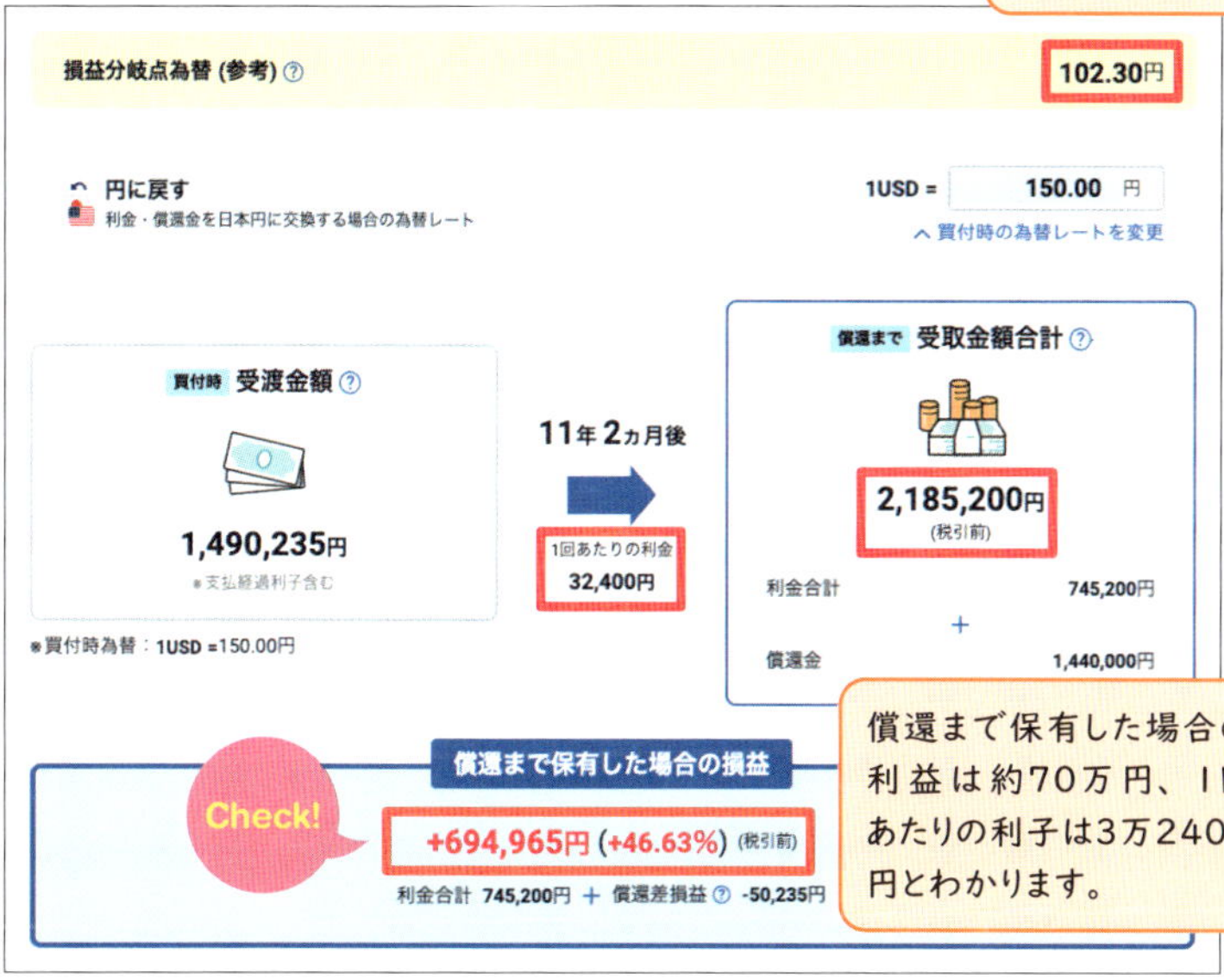

償還まで保有した場合の利益は約70万円、1回あたりの利子は3万2400円とわかります。

出典：SBI証券のウェブサイトより

Column

正確な把握は難しいが重要な金利

金融引き締めも緩和もしない「中立金利」

中央銀行はインフレを抑えるために政策金利を引き上げます（金融引き締め）。また、デフレを克服するために政策金利を引き下げます（金融緩和）。この政策金利の上下を判断するときに重視しているのが「中立金利」です。

中立金利は文字どおり、金融引き締めも緩和もしない、経済によって「ちょうどいい」、名目ベースで中立な金利のことです。中立金利よりも政策金利が高ければ中央銀行が金融引き締めに動いていること、反対に中立金利よりも政策金利が低ければ中央銀行が金融緩和に動いていることがわかります。

ただ、中立金利ははっきりと示されていないのが難点です。中立金利は「実質ベース」で、経済によってちょうどいい「自然利子率」に「予想物価上昇率」を足したもの。このうち自然利子率はどのくらいなのかを考えることは困難で、専門家の間でも意見が分かれます。各種研究によると、日本の中立金利は0.5%～1%、米国の中立金利は2.5%～3%といわれますが、一定ではなく、時代によっても水準は変わります。

米国の中立金利は、ドットチャート（→P93）の一番右、「Longer run」（長期見通し）を見ればFOMC参加者の考える長期的な金利水準が見えてくるので参考になります。ドットチャートによると、2.5%以下と考えている参加者もいれば、3.5%以上と考えている参加者もいます。

金融引き締めと緩和の境目となる中立金利がわかれば、今後の金利の見通しも立てやすくなります。

たとえば、景気が拡大する局面で中央銀行が利上げをしたとします。しかし、それでもいまだに中立金利のほうが高いというのであれば、今後の政策金利の引き上げの余地は多いと判断できるでしょう。また、政策金利が中立金利を上回ったとすると、金融緩和から金融引き締めにシフトしたということですから、今後の政策金利の引き上げの余地は少ないと考えられます。

第5章

運用方法とモデルケース

米国債は投資信託やETFを通じても購入可能。
この章では効果的に資産運用をしていくために、
ポートフォリオに米国債を組み込む方法を考えます。
年代別のモデルケースも参考にしてください。

第5話 自分に合った運用を考える

いろいろ話を聞いて米国債投資への心配や不安が小さくなってきました。
うんうん
ハハッ
ハハッ
それはよかったです！知識を身につけるだけでなくシミュレーションするのも本当に大切なことなんですよ。
次は何を考えればいいですか？
まずは投資に使う金額ですね。生活に支障をきたさないよう無理のない範囲で自分は投資にいくら使えるのか考えましょう。
そして目標を明確に定めることも大事です。
目標!?
そうです
なんのために投資するのかやどのくらい資産を増やしたいかを考えてみましょう。そして、その目標にあった方法で資産を運用していきます。

主な運用方法はこの3つです。購入する債券の償還期限によって分かれているんですよ。
ダンベル運用
ラダー運用
ブレット運用
シヅさんと富雄さんは利付債をブレット運用するのがおすすめです！
運用方法にも種類があるんですね〜。
NISAをはじめようと思っていたけどやめて、私も米国債に投資しようかな……。
ちょっと待ってください！NISAをやらないのはもったいないですよ。
特に春香さんのような若い人はNISAやiDeCoを中心にプラスαで米国債に投資する方法がおすすめです。
ビシッ！
ほかにETFや投資信託で購入できる米国債もあるんですよ。年齢別のモデルケースもお見せしますね。
ETF
投資信託
うんうん
ワクワク
自分に合った運用の参考にします！

何のために、いつまでに、いくら貯める?

投資金額と目標を決める

●投資は無理のない金額で

投資は余裕資金で行うのが大前提。お金が減る可能性があるからです。これは、米国債に限った話ではありません。

使う予定のあるお金を投資に回してしまうと、お金が必要になった場合、たとえ投資先の資産が値下がりしていたとしても売却し、お金を工面しなくてはなりません。売ればその時点で損失が確定し、取り戻せなくなります。

米国債投資を本格的に行う目安は、**6か月分の生活費を預貯金で貯めてからがベター。** 6か月分の生活費があれば、不測の事態があっても乗り切ることができます。

●米国債をポートフォリオの一部に

余裕資金が用意できているならば、何のためにいくら貯めるのか、投資の目標を決めましょう。そして、そのお金をどうやって貯めるのかを具体的に考えていきます。

何も米国債だけで資産形成を行う必然性はありません。 序章で、米国債はＮＩＳＡやｉＤｅＣｏを利用している人、安定した投資先を探している人、分散投資の一環で投資したい人などに向いているとお話ししました。米国債をポートフォリオの一部に組み込み、堅実に増やすポジションとして投資するスタンスがベターです。

用語解説　**ポートフォリオ**

保有資産の組み合わせのこと。複数の資産を組み合わせることで、リスクを抑えてリターンを狙う考え方。

投資の目標額を決める

本格的に投資を始めるのは、生活費6か月分の預貯金が貯まってから

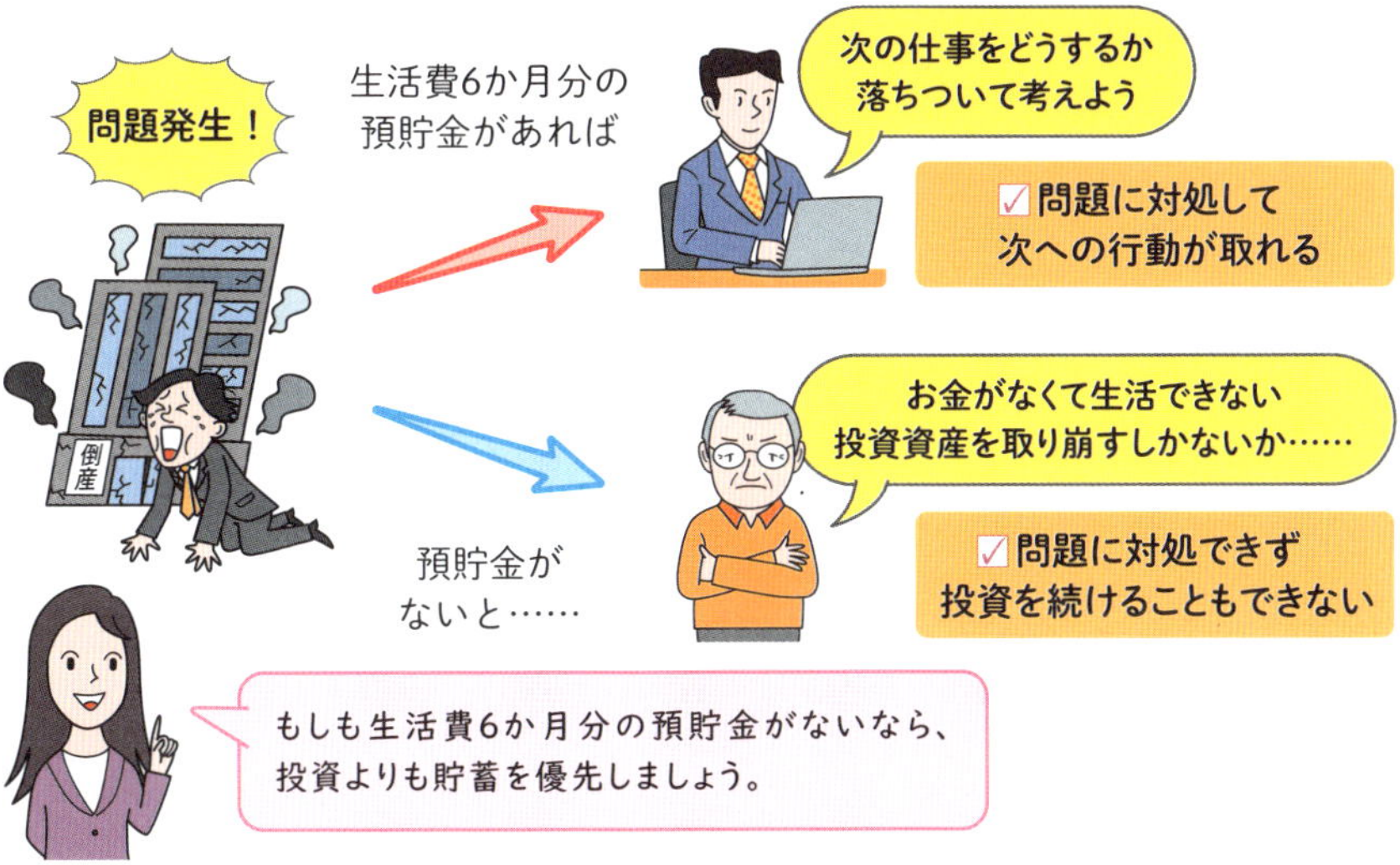
問題発生！
倒産
生活費6か月分の
預貯金があれば
次の仕事をどうするか
落ちついて考えよう
✓問題に対処して
次への行動が取れる
預貯金が
ないと……
お金がなくて生活できない
投資資産を取り崩すしかないか……
✓問題に対処できず
投資を続けることもできない
もしも生活費6か月分の預貯金がないなら、
投資よりも貯蓄を優先しましょう。

米国債をポートフォリオの一部に組み込む投資スタンスがベター

金融商品
チームで増やそう
株券
米国債
債券
個人向け
国債
投資信託
普通預金
定期預金
お得な制度
税制優遇が
お得
NISA
つみたて投資枠
NISA
成長投資枠
iDeCo
資産の一部に米国債を取り入れてより堅実に
お金を増やしていきましょう。

米国債は「長期」のお金を用意するために使う！

効率的に貯めるための分け方・預け先

お金は3つに分けて貯める

お金は、「日々出入りするお金」「数年以内に使い道が決まっているお金」「10年以上使わない将来のためのお金」の3つに分けて、それぞれに適した金融商品・制度で貯めていきます。日々出入りするお金は、日常の生活費やもしものときのお金ですから、必要があるときにすぐ使えることが大切。**預貯金で確保しておきましょう。**

数年以内に使うお金は、使うまでに多少時間があるものの、使うときに減っていては困りますので、**安全性が高く高金利が期待できる定期預金や個人向け国債が向いています。**

米国債は「長期」で使用

米国債は子どもの大学資金や老後資金など、長期のお金を用意するのに向いています。**40代くらいまでであればストリップス債を活用して資産を増やすことを考えるのがベター。**50代以降は、キャッシュフロー資産である利付債を活用すれば老後にもらえる利子は生活の支えとして活躍しますし、現役の間も日々の豊かな暮らしのために利子を活用できます。

税制優遇のあるＮＩＳＡやｉＤｅＣｏを活用しない手はありません。株や投資信託に投資し、時間を味方につけることで、よりまとまった資産を築けるでしょう。

用語解説　**キャッシュフロー資産**

保有中に定期的に収入が得られる資産のこと。利子のもらえる米国債や預金、配当金のもらえる株、分配金のもらえる投資信託などがある。利子・配当金・分配金の金額は資産ごとに異なる。

お金の預け先を考えよう

お金を使う時期と投資先

使う時期	短期	中期	長期
貯める目的	日々出入りするお金	数年以内に使い道が決まっているお金	10年以上使わない将来のためのお金
	● 食費 ● 住居費 ● 水道光熱費 ● 日常の生活費 ● もしものお金　など	● 住居購入の頭金 ● 車の購入費用 ● 留学費用 ● 結婚資金　など	● 子どもの大学資金 ● 老後の生活資金 ● 10年以上先に使う「車の買い替え費用」「リフォーム費用」「学び直し費用」　など
重視すべきこと	**流動性** すぐに使えること	**安全性** 確実に準備できること	**収益性** 効率よく増やせること
用意する金額イメージ	生活費6ヶ月分～1年分 150～300万円 （生活費月25万円の場合）	100～500万円 （ライフイベントによる）	大学資金：300～500万円 老後資金：1000～2000万円
↓	↓	↓	↓
活用したい商品・制度	現金・普通預金	定期預金・個人向け国債	**米国債** 株・投資信託 NISA・iDeCo

米国債は長期のお金を貯めるのに向いているんですね。

NISAやiDeCoの制度はフル活用が重要。株や投資信託で時間を味方につけながらの資産形成がおすすめです。

米国債は年齢で戦略を変える

	40代まで	50代以降
米国債	 ストリップス債で増やすことを優先します	 利付債で利子をもらうことを優先します
投資信託	 NISA・iDeCoを活用し、堅実に増やすことを目指します	 NISA・iDeCoを活用。NISAの中で米国債ETF（→P128）に投資します

現役時代も年金生活中も、定期的に受け取れる利子が生活を豊かにしてくれます。

「リスク資産ばかり」は危険！

資産に占める現金比率は何割がベスト？

無リスク資産とリスク資産

短中期のお金を用意するために活用したい現預金・個人向け国債といった価格変動のない資産を**「無リスク資産」**といいます。それに対して、米国債・株・投資信託といった価格変動のある資産を**「リスク資産」**といいます。

インフレに対抗しながら、時間を味方につけて資産形成するならばリスク資産を活用したほうがベターです。しかし、ほとんどのお金をリスク資産にすると、お金を大きく減らす可能性も高まります。これでは、心の安定も得られません。そのため、無リスク資産を用意することが大切です。

「１２０の法則」で現金比率を考える

資産に占める無リスク資産とリスク資産の割合を考えるのに役立つのが**「１２０の法則」**です。１２０の法則では、無リスク資産とリスク資産の割合を、「自分の年齢」と「１２０から自分の年齢を引いた数字」を対応させて考えます。

たとえば、自分の年齢が50歳であれば、無リスク資産とリスク資産の割合は「50：70」と考えます。資産が１２００万円ならば、無リスク資産は５００万円、リスク資産は７００万円が目安です。無リスク資産を確保したうえでリスク資産にお金を振り向けましょう。

POINT！

投資やビジネスの世界では「Cash is King」と表現されるほど、現預金の存在が重要です。現金があれば、生活ができなくなることはありませんし、会社も潰れないからです。現金は、心の安定を得るためにとても重要な存在といえます。

120の法則で考える

資産に占める現金比率（キャッシュポジション）の割合は?

	無リスク資産（現預金・個人向け国債）		リスク資産（米国債・株・投資信託など）
	自分の年齢	：	120−自分の年齢
40歳	40	：	80
資産840万円	280万円	：	560万円
資産割合	33.3%	：	66.6%

資産が少ない場合、無リスク資産が少なくなりすぎてしまいます。生活費6か月分は確保しましょう。

50歳	50	：	70
資産1200万円	500万円	：	700万円
資産割合	41.6%	：	58.3%

年齢が上がるにつれて、無リスク資産の割合を増やしたほうがいいのですね。

60歳	60	：	60
資産2000万円	1000万円	：	1000万円
資産割合	50%	：	50%

一般的に紹介される「100の法則」「120の法則」は、保有する株と債券の割合で用いられ、預貯金は別で考えます。ここでは、より使いやすい法則として筆者がアレンジを加えた「120の法則」を紹介しました。

ダンベル・ラダー・ブレット

債券の3つの運用戦略

●グラフの形が運用戦略の名前に

債券の運用戦略には、**ダンベル運用・ラダー運用・ブレット運用**の3つがあります。

ダンベル運用は、残存期間の短い債券（短期債）と長い債券（長期債）を保有する戦略です。債券の残存期間と投資額のグラフが「ダンベル」に見えることからついた名前です。

ラダー運用は、短期債から長期債までバランスよく保有する戦略です。ラダーとは「はしご」のことです。

ブレット運用は、一定の残存期間の債券を集中して保有する戦略です。残存期間が中くらいの債券（中期債）が多く用いられます。ブレットは「弾丸」です。

ダンベル運用はブレット運用と比べて、金利低下時には債券価格の上昇率が大きく、金利上昇時には債券価格の下落率が小さくなります。市場が不安定で金利変動が大きいときは、ダンベル運用のほうが有利。**反対に金利が安定しているときには、ブレット運用のほうが有利になります。**ラダー運用はダンベル運用とブレット運用の中間くらいの位置付け。ただ、個人で行うには手間がかかります。

基本的には、これまで紹介した戦略に基づき、ブレット運用で米国債を購入するのがおすすめです。市場が不安定なときはダンベル運用を活用するのもよいでしょう。

POINT!

ブレット運用は償還を迎えて償還金をもらう時期を調整しやすいのがメリット。また、ダンベル運用やラダー運用のように短期債を保有していないのですぐに償還することもなく、運用開始後の手間が少ないのもメリットです。

債券の運用方法

ダンベル運用 ……短期債と長期債に投資する運用方法

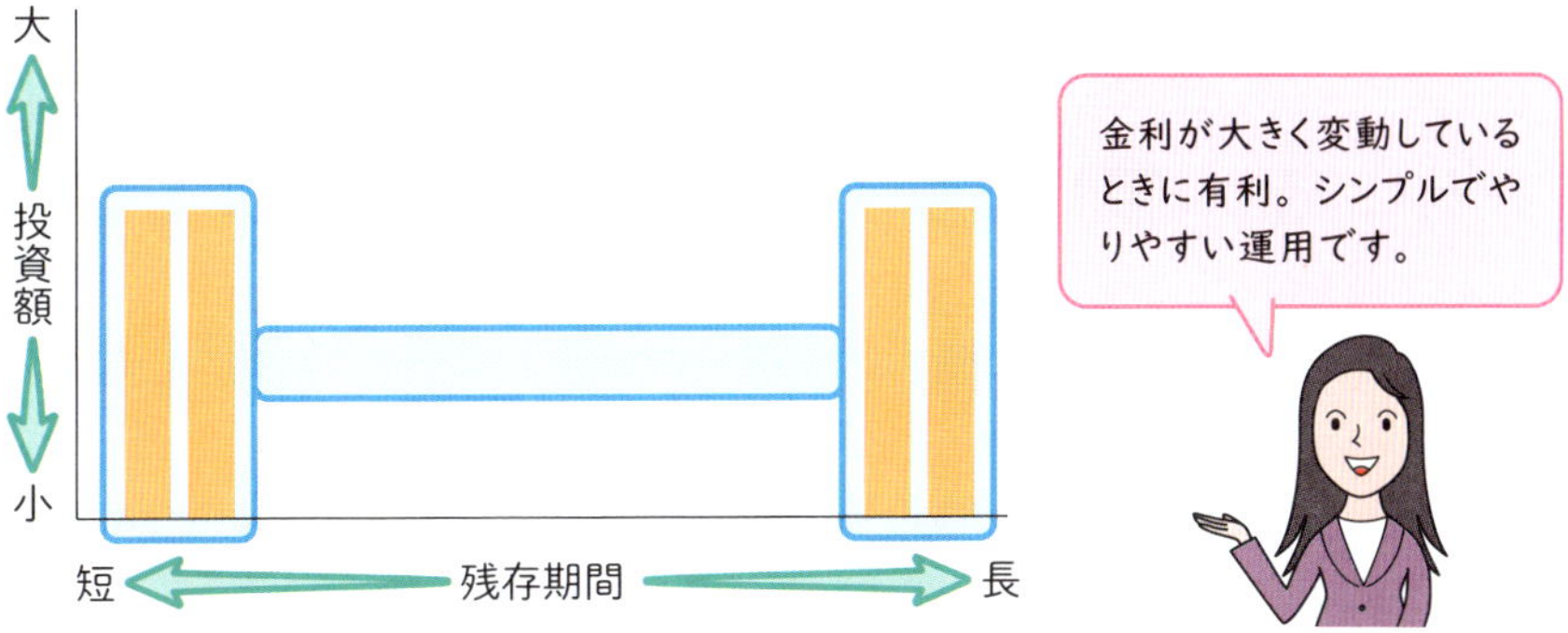
大
投資額
小
短
残存期間
長
金利が大きく変動しているときに有利。シンプルでやりやすい運用です。

ラダー運用 ……短期債から長期債までバランスよく投資する運用方法

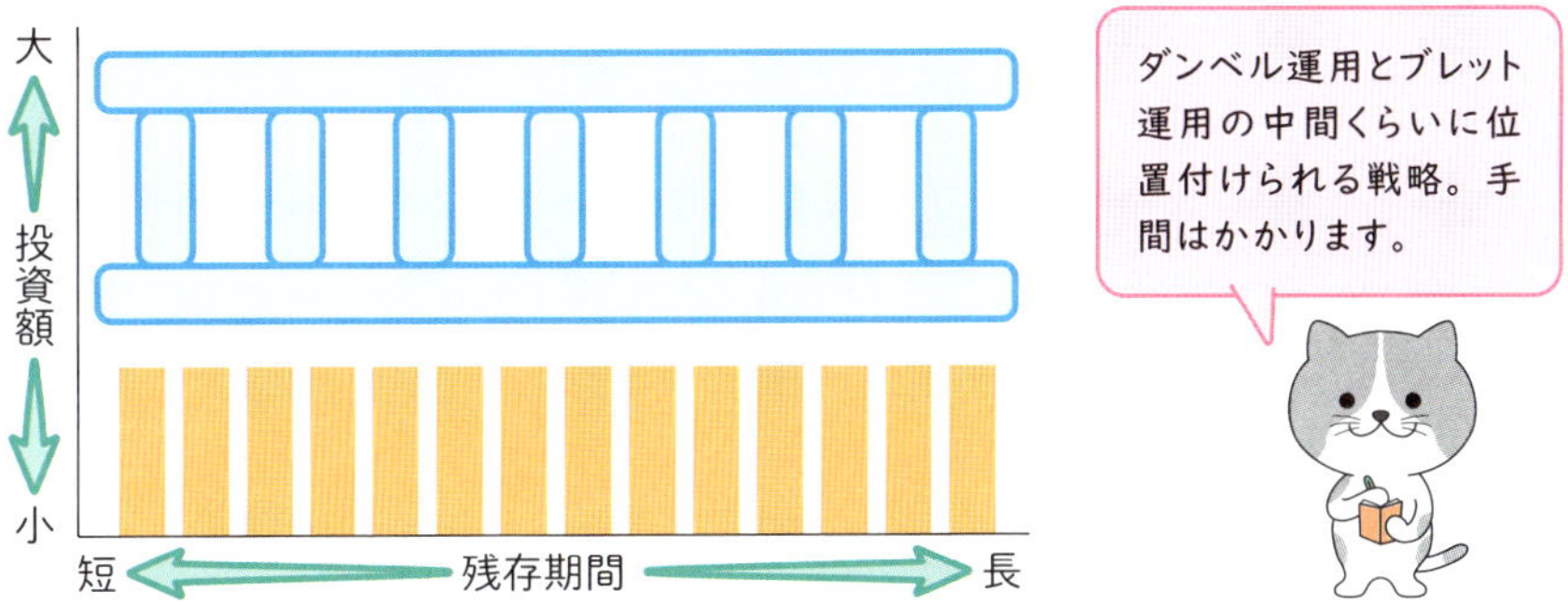
大
投資額
小
短
残存期間
長
ダンベル運用とブレット運用の中間くらいに位置付けられる戦略。手間はかかります。

ブレット運用 ……一定の残存期間の債券に投資する運用方法

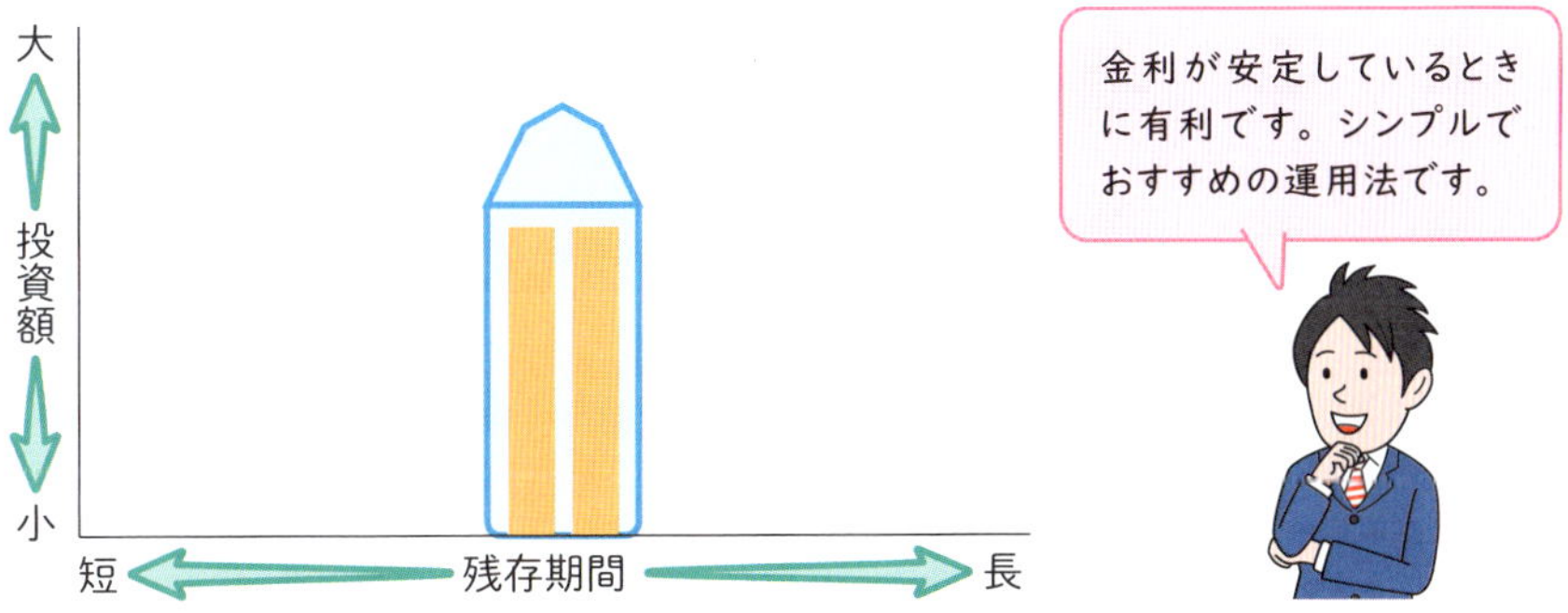
大
投資額
小
短
残存期間
長
金利が安定しているときに有利です。シンプルでおすすめの運用法です。

1本で複数の米国債に投資

投資信託・ＥＴＦを通じても購入できる

米国債に投資する商品もある

投資信託は、投資家から集めたお金を金融機関のプロ（ファンドマネージャー）が運用してくれる商品です。それぞれの投資信託は、国内外の株・債券・不動産などの商品で運用しています。何に投資しているかは、投資信託ごとに異なります。

通常、1本の投資信託は数十から数百の投資先に投資しています。投資信託を1本買えば、それらの投資先にまとめて分散投資したのと同様の効果が得られます。

投資信託のうち、**証券取引所に上場しているのがＥＴＦ（上場投資信託）**です。ＥＴＦは、株式投資と同じように投資します。

低コストで投資するなら米国債ＥＴＦ

米国債ＥＴＦを利用すると、残存期間が一定の米国債に少額から投資できます。米国債ＥＴＦのなかには毎月分配金を出す商品もあるので、**キャッシュフロー資産として活用しやすいのがメリット。**ただし、ＮＩＳＡは毎月分配型が対象外なので、ＮＩＳＡで投資する場合は**隔月分配型**や**四半期分配型**になります。東証上場ＥＴＦや投資信託の場合、為替変動が基準価額などに自動的に反映されてしまいますが、米国ＥＴＦの場合は分配金・償還金をドルでもらえるので、円に両替するタイミングを自分でコントロールできます。

用語解説　**東証上場ETF・米国ETF**

米国債ETFには、日本の証券取引所に上場している東証上場ETFと米国の証券取引所に上場している米国ETFがある。東証上場ETFは円建て、米国ETFではドル建てで取引を行う。

投資信託とETFの違い

投資信託のイメージ

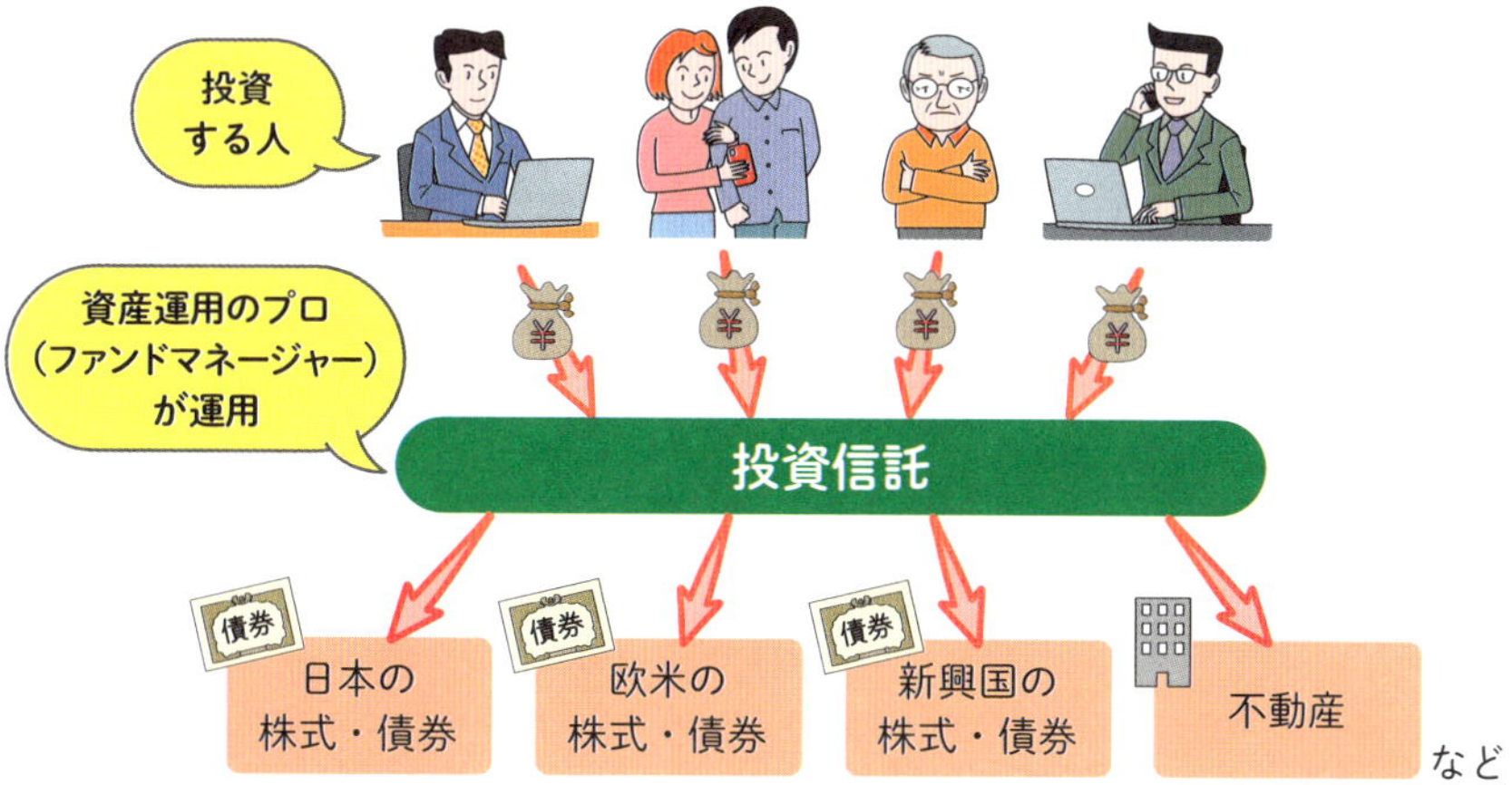

投資家から集めたお金をプロが運用してくれます。

投資信託とETFの主な違い

	投資信託(インデックスファンド)	ETF
販売会社	取り扱い証券会社、銀行など	証券会社
取引価格	1日1回算出される基準価額	市場価格
取引可能時間	販売会社が決める時間	取引所立会時間(リアルタイム)
信託報酬	ETFより高い	投資信託より安い
最低購入金額	100円から	取引価格×1取引単位 通常は1万円～10万円程度

ETFのほうがコストが安く、売買もしやすいですね。米国債ETFには東証上場ETFと米国ETFがありますが、円に両替するタイミングを自分で選びたいなら米国ETFがベターです。

米国債に投資できる**米国ETF①**　✕：NISA成長投資枠で投資不可

iシェアーズ米国国債1-3年ETF（SHY）

iShares 1-3 Year Treasury Bond ETF　設定日：2002年7月26日

取引価格	基準価額（NAV）	取引価格と基準価額（NAV）の乖離率	純資産総額	経費率	トータルリターン（10年・年率）
82.53ドル	82.35ドル	0.04%	231億ドル	0.15%	1.33%

残存期間1年超3年以下の米国債で構成される「FTSE米国債1-3年セレクト・インデックス」という指数と連動することを目指すETFです。

取引価格・出来高の推移（2015年～）

取引価格と基準価額（NAV）の乖離率は少ないほどgood。投資家がそのETFを公正な価格で売買できていることを表します。

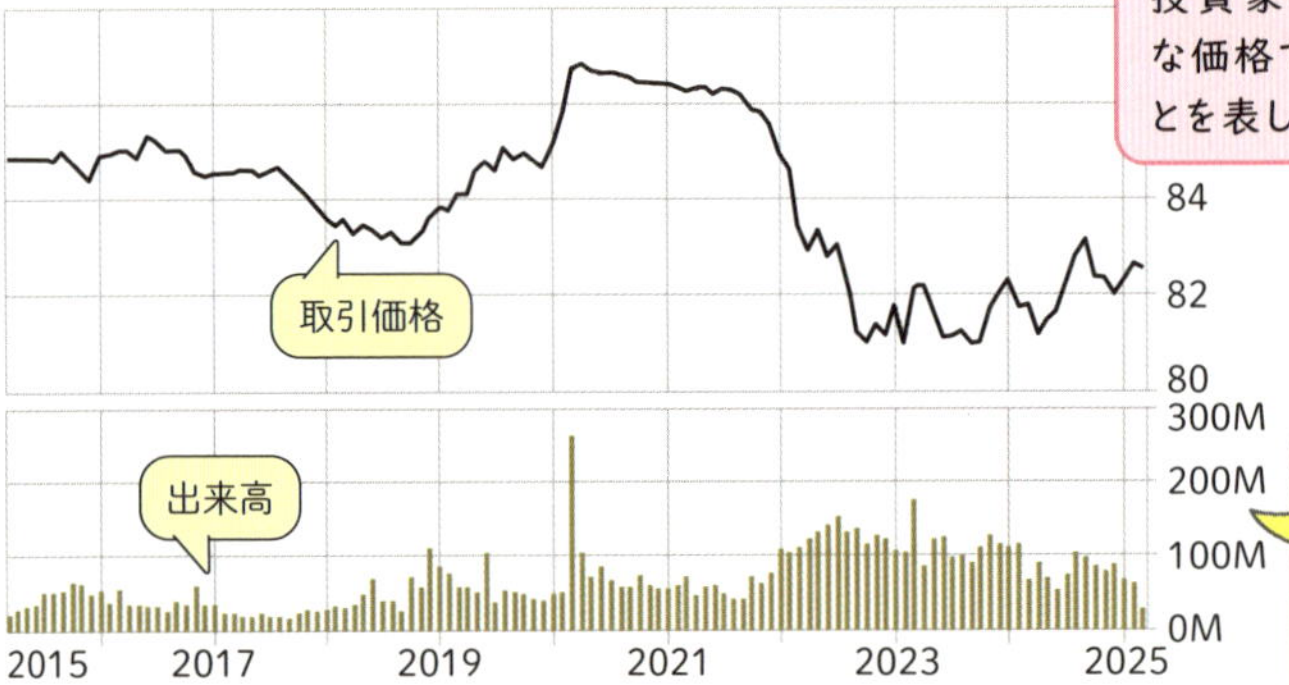

84
82
80
取引価格
300M
200M
100M
0M
出来高
2015
2017
2019
2021
2023
2025

2025年3月10日
- 取引価格 **82.53ドル**
- 出来高 **約464万口**

分配金の推移（年間）

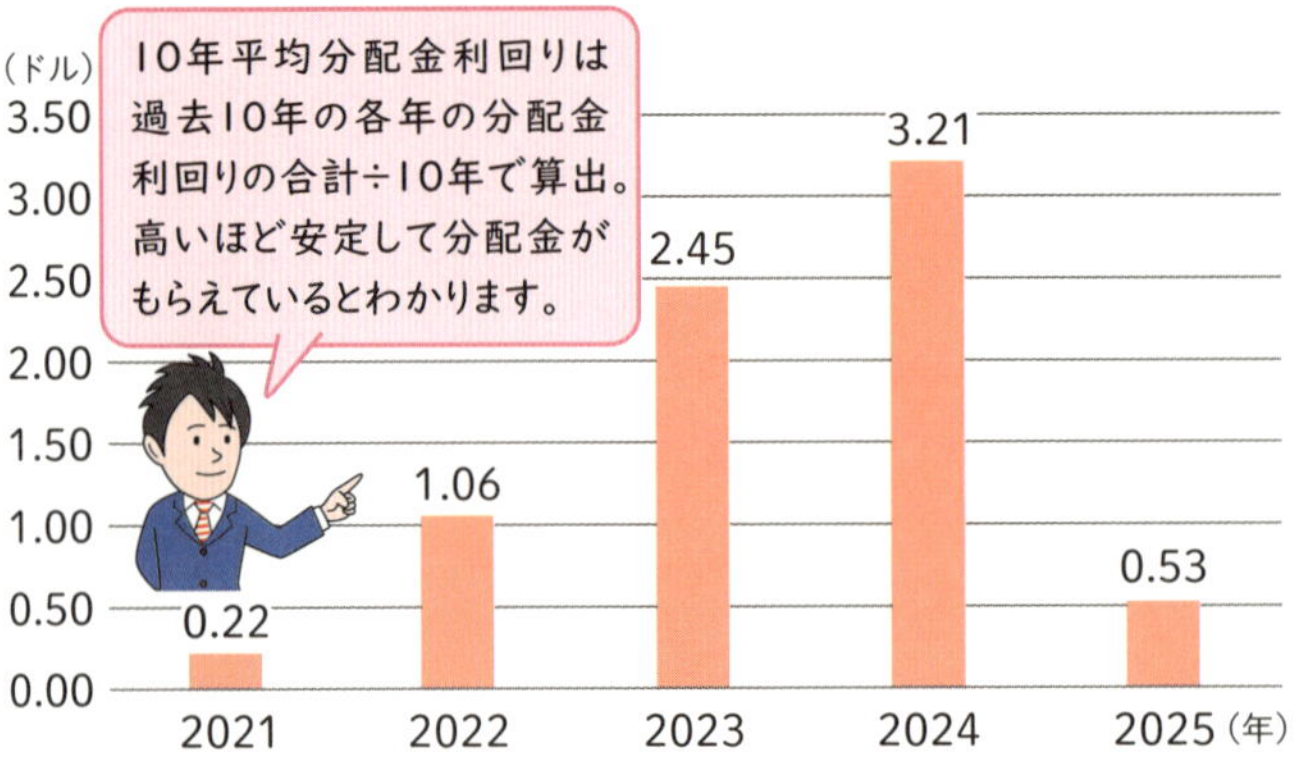

10年平均分配金利回りは過去10年の各年の分配金利回りの合計÷10年で算出。高いほど安定して分配金がもらえているとわかります。
（ドル）
3.50
3.00
2.50
2.00
1.50
1.00
0.50
0.00
0.22
1.06
2.45
3.21
0.53
2021
2022
2023
2024
2025（年）

直近1年の分配金利回り
3.93%
10年平均分配金利回り
1.55%
分配金の回数
月1回（年12回）

※2025年の分配金は2025年3月11日時点

※リターン・分配金利回りはドルベース

※P130～137で紹介しているETFのデータはすべて2025年3月11日時点

米国債に投資できる米国ETF②　　✕：NISA成長投資枠で投資不可

iシェアーズ米国国債7-10年ETF（IEF）

iShares 7-10 Year Treasury Bond ETF　　設定日：2002年7月26日

取引価格	基準価額（NAV）	取引価格と基準価額（NAV）の乖離率	純資産総額	経費率	トータルリターン（10年・年率）
95.05ドル	94.34ドル	0.04%	333億ドル	0.15%	0.81%

残存期間7年超10年以下の米国債で構成される「ICE米国国債7-10年指数」という指数と連動することを目指すETFです。

取引価格・出来高の推移（2015年～）

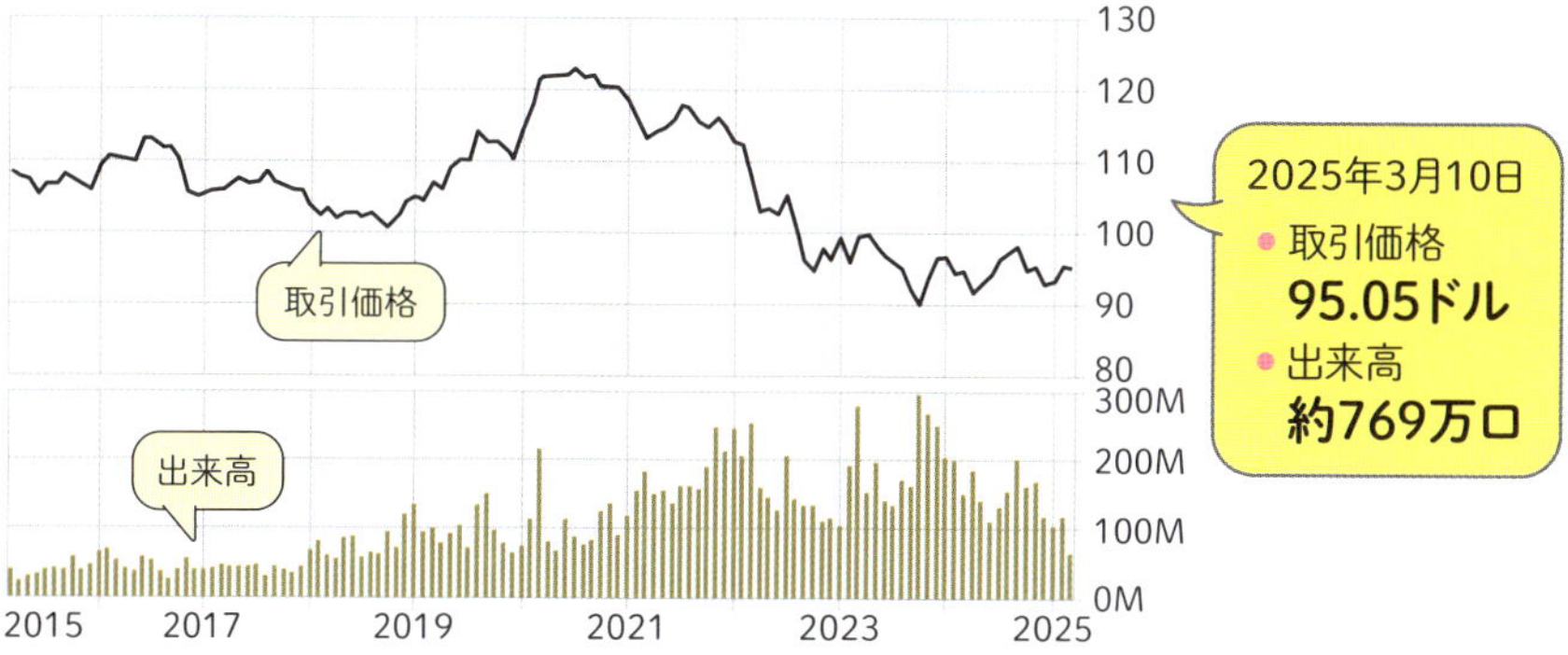

分配金の推移（年間）

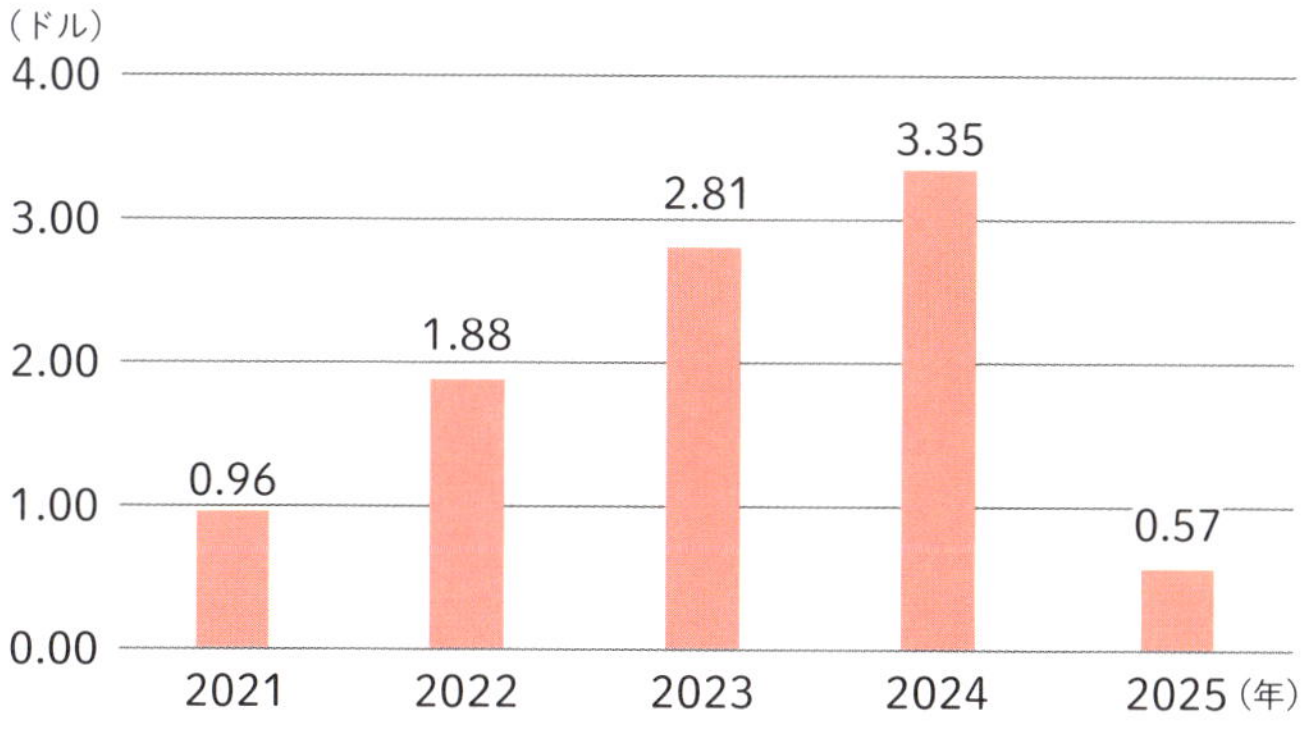

直近1年の分配金利回り
3.59%
10年平均分配金利回り
1.99%
分配金の回数
月1回（年12回）

※2025年の分配金は2025年3月11日時点

※リターン・分配金利回りはドルベース

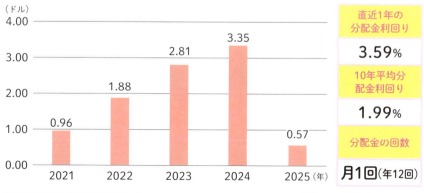

米国債に投資できる米国ETF③　　✕：NISA成長投資枠で投資不可

iシェアーズ米国国債20年超ETF（TLT）

iShares 20+Year Treasury Bond ETF　　設定日：2002年7月26日

取引価格	基準価額（NAV）	取引価格と基準価額（NAV）の乖離率	純資産総額	経費率	トータルリターン（10年・年率）
91.05ドル	91.06ドル	0.05%	510億ドル	0.15%	−0.82%

残存期間20年超の米国債で構成される「ICE米国国債20年超指数」という指数と連動することを目指すETFです。

取引価格・出来高の推移（2015年〜）

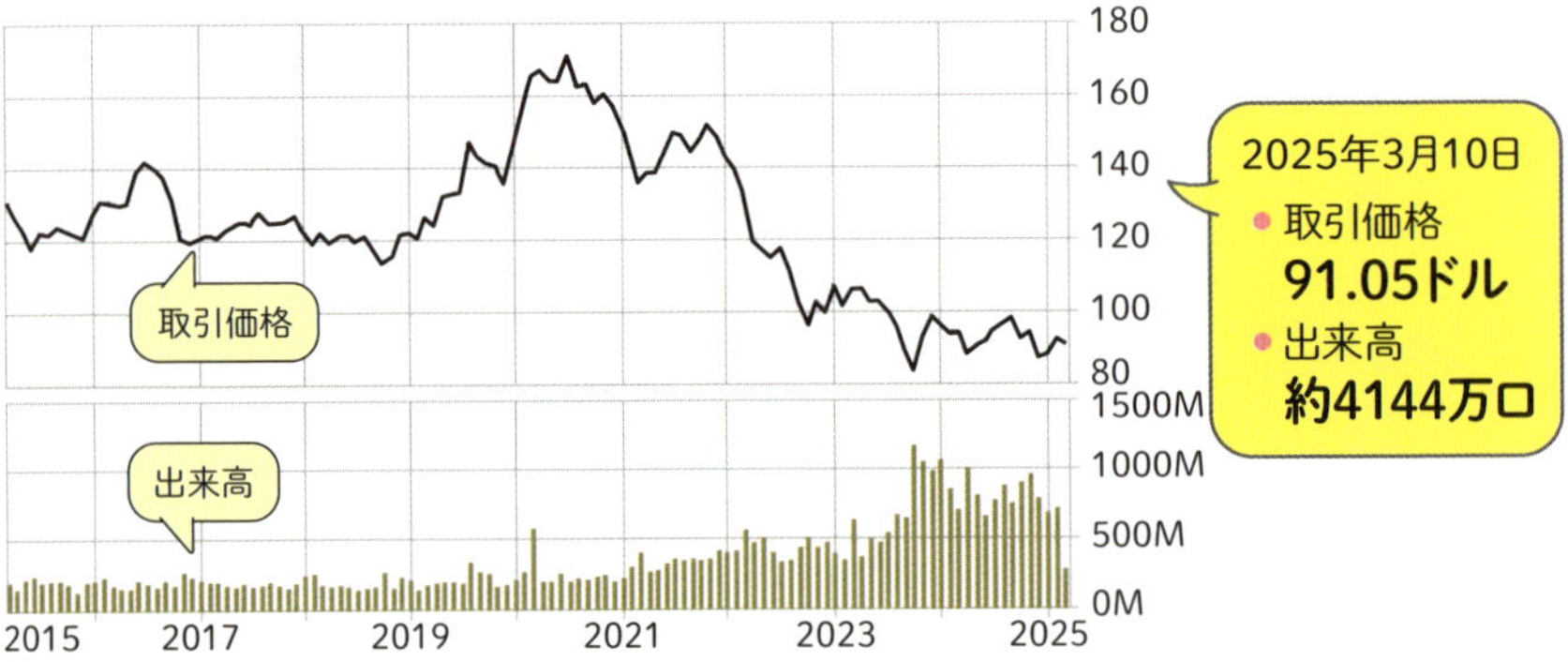

分配金の推移（年間）

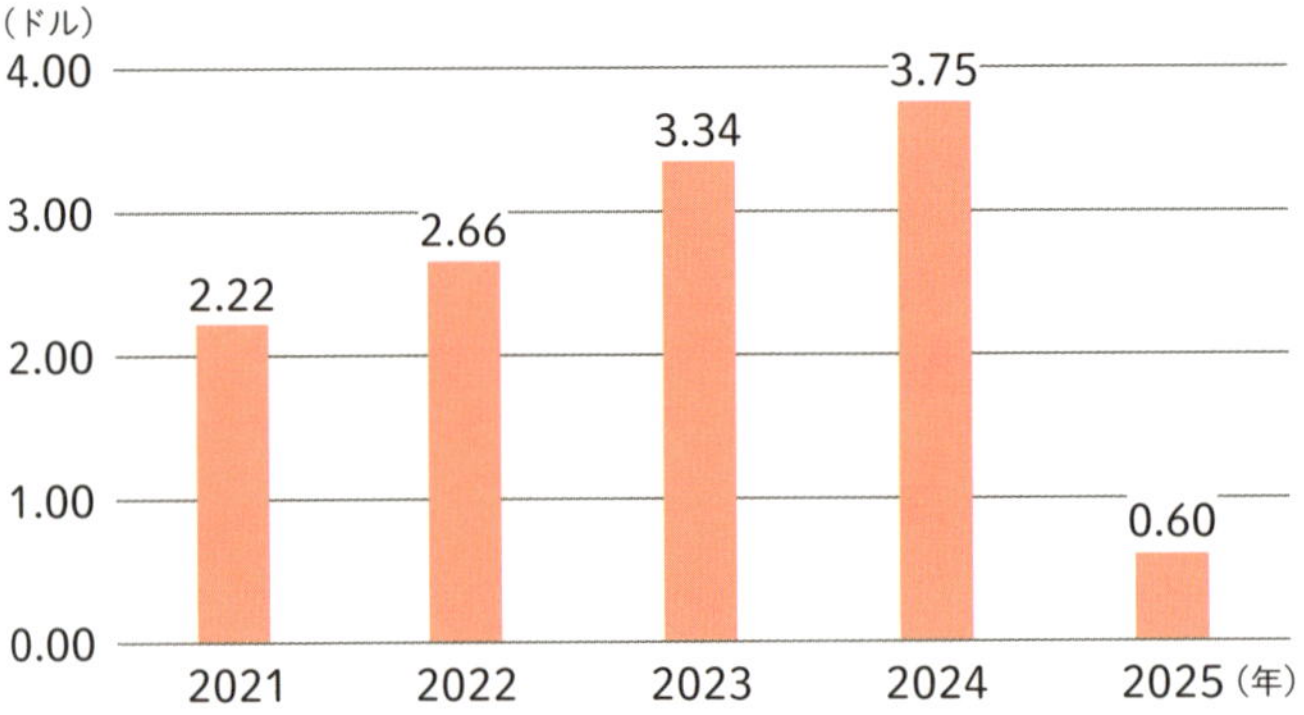

直近1年の分配金利回り
4.13%
10年平均分配金利回り
2.48%
分配金の回数
月1回（年12回）

※2025年の分配金は2025年3月11日時点

※リターン・分配金利回りはドルベース

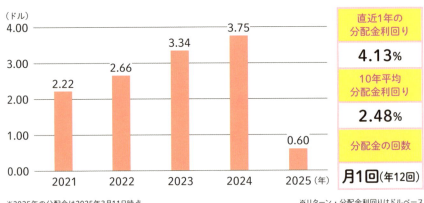

米国債に投資できる米国ETF④

〇：NISA成長投資枠で投資可能

バンガード超長期米国債ETF（EDV）

Vanguard Extended Duration Treasury Index Fd ETF　　設定日：2007年12月10日

取引価格	基準価額（NAV）	取引価格と基準価額（NAV）の乖離率	純資産総額	経費率	トータルリターン（10年・年率）
71.44ドル	71.08ドル	0.51%	38億ドル	0.05%	−2.00%

残存期間20年超30年以下の米国ストリップス債で構成される「ブルームバーグ米国債STRIPS（20-30年）均等額面インデックス」という指数と連動を目指すETFです。

取引価格・出来高の推移（2015年～）

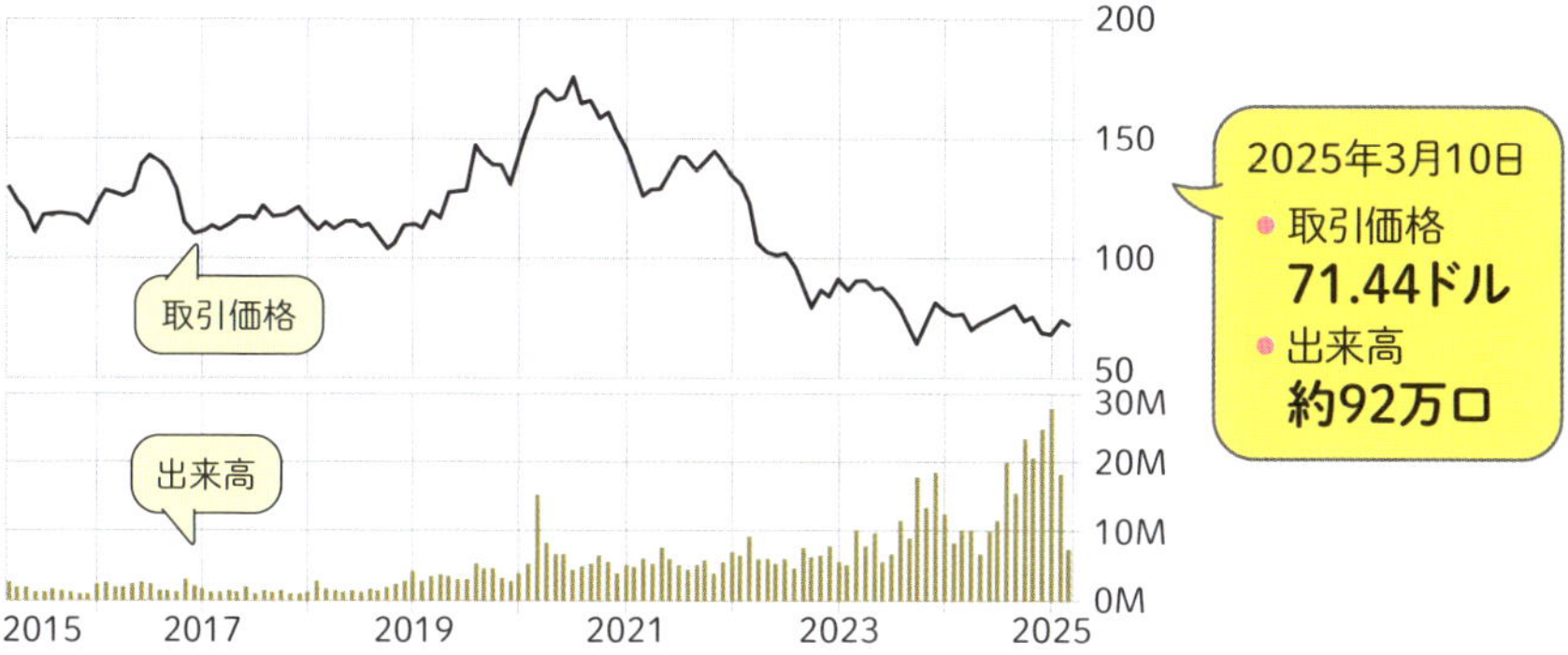

分配金の推移（年間）

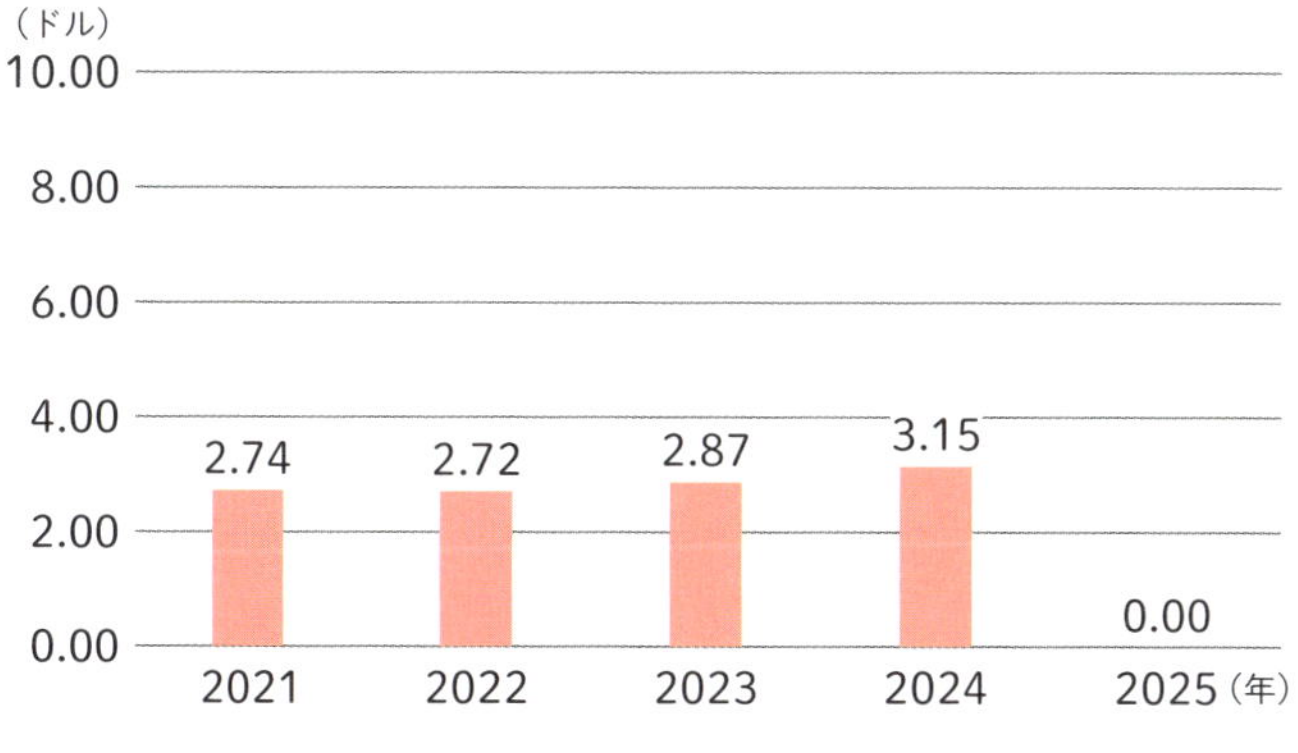

直近1年の分配金利回り
4.41%
10年平均分配金利回り
3.65%
分配金の回数
四半期（年4回）

※2025年の分配金は2025年3月11日時点

※リターン・分配金利回りはドルベース

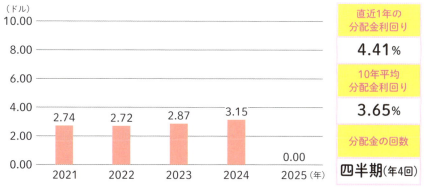

米国債に投資できる東証上場ETF①　〇：NISA成長投資枠で投資可能

iシェアーズ 米国債1-3年ETF（2620）

iShares 1-3 Year US Treasury Bond ETF　設定日：2020年10月14日

取引価格	基準価額（NAV）	取引価格と基準価額（NAV）の乖離率	純資産総額	経費率	トータルリターン（3年・年率）
341.0円 取引10口単位	340.16円	0.19%	198億円	0.14%	11.36%

残存期間が1年以上3年以下の米国の短期債に投資し、「FTSE米国債1-3年セレクト・インデックス」という指数と連動することを目指すETFです。

取引価格・出来高の推移（2020年～）

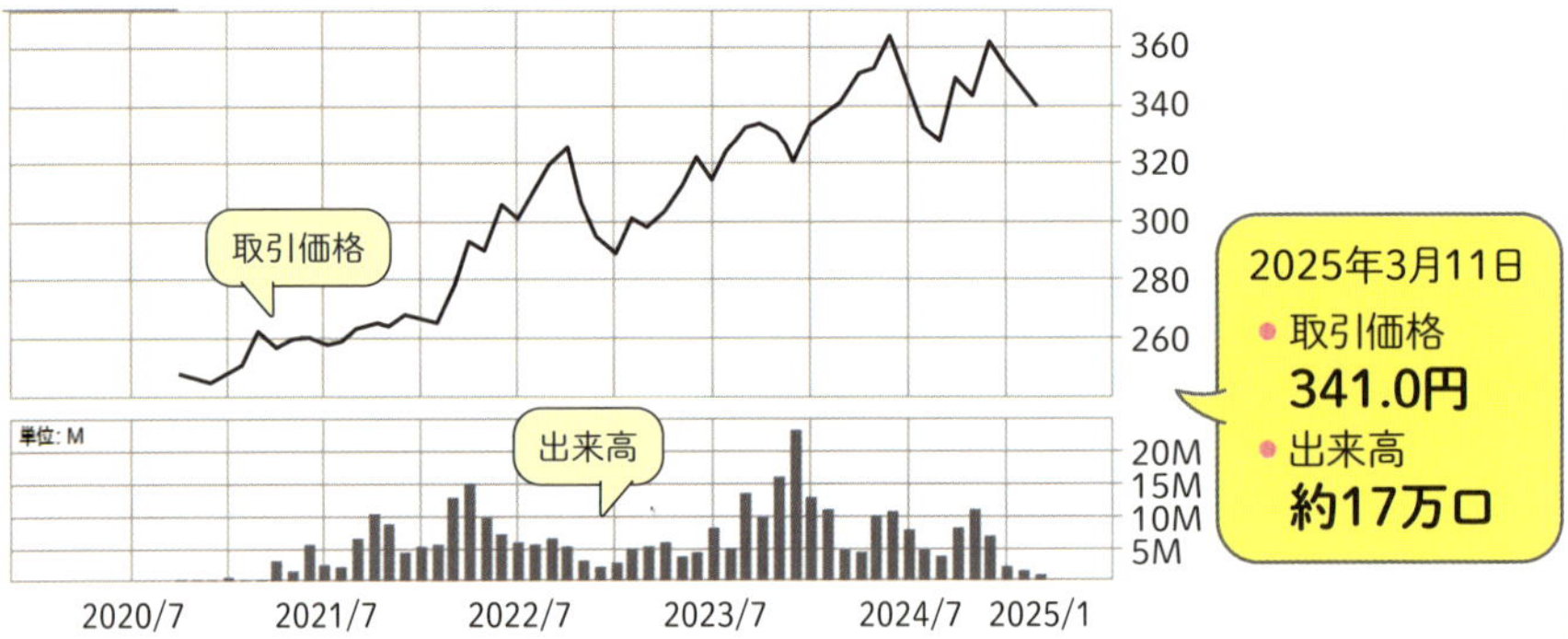

取引価格
出来高
単位：M
360
340
320
300
280
260
20M
15M
10M
5M
2020/7
2021/7
2022/7
2023/7
2024/7
2025/1
2025年3月11日
取引価格
341.0円
出来高
約17万口

分配金の推移（年間）

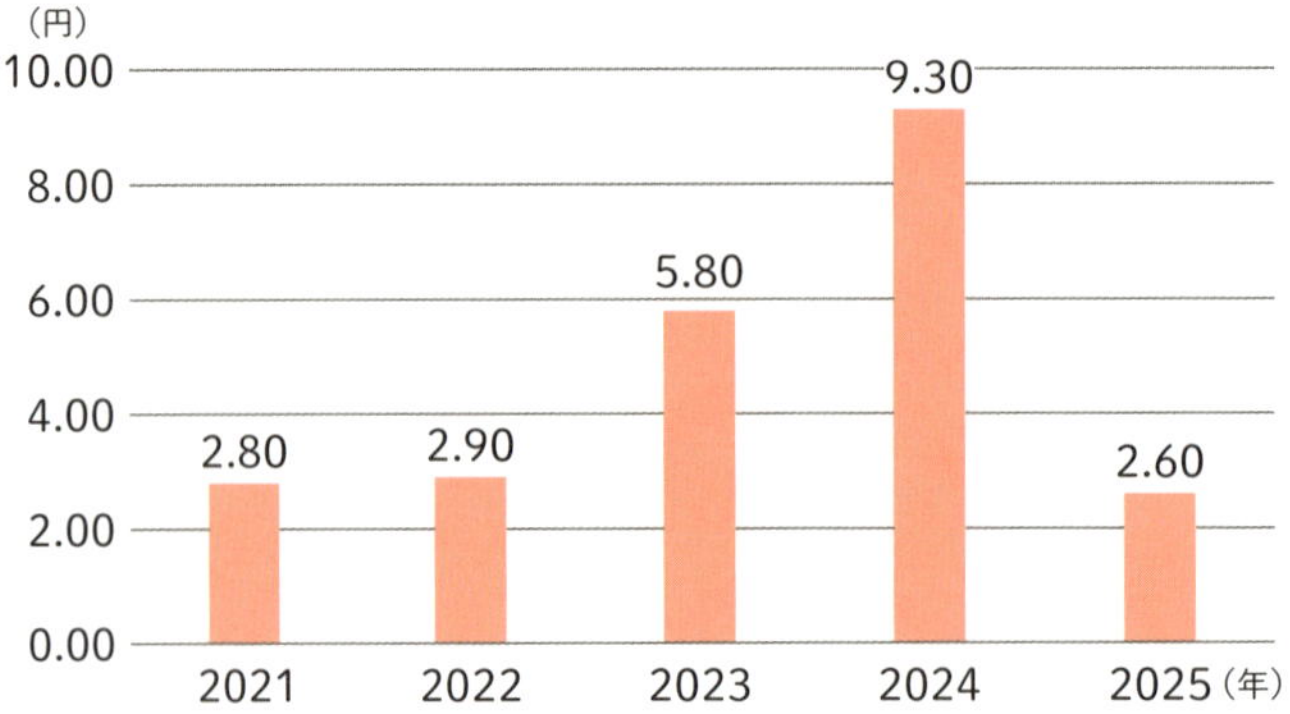

（円）
10.00
8.00
6.00
4.00
2.00
0.00
2.80
2.90
5.80
9.30
2.60
2021
2022
2023
2024
2025（年）

直近1年の分配金利回り
2.69%
分配金の回数
四半期（年4回）

※2025年の分配金は2025年3月11日時点

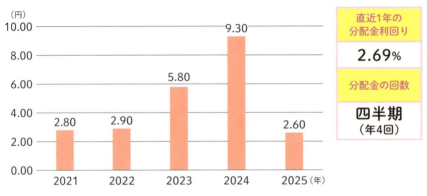

米国債に投資できる東証上場ETF②

〇：NISA成長投資枠で投資可能

iシェアーズ・コア 米国債7-10年ETF（1656）

iShares Core 7-10 Year US Treasury Bond ETF　　設定日：2017年9月28日

取引価格	基準価額（NAV）	取引価格と基準価額（NAV）の乖離率	純資産総額	経費率	トータルリターン（5年・年率）
294.3円 取引10口単位	291.69円	0.34%	296億円	0.14%	4.42%

残存期間が7年以上10年未満の米国の国債に投資し「FTSE米国債7-10年セレクト・インデックス」という指数と連動することを目指すETFです。

取引価格・出来高の推移（2017年～）

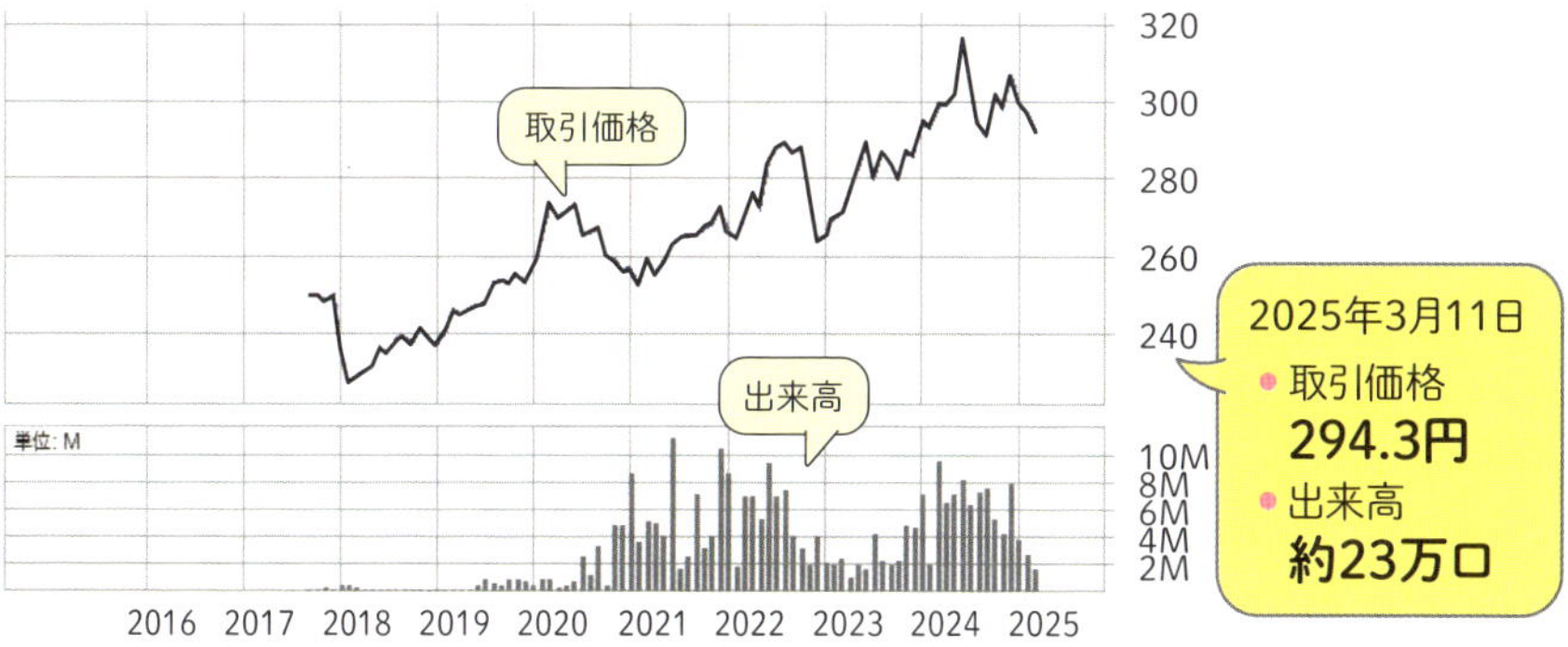

分配金の推移（年間）

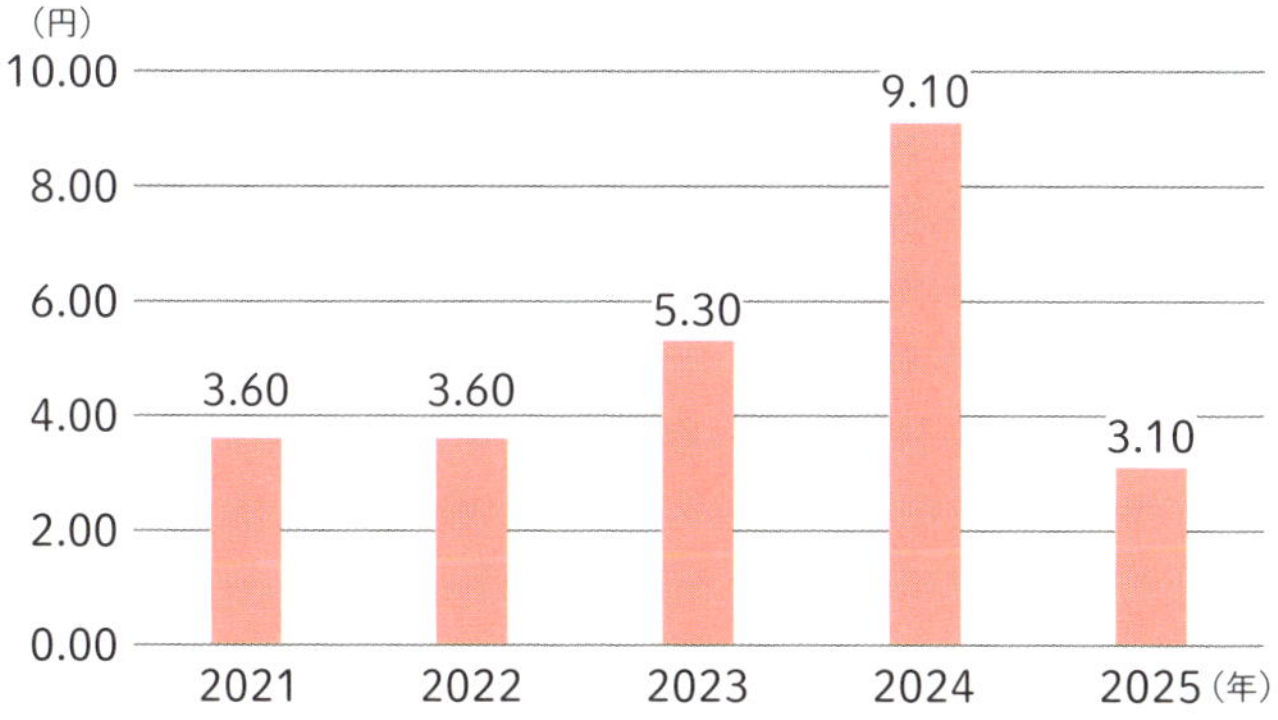

直近1年の分配金利回り
3.48%
分配金の回数
四半期（年4回）

※2025年の分配金は2025年3月11日時点

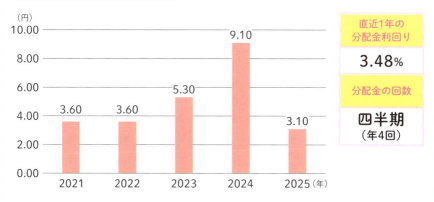

米国債に投資できる東証上場ETF③

○：NISA成長投資枠で投資可能

iシェアーズ 米国債20年超ETF（2255）

iShares 20+ Year US Treasury Bond ETF　　設定日：2023年11月28日

取引価格	基準価額（NAV）	取引価格と基準価額（NAV）の乖離率	純資産総額	経費率	トータルリターン（1年）
205.5円 取引10口単位	202.38円	1.44%	58億円	0.14%	1.49%

残存期間が20年以上の米国の長期債に投資し、「FTSE米国債20年超セレクト・インデックス」という指数と連動することを目指すETFです。

取引価格・出来高の推移（2023年～）

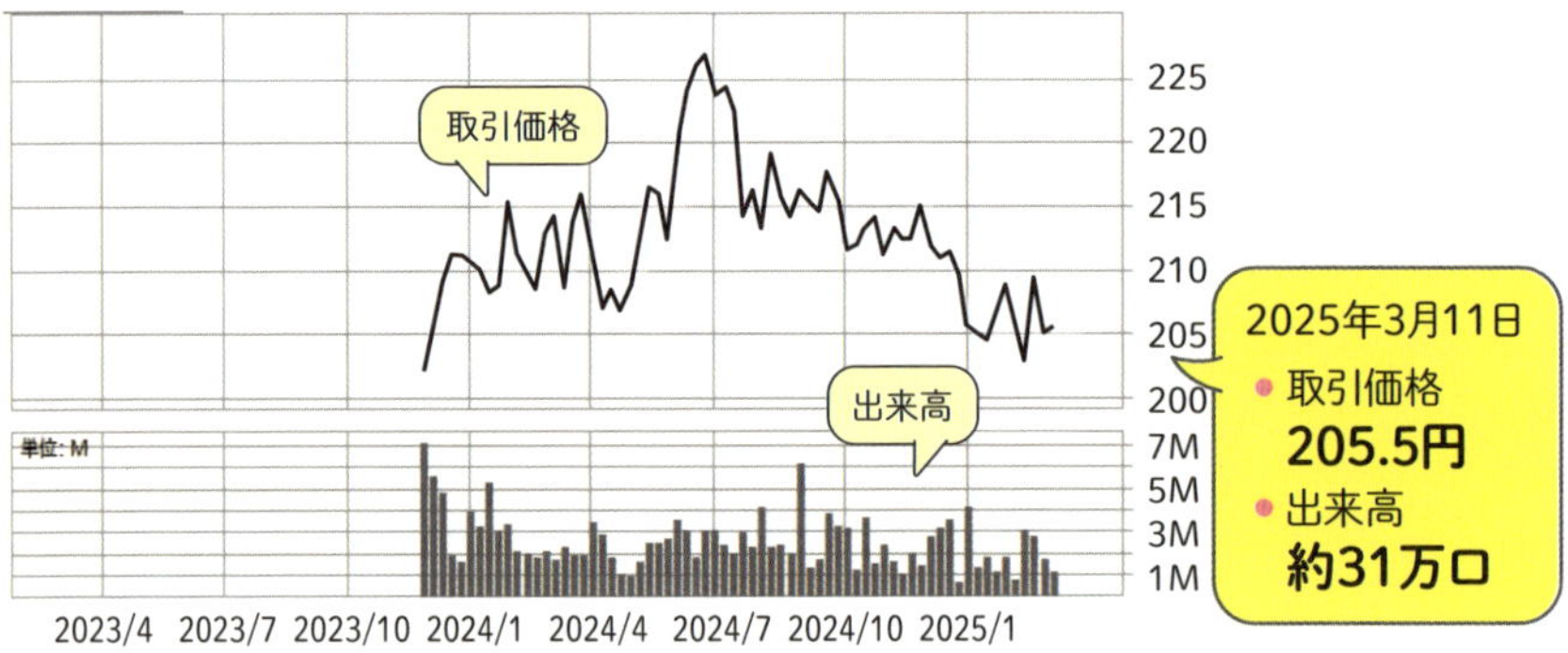

分配金の推移（年間）

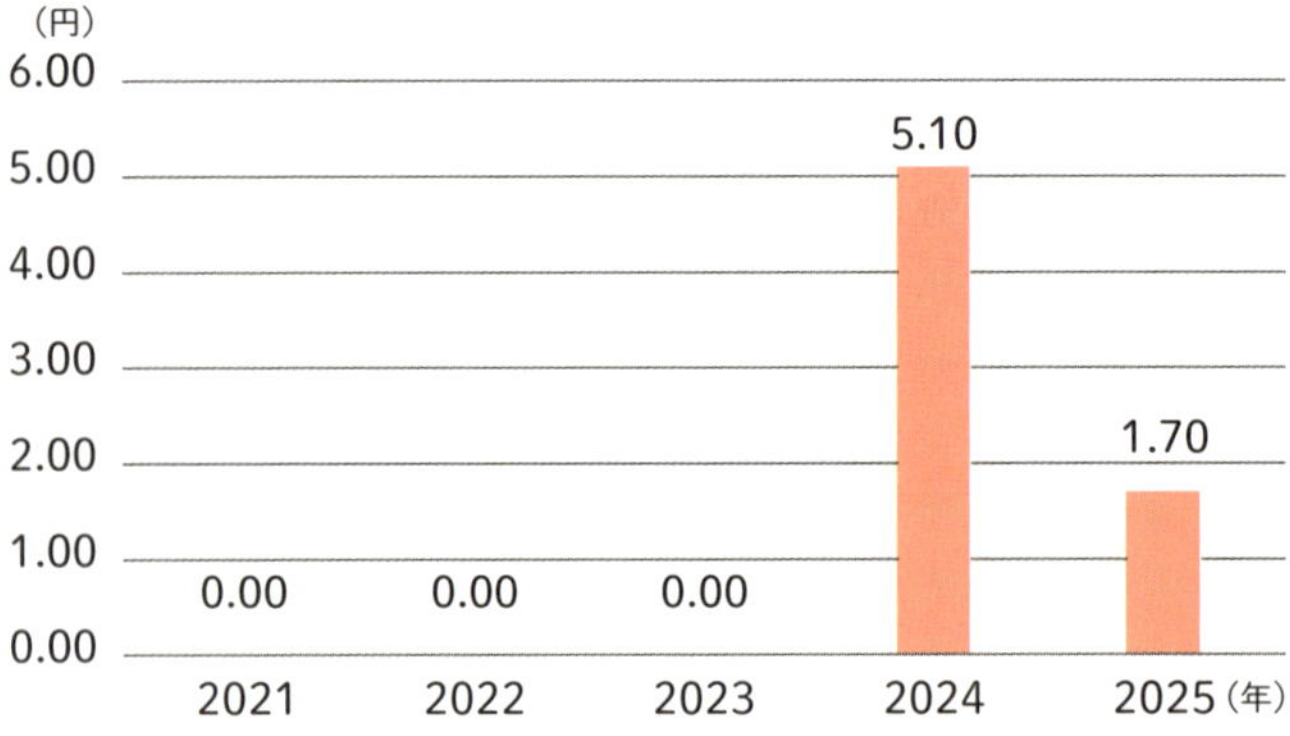

直近1年の分配金利回り
3.06%
分配金の回数
四半期（年4回）

※2025年の分配金は2025年3月11日時点

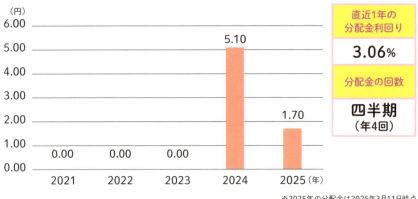

米国債に投資できる東証上場ETF④

○：NISA成長投資枠で投資可能

iシェアーズ 米国債25年超 ロングデュレーション ETF(237A)

iShares 25+ Year US Treasury Bond Long Duration

設定日：2024年8月26日

取引価格	基準価額（NAV）	取引価格と基準価額（NAV）の乖離率	純資産総額	経費率	トータルリターン（5年・年率）
179.2円 取引10口単位	174.90円	1.03%	15億円	0.14%	－

残存期間25年以上の米ストリップス債に投資することで、「FTSE米国債STRIPS元本25年超インデックス」という指数と連動を目指すETFです。

取引価格・出来高の推移（2024年～）

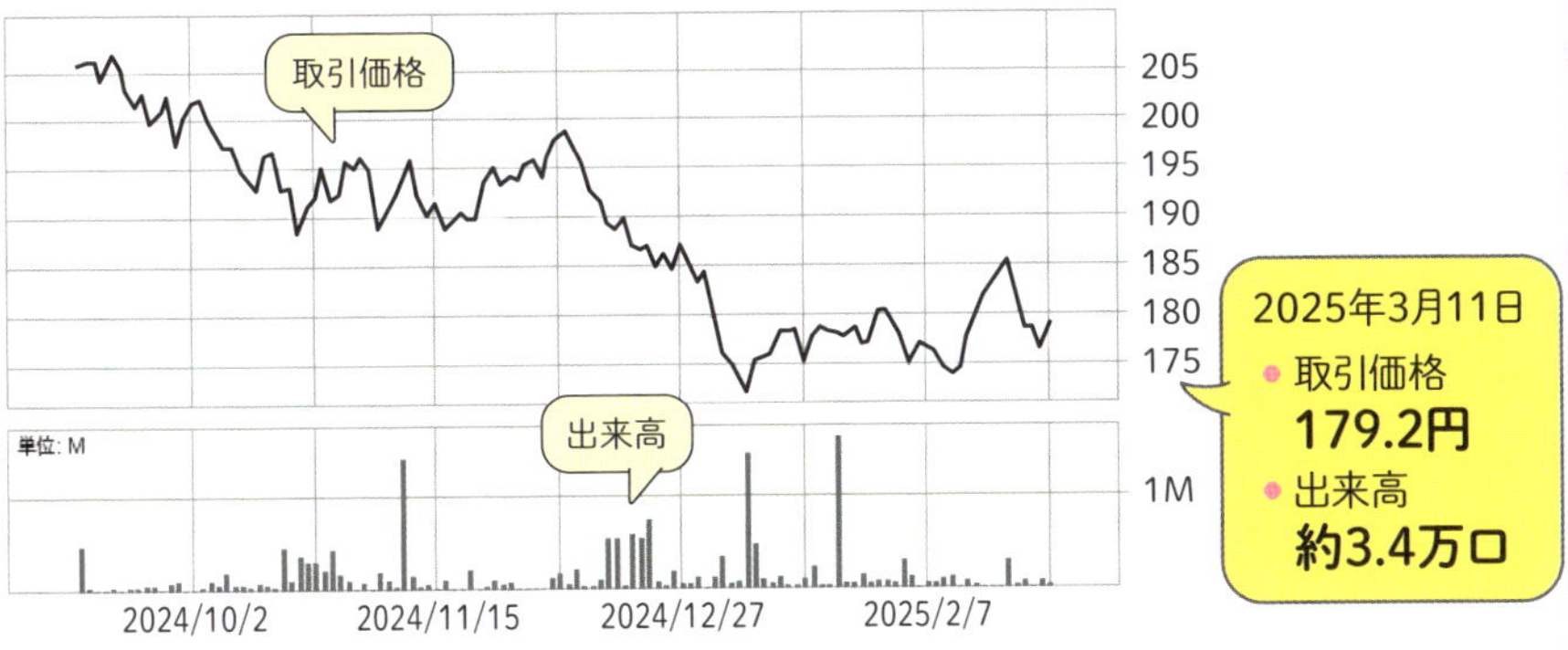

分配金の推移（年間）

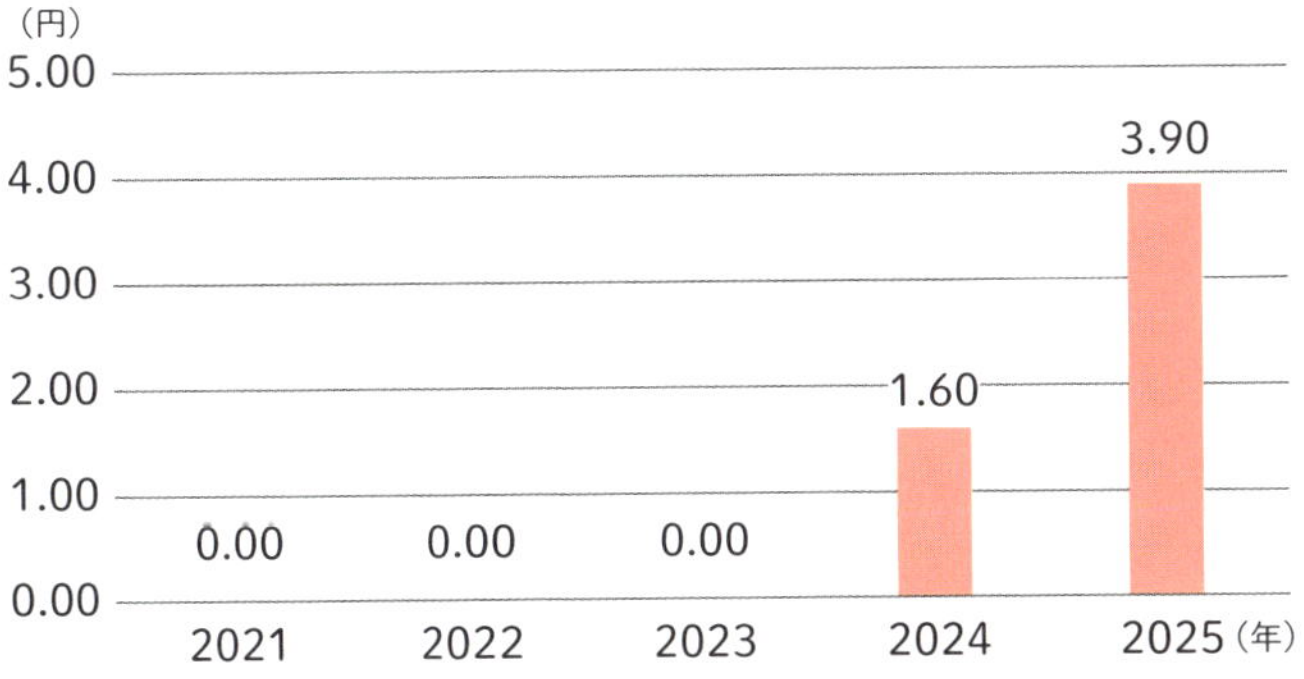

直近1年の分配金利回り
3.14%
分配金の回数
四半期（年4回）

※2025年の分配金は2025年3月11日時点

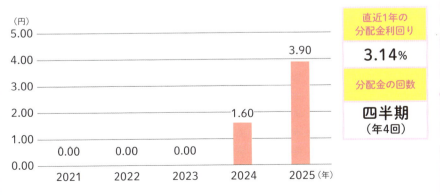

税金面でお得に利子が受け取れる！

米国債ＥＴＦはＮＩＳＡで購入しよう

●つみたて投資枠と成長投資枠

新ＮＩＳＡでは、**「つみたて投資枠」**と**「成長投資枠」**の２つの投資枠を使って投資ができます。つみたて投資枠と成長投資枠は併用可能。つみたて投資枠で年１２０万円、成長投資枠で年２４０万円、合計で年３６０万円まで投資ができます。

また、生涯を通じて投資できる金額（生涯投資枠）は１８００万円まで。そのうち成長投資枠の投資上限は１２００万円です。生涯投資枠を使い切りたいという場合は、最低でも６００万円はつみたて投資枠を使う必要があります。

なお、新ＮＩＳＡの資産を売却すると、売却の翌年に非課税投資枠が復活するので、再び非課税で投資することができます。

●米国債ＥＴＦは成長投資枠で投資

新ＮＩＳＡの成長投資枠で投資すれば、米国債ＥＴＦから得られる利益（分配金・値上がり益）にかかる日本の税金をゼロにできます。

米国ＥＴＦの分配金には米国で10％の税金がかかります（↓Ｐ１８４）が、課税口座で購入するよりも税金を抑えることができます。東証上場ＥＴＦは、米国と日本の「二重課税」を自動的に調整してくれるので**確定申告不要。**新ＮＩＳＡで買う場合は**米国の10％の税金が自動的に課税**されます。

POINT!

つみたて投資枠の600万円は全世界株インデックスファンドなどで堅実に増やしましょう。つみたて投資枠で唯一投資できる日本高配当株ファンド「日経平均高配当利回り株ファンド」で値上がり益を狙いつつ分配金をもらう戦略も有効です。

新NISAのしくみ

新NISAのつみたて投資枠と成長投資枠

	新NISA	
	つみたて投資枠 ⇔ 併用可能 ⇔	成長投資枠
対象年齢	18歳以上	
非課税期間	無期限	
年間非課税投資枠	120万円	240万円
生涯投資枠	1人あたり買付残高1800万円（うち成長投資枠1200万円）	
投資商品	国が定めた基準を満たす投資信託・ETF	上場株式・ETF・REIT・投資信託（レバレッジ型・毎月分配型除く）
投資方法	積立	一括・積立
資産引き出し	いつでもできる 売却した翌年に投資元本ベース（簿価残高方式）で枠復活	

米国債ETFには成長投資枠で投資できます。

米国債ETFの税金

米国ETFの場合

確定申告しないと二重課税に！

米国ETF

課税口座
米国：分配金に10%
日本：分配金と値上がり益に20.315%

NISA口座
米国：分配金に10%
日本：~~分配金と値上がり益に20.315%~~

東証上場ETFの場合

確定申告しなくても二重課税にならない！

東証上場ETF

課税口座
米国：~~分配金に10%~~
日本：分配金と値上がり益に20.315%

NISA口座
米国：分配金に10%
日本：~~分配金と値上がり益に20.315%~~

NISA口座で購入すると二重課税ではなくなるので、米国内で10%の税金がかかります（→P184）が、課税口座で投資するよりはお得です。

子どもの大学費用と老後資金を準備

40代共働きのモデルケース

● 子どもの大学資金+老後資産を貯めるには？

40代のAさんは共働き夫婦世帯。家計は順調そうですが、8年後の子どもの大学費用や夫婦の老後資産を考えると不安とのこと。将来にどう備えればよいのでしょうか。

● ストリップス債+NISA・iDeCoで大きく増やす

定期預金の300万円は8年後の大学資金のためにそのまま確保。2025年4月現在、円金利は上昇傾向なので、定期預金で複利効果を得つつ貯蓄を継続。普通預金は300万円は残して、**200万円をストリップス債に一括投資します。**

加えて、毎月の収入から積立を行います。毎月貯蓄10万円ができるとのことですが、普通預金300万円がありますので、これ以上振り向ける必要性は低くなっています。預金は計3万円にして、**残りの7万円で投資信託に投資することにしました。**

インフレに対抗しながら資産形成するには、NISA・iDeCoを利用した長期・積立・分散投資がベターです。まだ40代と働き盛りですし、ある程度十分な資産もありますので、投資先は全世界株式インデックスファンドでよいでしょう。

20年後、200万円のストリップス債が約482万円、投資信託が約2878万円になる計算。資産合計は約3360万円となる計算です。

POINT!

文部科学省のデータ※から計算すると、大学4年間の費用（入学料＋4年分の授業料＋4年分の施設設備費（私立））の合計は私立文系で約410万円、私立理系で約542万円、国立大で約243万円となっています。

※文部科学省「令和5年度私立大学入学者に係る初年度学生納付金等平均額（定員1人当たり）の調査結果について」「国公私立大学の授業料等の推移」より

40代Aさんのモデルケース

家族構成	40代共働き 子供（小学5年生）	手取り	50万円
年収	1000万円 （うち賞与200万円）	支出	40万円
資産	800万円（預貯金）	貯蓄額	10万円

〈毎月の収支〉

目先では子どもの大学資金を用意しつつ
リスクを抑えながら堅実に老後資産を増やしたい！

資産配分例

	短期	中期	長期
現在	普通預金 **500万円**	定期預金 **300万円**	—
変更後	普通預金 **300万円**	定期預金 **300万円**	米国ストリップス債 **200万円**

積立配分例

	短期	中期	長期
現在	普通預金 **5万円**	定期預金 **5万円**	—
変更後	普通預金 **1万円**	定期預金 **2万円**	投資信託（NISA・iDeCo） **7万円**

- 定期預金300万円は8年後に控える大学資金のお金としてそのまま運用。円金利は上昇しているので、複利効果を活かせる定期預金でOK。
- インフレに対抗しながら老後資金を堅実に貯めるには、NISAやiDeCoを活用して、投資信託に長期・積立・分散投資がベター。全世界株式インデックスファンドに投資。これらは毎月の積み立てで行うこととし、200万円を米国ストリップス債で長期運用を提案します。

20年後の資産額は？

米国ストリップス債 200万円 → 利回り4.5%、残存期間20年（為替変動考慮なし） → **約482万円**（税引き前）

投資信託（NISA・iDeCo）月7万円 → 年5% 全世界株インデックスファンド → **約2878万円**

余暇資金＋老後資金を貯める

50代独身のモデルケース

● 老後の生活を安定させるには？

50代独身のＢさんは年収８００万円。10年前にｉＤｅＣｏに加入し老後資金を貯めていますが、退職後も旅行を楽しみ豊かな生活をするにはお金が足りないとのこと。余暇資金をつくるプランを検討します。

● 利付債・米国債ＥＴＦの利子を活用

預貯金は普通預金４００万円と、定期預金５００万円があります。Ｂさんの場合、中期のライフイベントが少ないので、定期預金の必要性は低いです。余暇資金を考えると普通預金はあったほうがよいので５００万円に増やし、**４００万円を米国債に投資します。**米国債が金利低下局面であることを踏まえ、残存期間が長く利回りの高い米国利付債と、米国債ＥＴＦを２００万円ずつ購入。利回り４・５％の場合、年約16万円のキャッシュフロー収入が得られる計算です。利付債と米国債ＥＴＦから定期的にお金がもらえるので生活を豊かにできます。

毎月の積立は、毎年の旅行資金もあるので普通預金に月５万円。**ｉＤｅＣｏはそのまま継続しつつ、ＮＩＳＡのつみたて投資枠を活用。**両制度とも全世界株インデックスファンドに投資して堅実に資産を築くことを目指します。仮に年５％で増えた場合、15年後の資産額は合計約１９６１万円になる計算です。

POINT!

生命保険文化センター「生活保障に関する調査」（2022年）によると、老後の最低日常生活費は月額平均23.2万円なのに対し、ゆとりある老後生活費は月額平均37.9万円。日常生活費に毎月約15万円の上乗せが必要な計算になっています。

50代Bさんのモデルケース

〈毎月の収支〉

家族構成	50代独身	手取り	45万円
年収	800万円（うち賞与100万円）	支出	35万円
資産	900万円（預貯金） 300万円（iDeCo）	貯蓄額	10万円

10年前からiDeCoに加入。年に数回旅行を楽しむため預金は多め。老後も旅行を楽しみつつ豊かな生活をしたい！

資産配分例

	短期	中期	長期		
現在	普通預金 400万円	定期預金 500万円	投資信託（iDeCo） 300万円		
変更後	普通預金 500万円	—	投資信託（iDeCo） 300万円	米国債ETF（NISA） 200万円	米国利付債 200万円

積立配分例

	短期	中期	長期	
現在	普通預金 5万円	定期預金 3万円	投資信託（iDeCo） 2万円	
変更後	普通預金 5万円	—	投資信託（iDeCo） 2万円	投資信託（NISA） 3万円

- 今の生活や旅行を楽しむために、普通預金500万円とし、中期のライフイベントの予定がないので定期預金は解約。
- キャッシュフロー収入があれば生活が豊かになるので、NISAで米国債ETFを200万円購入、特定口座で米国利付債を200万円購入。
- NISA・iDeCoの積み立ては全世界株ファンドで堅実に資産を築くことを目指す。

年間で得られる資産運用の収入は？

米国債ETF → 利回り4.5% → 9万円

米国利付債 → 利回り4.5%（為替変動考慮なし） → 約7.2万円（税引き後）

15年後の資産額は？

NISA・iDeCo 月5万円 → 年5% → 約1337万円

iDeCo 300万円 → 全世界株インデックスファンド → 約624万円

計約1961万円

老後は豊かに暮らしたい

65歳年金暮らし夫婦のモデルケース

● ゆとりある老後を楽しむには？

ゆとりある老後を送りたいCさん夫婦。資産を少しでも運用で増やすために、米国債を取り入れた資産配分を考えます。

● キャッシュフロー資産をフル活用

500万円の投資信託（アクティブ型）がありますが、手数料も高く、特定口座では税金もかかるので解約して他の資産に振り向けていきます。

資産に占める無リスク資産の割合は心の安定も兼ねて50％。Cさんの場合は2000万円です。普通預金は1000万円とし、円金利上昇の恩恵を得るために**「変動10年国債」に1000万円投資**することにしました。

1500万円はNISAを利用。値上がり益を狙いつつ分配金を得る戦略として為替変動のない「日本高配当株ファンド」に1000万円、定期的に収入を得るために米国債ETFに500万円を投資します。NISAは生涯投資枠（→P138）があるので、毎年300万円ずつ5年間かけて投資していきます。**残りの500万円は特定口座で米国利付債を購入します。**

70歳時点の資産運用から得られる収入は年約83万円。単純に12か月で割ると約7万円、概ね毎月の貯蓄取り崩し分を補える計算です。

POINT!

高配当株を活用した運用・取り崩し戦略については、拙著『マンガと図解 50歳からの「新NISA×高配当株投資」』（KADOKAWA）、『60歳からの新・投資術』（青春出版社）、『50代から考える お金の減らし方』（成美堂出版）で解説。

60代Cさんのモデルケース

家族構成	65歳夫婦 年金暮らし		〈毎月の収支〉
年収	300万円	手取り	23万円
資産	1500万円(預貯金) 500万円(投資信託) 2000万円(退職金)	支出	30万円
		貯蓄取り崩し	7万円

元気なうちは毎年海外旅行するなど、ゆとりある老後を送りたいので支出は多め。投資信託(アクティブ型)は付き合いで10年前に投資したがあまり増えていない。

資産配分例

	短期	中期	長期	
現在	普通預金 **2500万円**	定期預金 **1000万円**	投資信託（特定口座） **500万円**	
変更後	普通預金 **1000万円**	変動10年国債 **1000万円**	投資信託・米国債ETF(NISA) 5年で**1500万円**	米国利付債 **500万円**

- 現金(無リスク資産)の比率は50%として、心の安定も兼ねて2000万円は確保。
- 「今の生活や旅行を楽しむ」＆「もしもに備える」ために普通預金1000万円、金利上昇の旨みを得るために変動10年国債1000万円購入。
- アクティブファンドは売却しNISAを活用。「日本の高配当株ファンド」に1000万円（200万円×5年）。
- 米国債ETFにNISAで投資。特定口座で米国利付債に投資。

日本の高配当株ファンドの投資例

※2025年3月7日時点の情報に基づく

つみたて投資枠	日経平均高配当利回り株ファンド	基準価額：17,956円 信託報酬：年0.693%	純資産総額：1795億円 分配金利回り(1年)：3.47%
成長投資枠	SBI日本高配当株式(分配)ファンド(年4回決算型)	基準価額：11,539円 信託報酬：年0.099%	純資産総額：879億円 分配金利回り(1年): 4.92%

※SBI～は成長投資枠のみで購入可能

70歳時点で年間で得られる資産運用の収入は?

貯蓄取り崩し額は補える!

高配当株	分配金利回り3.5%	35万円
米国債ETF	利回り4.5%（為替変動考慮なし）	22.5万円
変動10年国債	利回り0.9%	約7.2万円（税引き後）
米国利付債	利回り4.5%（為替変動考慮なし）	約18万円（税引き後）

Column

物価に合わせて元本が増減する

物価連動国債ってなに?

物価連動国債（インフレ連動国債）とは、モノやサービスなどの物価に合わせて価格が変動する国債です。英語では「TIPS」（ティップス）の略称で呼ばれます。

ここまで紹介してきた米国の利付債やストリップス債の場合、元本や利率は固定されています。そのため、いくら利子がもらえたり、割引で購入できたりしたとしても、世の中のインフレが進んで物価が上昇してしまえば、お金の価値そのものが目減りしてしまうために、債券の価値も低下してしまいます。

その点、物価連動国債であれば、物価が上昇することで元本が増えます。利率は固定されていますが、元本が増えれば利子や償還時にもらえる金額が増えるのです。つまり、物価連動国債は、物価上昇に強い国債だというわけです。

日本はもちろん、米国でも物価の上昇が進んでいます。買い物のときにさまざまな品の値上がりを肌で感じる機会は多いはずです。それだけに、物価連動国債に投資しておけば、資産が増やせるでしょう。

米国の物価連動国債に投資したい場合はETFを活用するのが便利。たとえば「iシェアーズ米国物価連動国債ETF」（TIPS）は、米国の物価連動国債に連動する成果を目指すETFです。残存期間の短い債券から長い債券まで53本（2025年3月7日時点）組み入れており、毎月分配金を受け取ることができます。

日本ではかつて、物価連動国債は機関投資家向けの商品でしたが、2015年から個人投資家でも「10年物価連動国債」を購入することができるようになっています。2013年度以降に発行された物価連動国債には元本保証（フロア）があります。

なお、物価連動国債はデフレになると元本が減る可能性があることに注意が必要です。また物価連動国債の価格には、将来の物価上昇率が織り込まれるので、実際の物価上昇率がその織り込まれた物価上昇率より低い場合には、損失が生じる可能性がある点も押さえておきましょう。

第6章

口座の開設と購入の流れ

証券会社の選び方から口座の開設の手順、
購入する米国債の選び方から
発注の方法までを紹介していきます。
ETFの購入手続きも解説します。

第6話

購入手順を教えてください！

購入するときは償還期限や利回りなどを確認すればいいんでしたよね？

ありがとうございます！

ほかに確認すべきことはありますか？

そうですね。利付債かストリップス債かや単価、損益分岐点為替レートも確認しておきたいですね。

契約締結前交付書面の確認も忘れずに行いましょう。

そうね～

ふむふむ
なるほど
ＥＴＦの買い方も同じですか？

お任せ下さい
ＥＴＦの注文方法はちょっと違います。ＮＩＳＡでも投資できるので、その方法も詳しくお教えします！

CHAPTER 6

米国債はどこで買う？

おすすめは断然ネット証券！

サービスが充実しているネット証券

米国債は証券会社で購入可能です。証券会社には、街のなかに店舗を構える店舗証券と、すべての取引をスマホやパソコンで行うネット証券があります。

左は主なネット証券・店舗証券の米国債・その他のサービスを比較した表です。**米国債の最低購入単位はネット証券で額面100ドル、店舗証券では額面1000ドル。**ネット証券のほうがより少額から始められます。そのうえ、ネット証券では米国債の商品数も多く（↓P77）、いつでもネット上で売買注文を出せて便利。為替手数料も総じて安くなっています。

NISAやiDeCoもネット証券で

NISAやiDeCoもネット証券がおすすめです。ネット証券は多くの投資信託を扱っているうえ、クレカ積立でポイントを貯めながら投資ができますし、株式売買手数料もかかりません。また、左の5社ではいずれも無料ですが、iDeCoの運営管理手数料がかかる金融機関は店舗証券（または店舗銀行）に多くあります。したがって、選ぶなら断然ネット証券です。

なかでもSBI証券は、**米国債の品揃えが多く、検索機能も充実。**その他のサービスも低価格で揃っているのでおすすめの証券会社のひとつです。

POINT!

ネット証券には店舗がないので、わからないことがあった場合に直接店舗の担当者に話を聞くことはできません。ただ、ネット証券でもコールセンターやチャットなどが充実しているので、質問は可能です。

主な証券会社のサービス比較表

ネット証券		SBI証券	楽天証券	マネックス証券
米国債	最低購入単位	額面100ドル	額面100ドル	額面100ドル
	ネットでの購入	○	○	○
	為替手数料	0銭（リアルタイム為替取引）	0銭（リアルタイム為替取引）	買付時無料・売却時25銭
	入出金手数料	無料	無料	無料
その他	NISAつみたて投資枠投信本数	271本	253本	249本
	NISA投信クレカ積立	○（三井住友カード）	○（楽天カード）	○（dカード・マネックスカード）
	NISA株式売買手数料	無料	無料	無料
	iDeCo運営管理手数料	無料	無料	無料

店舗証券		野村證券	大和証券
米国債	最低購入単位	額面1000ドル	額面1000ドル
	ネットでの購入	○	○
	為替手数料	売買時50銭（10万ドル未満）	売買時50銭
	入出金手数料	無料	入金無料、出金110円〜※1
その他	NISAつみたて投資枠投信本数	20本	36本
	NISA投信クレカ積立	×	×
	NISA株式売買手数料	152円〜（オンライン）※2	1100円〜（オンライン）※2
	iDeCo運営管理手数料	無料	無料

ネット証券のほうが少額から米国債に投資できます。なかでもSBI証券は米国債の品揃えも多く、検索機能も充実していますし、手数料も安いのでおすすめです。

※1 3000円未満無料、3000円以上は出金額に応じて異なる。「eメンバー」は出金も無料
※2 約定金額により異なる

※2025年3月25日時点

米国債をコツコツ買い増す

FPL証券は毎月積み立てで購入可能

平均購入単価が下がる ドルコスト平均法

積立投資とは金融商品に一定金額ずつ一定の間隔で投資すること。少額から始めて大きな資産を築くことができます。そのうえ、**購入タイミングを考える必要もなく、一度設定すればあとは自動的に投資が進む**ので、忙しい人にも向いています。

さらに、積立投資にはドルコスト平均法の効果もあります。積立投資をしていると、金融商品の価格が安いときにはたくさん買い、高いときには少ししか買わなくなるため、**平均購入単価が下がっていきます。**平均購入単価が下がれば、その後少しの値上がりでも利益を出しやすくなります。

ＦＰＬ証券では 米国債の積立投資ができる

ただ、ほとんどの証券会社では、米国債の積立投資のサービスがありません。「自分で毎月１日に米国債を○万円ずつ買う」として、手動で毎月の積立投資を実行してもいいのですが、少々面倒かもしれません。

本書執筆時点では唯一、**ＦＰＬ証券に米国債の積立投資サービスがあります。**

ＦＰＬ証券の「ウリエル」では、償還日が２０４５年２月15日のストリップス債に毎月１万円から積立投資ができます。設定すると、毎月５日に口座から購入代金が引き落とされ、20日にストリップス債の買付が行われます（休日の場合は翌営業日）。

POINT!

FPL証券は保険代理店を母体として2016年に北海道に誕生した証券会社。「長期的に保有できる安全性が高い商品を提供していきたい」という理念のもと、米国債や社債を扱っています。2024年3月期の口座数は2402。前期（1219）比で約2倍になっています。

米国債も積立可能

ドルコスト平均法のイメージ

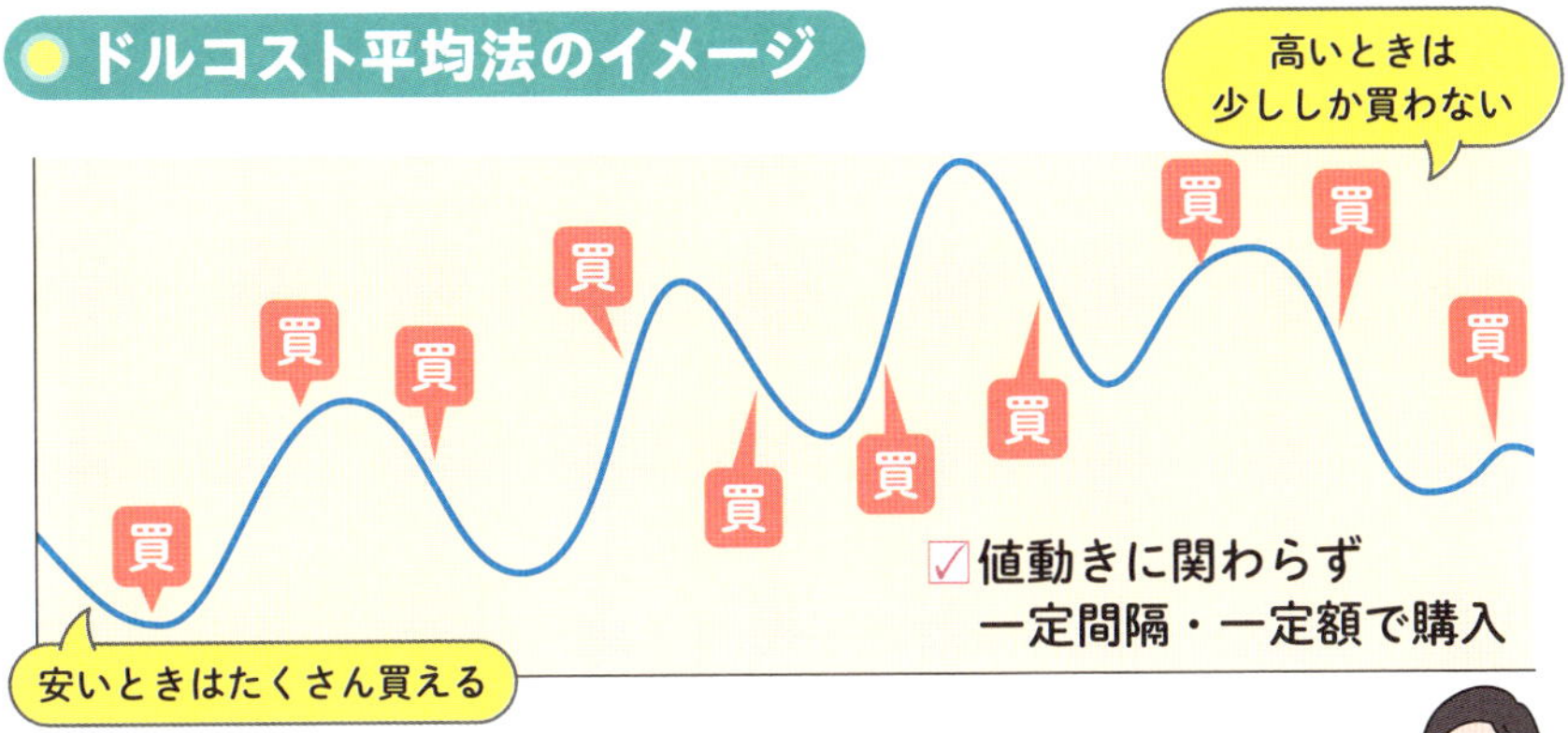
高いときは少ししか買わない
買
買
買
買
買
買
買
買
買
買
買
値動きに関わらず一定間隔・一定額で購入
安いときはたくさん買える

淡々と一定額ずつ購入するのがいいんですね。

自動的に平均購入単価が下がり、値上がり時に利益が得やすくなります。

FPL証券の「ウリエル」

FPL証券
FPLるいとうシリーズ
米国債積立
ウリエル
預金より、大きくふえる。株式より、低リスク。

忙しい人でも手間なく米国債に投資できてよさそうですね。

毎月の積立金額が4万円未満なら電子交付サービスを利用しましょう。口座管理料を無料にできます。

申込単位	毎月1万円以上1万円単位 （ボーナス月（1月・7月）の増額可）
引落開始月	原則申込日の翌々月から
引落日・買付日	毎月5日（休日の場合は翌営業日） 20日買付（休日の場合は翌営業日）
満期日等	ウリエル2045：2045年2月15日 途中の変更、停止、解約等可能
途中売却代金償還代金	円またはドル
売却受付日	原則毎営業日15時まで受付 4営業日後に銀行振込
その他費用	買付・売却手数料：なし 口座管理料： なし（積立金額が1～4万円かつ電子交付サービスを利用しない場合3300円）

最短翌営業日に開設できる！

口座の開設に必要なもの

本人確認書類を用意しよう

米国債を売買するには、証券会社に証券口座（証券総合口座）を開設する必要があります。**ネット証券の口座開設は、すべてネット上で手続きします。**その際、本人確認書類の提出を求められますので、事前に準備しておきましょう。

もっとも簡単なのは、マイナンバーカードと、マイナンバーカードの読み取りに対応したスマホを持っている場合。**スマホでマイナンバーカードを読み取るだけで、最短で翌営業日に口座開設が完了します。**

マイナンバーカードやスマホがない場合でももちろん口座開設はできます。

NISA・iDeCoの口座も開設可

ネット証券では、多くの場合NISAやiDeCoのサービスも取り扱っています。**同じネット証券でNISAやiDeCoも利用すれば、操作はもちろんお金の流れも見えやすいでしょう。**

NISA口座は、証券口座を開いたうえで開設します。ネット証券の口座開設のときに、NISA口座を申し込めますので、一緒に手続きするのが手軽です。一方、iDeCo口座は証券口座とは別に手続きします。iDeCo口座は証券口座がなくても開設できますが、特に理由がなければ、同じ証券会社を利用するのが手軽でしょう。

POINT!

証券口座は各証券会社にひとつずつ開設できますが、NISA口座やiDeCo口座は1人ひとつしか開設できません。途中で金融機関を変更することもできますが、変更にも手間と時間がかかるので、最初からよく考えて選ぶのがよいでしょう。

本人確認の方法

スマホ+マイナンバーカードがもっとも手軽

最短
翌営業日に
口座開設

マイナンバーカードの
読み取りに対応した
スマホ

＋

マイナンバーカード

マイナンバーカードの
読み取りで本人確認
ができます。

スマホのカメラでも本人確認書類が提出できる

最短
翌営業日に
口座開設

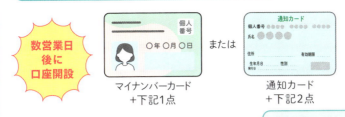

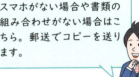

スマホ

＋

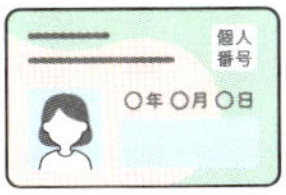

マイナンバーカード

または

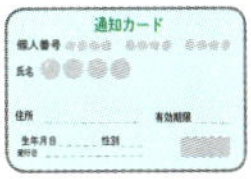

通知カード

＋

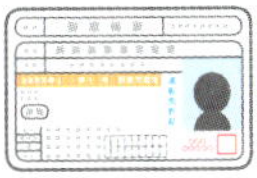

運転免許証

スマホのカメラで
本人確認書類を撮
影して提出できます。

書類の郵送でも本人確認はできる

数営業日
後に
口座開設

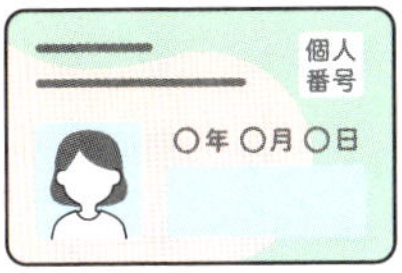

マイナンバーカード
＋下記1点

または

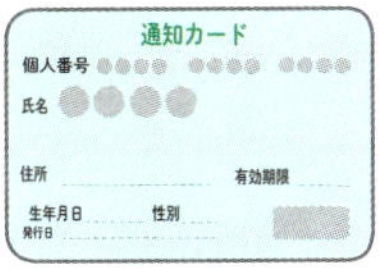

通知カード
＋下記2点

スマホがない場合や書類の
組み合わせがない場合はこ
ちら。郵送でコピーを送り
ます。

本人確認書類

- 運転免許証
- 日本国パスポート
- 健康保険証
- 印鑑証明書
- 運転経歴証明書
- 住民票の写し
- 健康保険資格確認書

※通知カードがない場合はマイナンバーの書かれた
住民票でもOK

ネットで簡単に開設可能！ 口座開設の流れ

案内にしたがって正しく入力しよう

口座開設をする際は、まずは金融機関の口座開設ページにアクセスしましょう。案内にしたがって住所・氏名など必要事項を記載して口座開設を申し込みます。

続いて、**本人確認書類とマイナンバー確認書類を提出**します。提出方法を選択し、スマホで読み取り・撮影を行います。郵送の場合は、手続きが終わってからコピーを郵送します。

これで口座開設の審査が行われ、問題がなければ証券口座が開設されます。口座番号・ログインパスワード・取引パスワードなどが記載されたメールや書類などが届くので、大切に保管しましょう。

「特定口座（源泉徴収あり）」がおすすめ

証券口座には、さらに「特定口座（源泉徴収あり）」「特定口座（源泉徴収なし）」「一般口座」の3種類があります。どの口座を選ぶかによって、税金の計算や納税の方法が違います。

おすすめは**「特定口座（源泉徴収あり）」**。投資で利益が得られたら、税金を証券会社が計算して、自動的に納税してくれます。特に手数料なども不要で、確定申告の手間が省けるので便利ですが、米国債の利子には二重課税（→P184）が発生します。

POINT!

すでに他の証券会社にNISA口座があるにもかかわらず、NISA口座の申し込みをした場合は口座開設ができません。NISA口座を変更する場合は、保有しているNISA口座をいったん廃止してから新たなNISA口座を開設する必要があります。

口座開設手順

一般的な口座開設手順

1 金融機関のウェブサイトで「口座開設」を選択

ほとんどの証券会社では、
スマホでもパソコンでも手続きできる

2 口座開設に必要な情報を入力する

- 住所・氏名・電話番号
- メールアドレスなど
- 勤務先の情報
- 開設する口座の種類
- NISA口座の申し込みの有無

画面の指示に従って
入力すればOK

NISA口座も一緒に
申し込めます。

3 本人確認書類を提出

154ページの方法で提出
- マイナンバーカードの読み取り
- 本人確認書類の撮影
- 本人確認書類のコピーの郵送

4 口座開設手続き完了

口座番号・ログインパスワード・
取引パスワードなどが
記載されたメールや書類などが届く

5 初期設定

- 配当金の受け取り方法
- 入出金に利用する金融機関の口座登録
- 利子・償還金の受け取り設定（→P166）

など

**取引準備
完了！**

これで米国債が
購入できます。

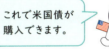

すぐに買付残高に反映される

証券口座に入金しよう

事前にお金を入金しておく必要あり

証券会社に証券口座が開設できたら、米国債の購入資金を入金しましょう。

多くのネット証券では、**即時入金（リアルタイム入金）サービス**を用意しています。各ネット証券と提携している銀行のインターネットバンキングを利用して証券口座に入金を行う方法です。即時入金サービスを利用するとすぐに口座残高に反映されて投資が可能に。手数料も無料です。

銀行振込など、他の方法でも入金は可能ですが、金融機関によっては口座残高に反映されるのに時間がかかり、振込手数料も自己負担になることがあります。即時入金サービスを利用できるようにしておきましょう。

便利な「スィープサービス」も

ネット証券によっては、自社系列の銀行口座と証券口座を紐づける**「スィープサービス」**が用意されています。紐づけた銀行口座に入金したお金はそのまま金融商品の買付に充てることが可能。また、利子や償還金など、証券口座で受け取ったお金を銀行口座に移すことなく引き出すこともできます。

スィープサービスを利用すると、銀行預金の金利がアップするといった特典が用意されていることもあります。

POINT!

投資信託の積立購入であれば、クレジットカードでの代金支払にも対応しています。毎月10万円まで投資可能です。なお、米国債の購入はクレカ積立（クレカ投資）には対応していません。

証券口座に入金しよう

即時入金やスィープサービスが便利

即時入金（リアルタイム入金）サービス

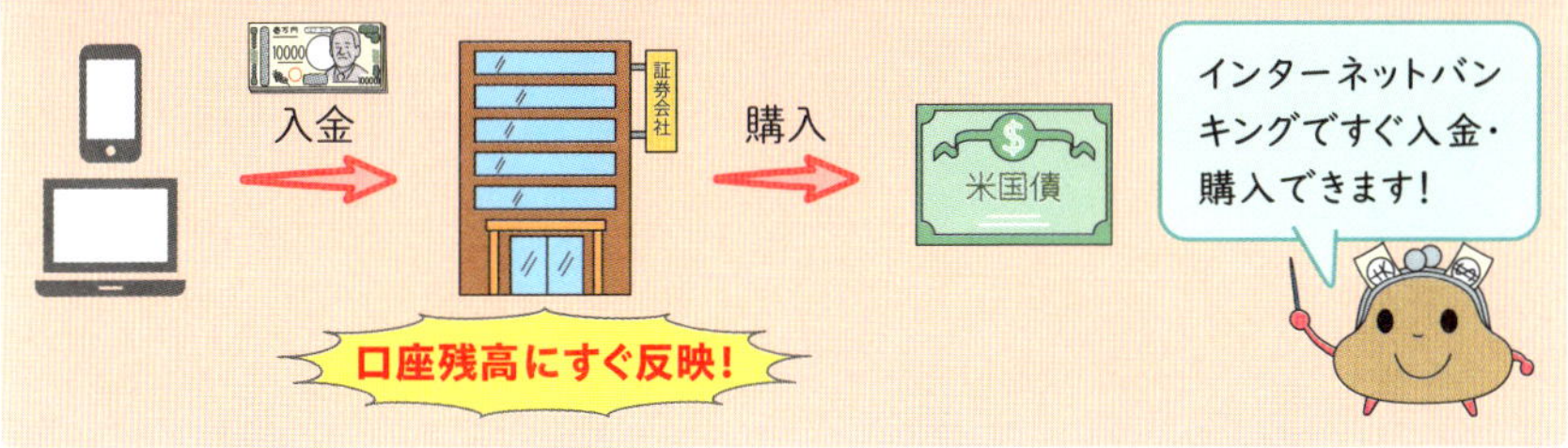

スィープサービス

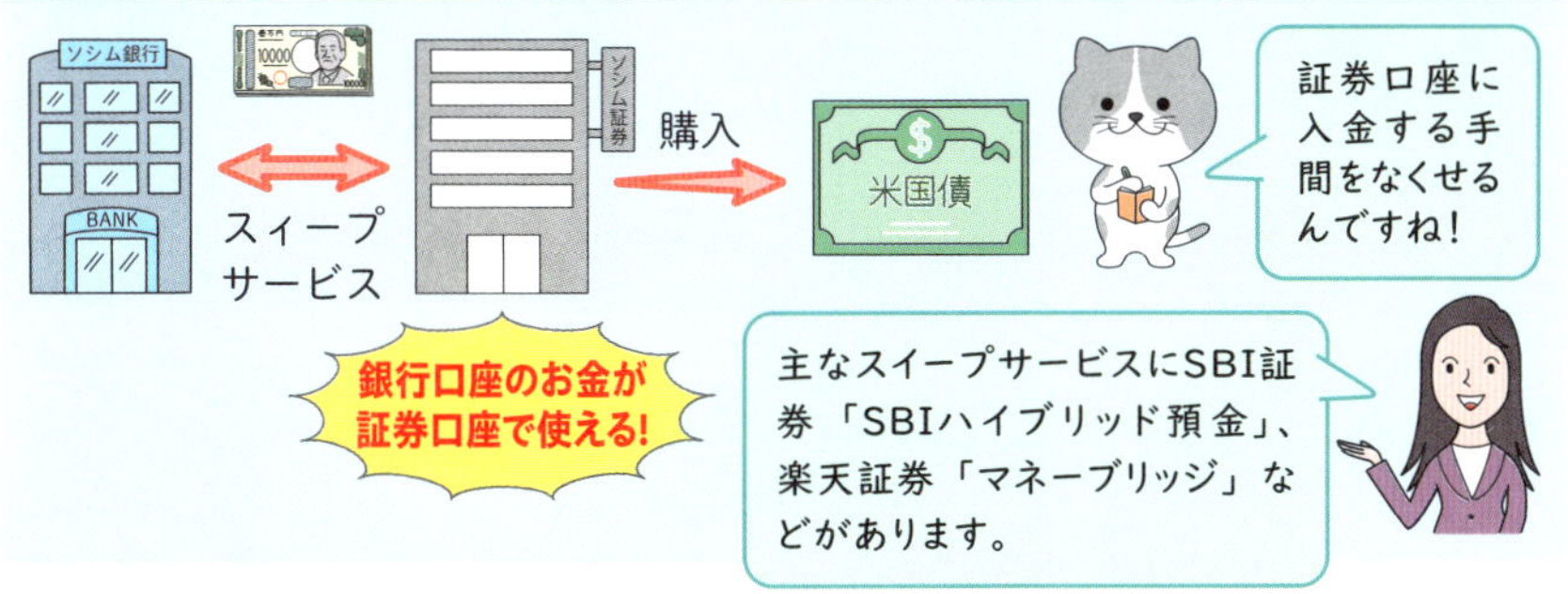

証券口座への入金方法（即時入金の場合）

出典：SBI証券のウェブサイトより

どれに投資する?

購入する米国債を選ぼう

欲しい米国債を探そう

購入する米国債が決まっていない、探したいという場合は、まず購入する米国債を検索してみましょう。証券会社によっては、検索によって取り扱いのある米国債を絞り込むことが可能。より自分の考える条件にあった米国債を探すことができます。

左はSBI証券の外貨建て債券の検索画面です。米国債ですので、通貨はもちろん**「ドル（米ドル）」**、国債ですので**「国債」**を選択します。さらに、**利付債を探すのであれば「利付債」、ストリップス債を探すのであれば「割引債」を選択**すれば、条件に合った米国債だけが一覧表示されます。

詳細な検索条件で絞り込める

証券会社によっては、検索条件をさらに細かく設定することもできます。**単価「100未満」を選択すれば、額面よりも単価が安い米国債だけが検索できます。**また、利率・利回り・残存期間については、それぞれのパーセントや残存期間（年）の幅を指定することで、それらの条件を満たす米国債だけを検索可能。投資したい米国債を探すのにも役立ちます。

検索の結果表示された米国債を選択すると、より詳しい内容が表示されます。間違いがないか確認したら、注文の手続きに進みます。

POINT!

SBI証券の場合、検索結果の一覧表に表示されている☆マークの「登録」を選択すると、検索した債券を「お気に入り」に登録できます。お気に入りに登録した債券は「お気に入り」の一覧にまとめて表示されるので、再度検索する手間が省けます。

米国債を検索しよう

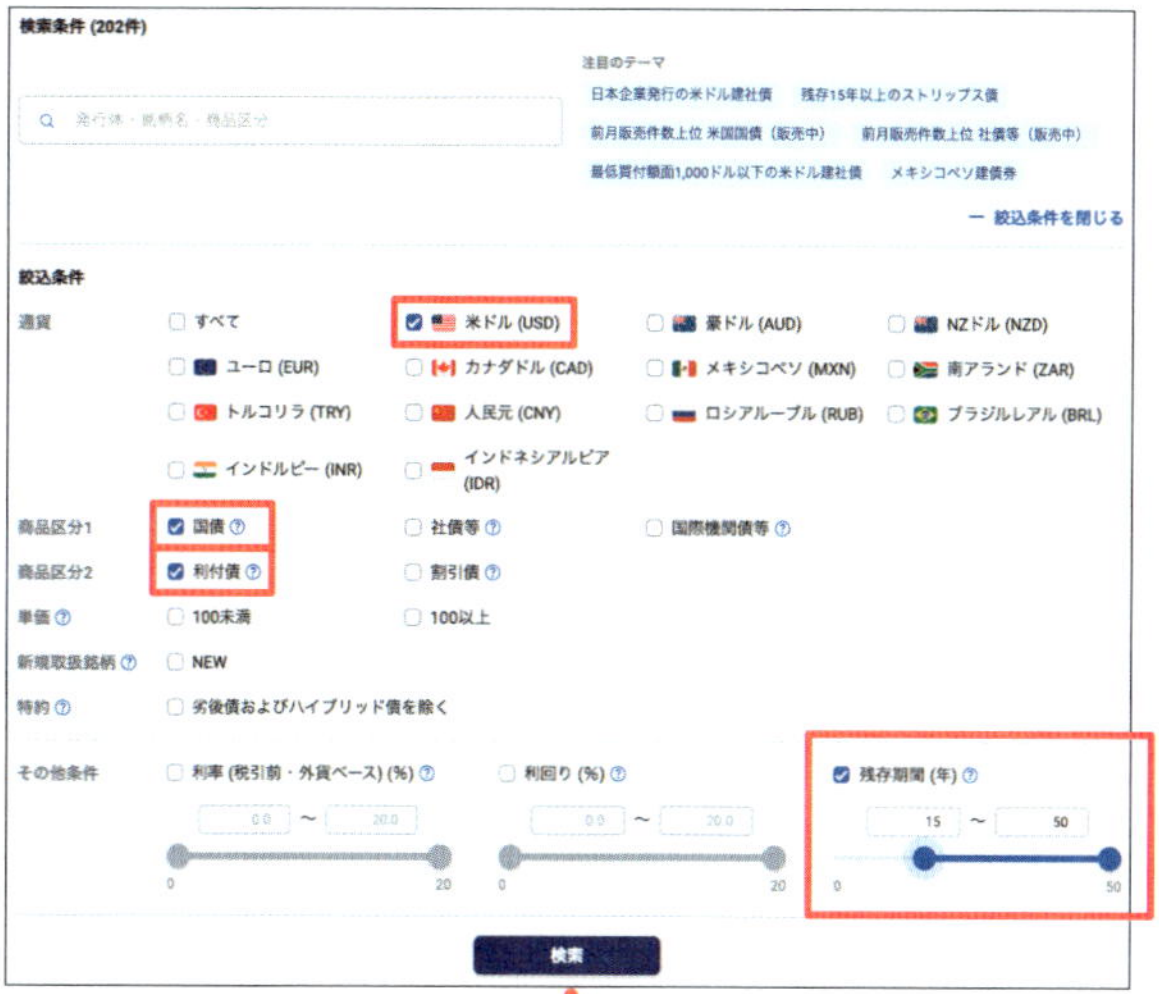

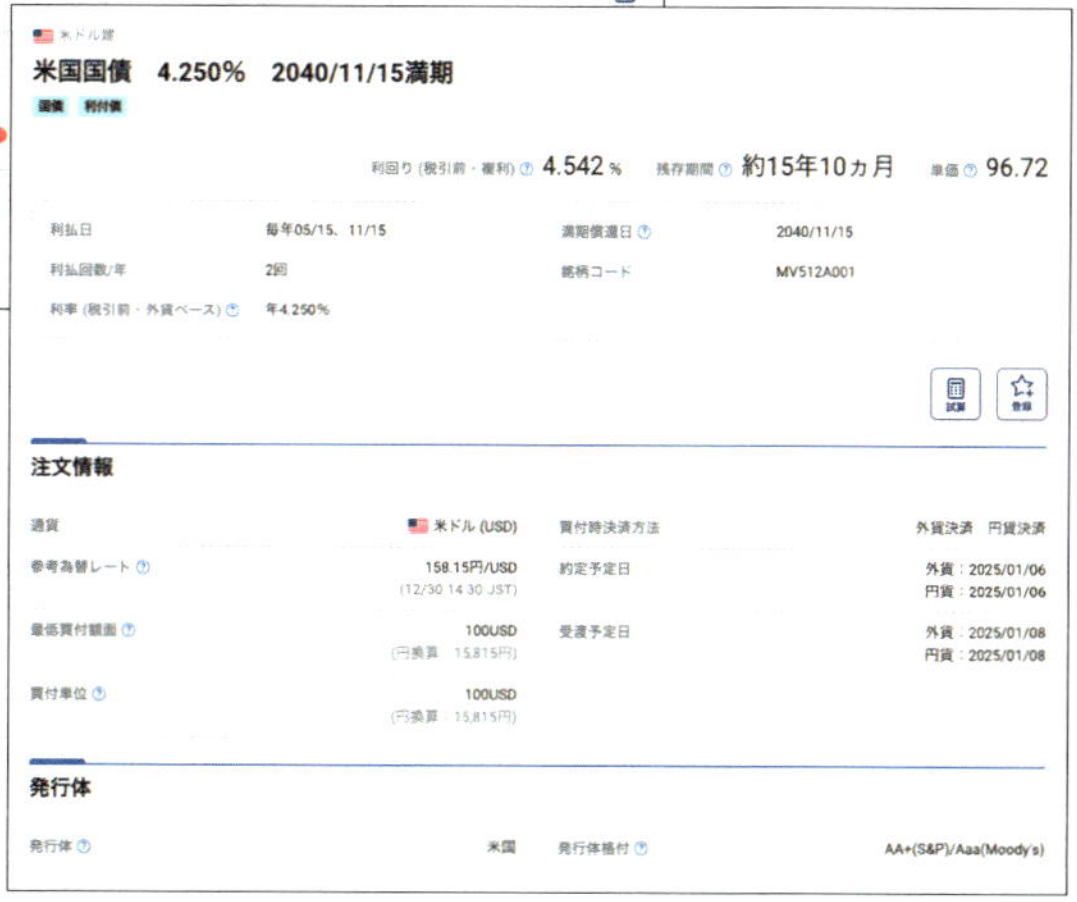

出典：SBI証券のウェブサイトより

購入前に要チェック!

契約締結前交付書面を確認しよう

最後まできちんと目を通す

米国債に投資する際は、**契約締結前交付書面に目を通す必要があります。**契約締結前交付書面は、米国債の取引を行う前に交付することが義務付けられている書類です。主に、「手数料・諸費用」「リスク」「クーリング・オフ」「無登録格付に関する説明」などの内容が記載されています。

米国債の取引実行にかかる手数料は取引価格の中に含まれており別途支払う必要はありません。**為替レートは金融機関が定めたものが適用されます。**また価格変動リスクなどのリスクがあること、それによってお金が増えたり減ったりする可能性があることにも触れられています。

格付機関が「無登録格付業者」?

米国債はクーリング・オフのできない商品です。買ってから8日以内だからといって、返品するようなことはできません。

また、50ページで紹介した米国の格付機関は、日本では厳密には「無登録格付業者」です。日本の金融庁の規制・監督を受けていないことも記載されています。「だから信用できない」ということではなく、実際には世界中で多くの人が参考にしています。

以上すべての項目を確認したら、画面のチェックボックスにチェックを入れ、先に進めます。

POINT!

投資信託を購入する際には、目論見書（交付目論見書）に目を通す必要があります。投資信託の目論見書にも、投資の方針やリスク、手数料などの詳細が記載されています。

契約締結前交付書面をチェック

最後まで読んでから先に進もう

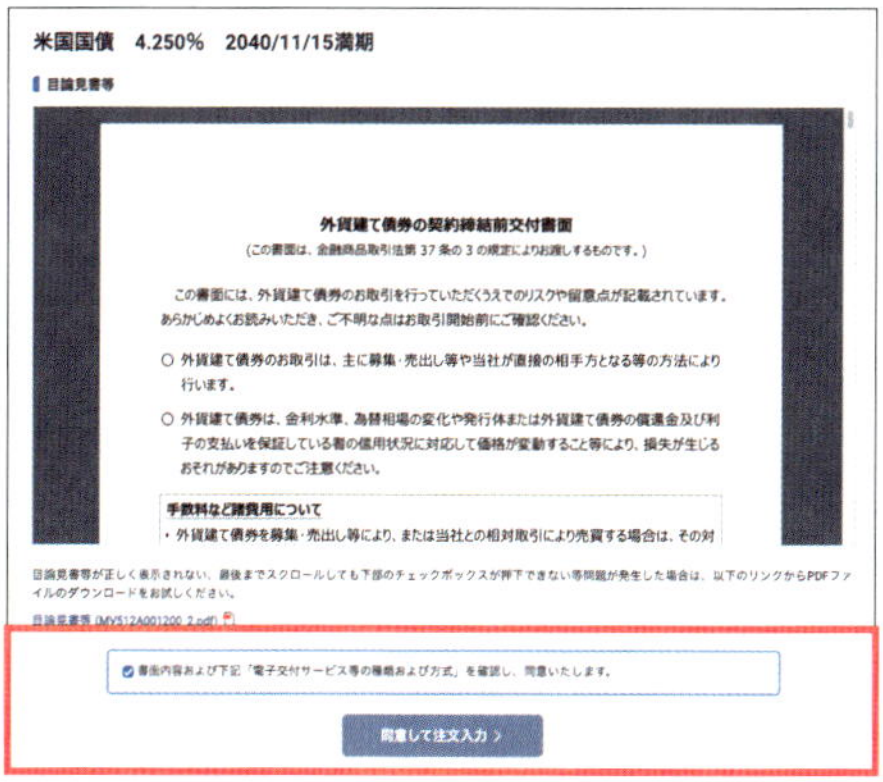
米国国債　4.250%　2040/11/15満期

目論見書等

外貨建て債券の契約締結前交付書面

（この書面は、金融商品取引法第 37 条の 3 の規定によりお渡しするものです。）

この書面には、外貨建て債券のお取引を行っていただくうえでのリスクや留意点が記載されています。あらかじめよくお読みいただき、ご不明な点はお取引開始前にご確認ください。

○ 外貨建て債券のお取引は、主に募集・売出し等や当社が直接の相手方となる等の方法により行います。

○ 外貨建て債券は、金利水準、為替相場の変化や発行体または外貨建て債券の償還金及び利子の支払いを保証している者の信用状況に対応して価格が変動すること等により、損失が生じるおそれがありますのでご注意ください。

手数料など諸費用について

・外貨建て債券を募集・売出し等により、または当社との相対取引により売買する場合は、その対

目論見書等が正しく表示されない、最後までスクロールしても下部のチェックボックスが押下できない等問題が発生した場合は、以下のリンクからPDFファイルのダウンロードをお試しください。

目論見書等 (MVS12A001200_2.pdf)

書面内容および下記「電子交付サービス等の種類および方式」を確認し、同意いたします。

同意して注文入力 ›

なんだか難しそうな
気がします。

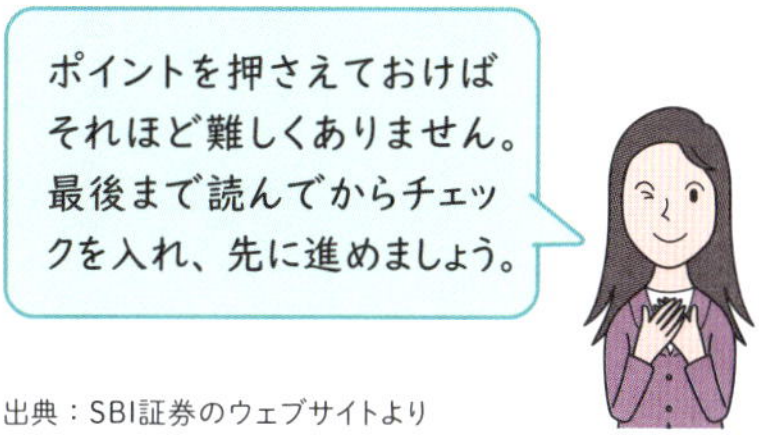
ポイントを押さえておけば
それほど難しくありません。
最後まで読んでからチェッ
クを入れ、先に進めましょう。

出典：SBI証券のウェブサイトより

契約締結前交付書面には何が書いてある？

☑手数料・諸費用

証券会社
手数料は取引価格に含まれています。為替レートは当社が決めます。
20ページでお話ししたとおりですね。

☑リスク

証券会社
価格変動リスクなど、さまざまなリスクで損することもあります。
こちらも、42ページで見てきました。

☑クーリング・オフ

証券会社
米国債の取引はクーリング・オフの対象外です。
買ったあとに
返品はできません！

☑無登録格付に関する説明

証券会社
海外の格付会社は金融庁の管轄外です。
確かにそうですが実際には多くの人が参考にしています。

いよいよ米国債を購入！

注文を確定させ、発注しよう

注文入力前の確認事項

契約締結前交付書面の内容に同意すると、注文入力の画面が表示されます。利回り・残存期間・単価を見て、購入したい米国債を選んでいるかを確認しましょう。

注文入力をする前に、「買付余力」をチェック。買付余力は、米国債の購入に回せるお金がいくらあるかを表すもので、証券口座に入金した金額が表示されているはずです。入金がまだであれば「円貨入金」「外貨入金」で入金しましょう。

注文内容を入力して発注！

「買付時決済方法」で「円貨決済」を選ぶと買付時の為替レートで円をドルに両替し、米国債を買い付けます。「外貨決済」を選ぶと保有している外貨（ドル）で米国債を買い付けます。

最低買付額面（金額）は100ドル以上100ドル単位で、ドルで金額を入力します。左図の債券は単価が96・72ドル、支払経過利子が0・63ドルで、額面100ドル購入した場合の概算受渡金額は97・35ドルです。概算受渡金額は、注文するときに仮に計算される購入金額のこと。実際の購入金額は約定のタイミングによって前後する場合があります。

以上、問題なければ取引パスワードを入力して注文。米国債が購入できます。

POINT！

左下図の「注文確認」を選択すると、最終確認の注文確認画面が表示されます。「注文確認画面を省略」にチェックを入れると、この確認画面を省略可能。売買に慣れてきたらチェックしておけばよいでしょう。

いよいよ注文を入力！

この米国債で間違いないか確認しましょう。

口座にある円で決済するなら円貨決済、ドルで決済するなら外貨決済を選びます。

最低買付額面は100USD（ドル）から100USD単位です。

「概算受渡金計算」を選択すると、支払経過利子や概算受渡金額が表示されます。

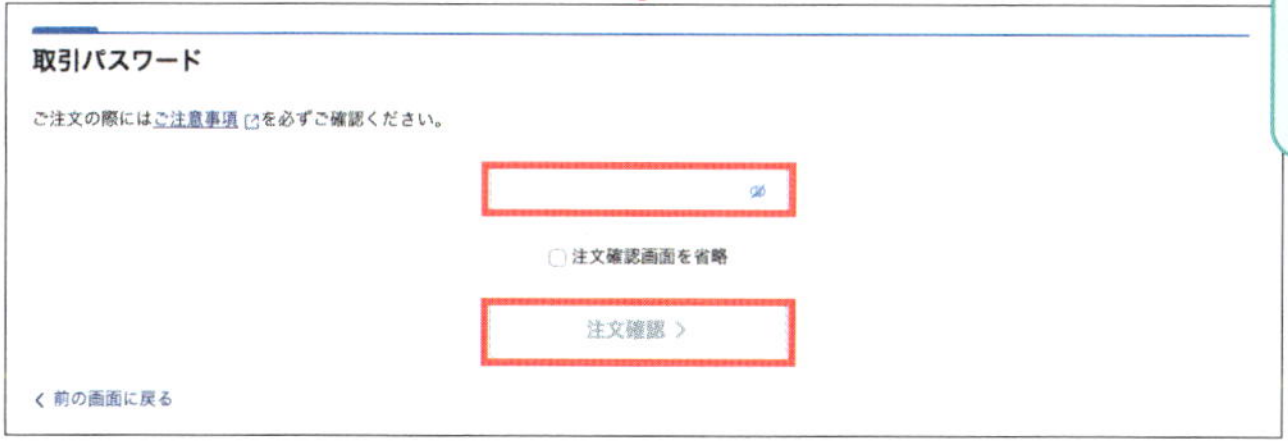

取引パスワードを入力して注文すれば購入完了！

出典：SBI証券のウェブサイトより

「買ったら終わり」ではない

注文後に確認しておきたいこと

利子・償還金はいつもらえる?

約定日に注文が成立し、受渡日になったら、晴れて米国債が手に入ります。といっても、実際に債券の現物が手元に来るわけではありません。保有銘柄の一覧のなかに購入した米国債が加わりますので、**ウェブサイトにログイン後の「保有資産一覧」や「ポートフォリオ」などに追加されたことを確認しておきましょう。**

SBI証券の場合、「利金・償還金シミュレーション」で保有している米国債からもらえる利子・償還金のスケジュールが確認可能。いつ、どのくらいのお金が入ってくるのかチェックできます。

利子・償還金をどうやって受け取る?

SBI証券では「利金・償還金受取方法指定サービス」で利子や償還金の受取方法を選択可能で、初期設定は「外貨」となっています。「円貨」にすれば利子や償還金をその時点の為替レートで両替して円で受け取れます。「外貨建MMF」にすると、受け取ったドルを選択したドル建てMMFを自動的に買い付けます。おすすめは、**待機資金の運用ができ、換金性も高い「ドル建てMMF」です。**

ドル建てMMFまたはドルを円に戻すタイミングは自分で決められるので為替変動による損を避けられるでしょう。

用語解説 外貨建てMMF（Money Market Fund）

格付の高い短期の国債や社債に投資することで、安定した収益を目指す投資信託の一種。申込手数料無料で、原則として購入の翌営業日から解約・現金化でき、換金性に優れている。

もらえる利子・償還金を確認しよう

利金・償還金シミュレーション

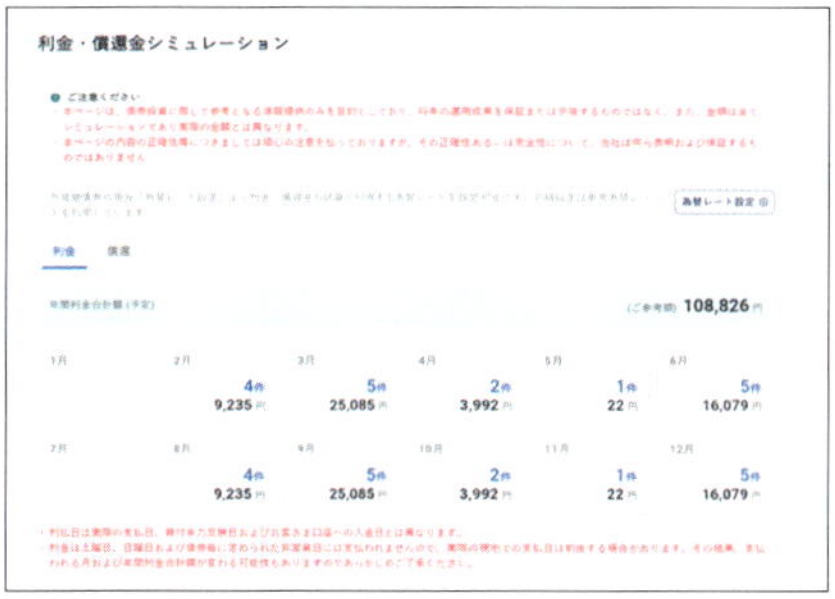

利金シミュレーションでは毎月の利子がいくらもらえるか、概算の金額がわかります。

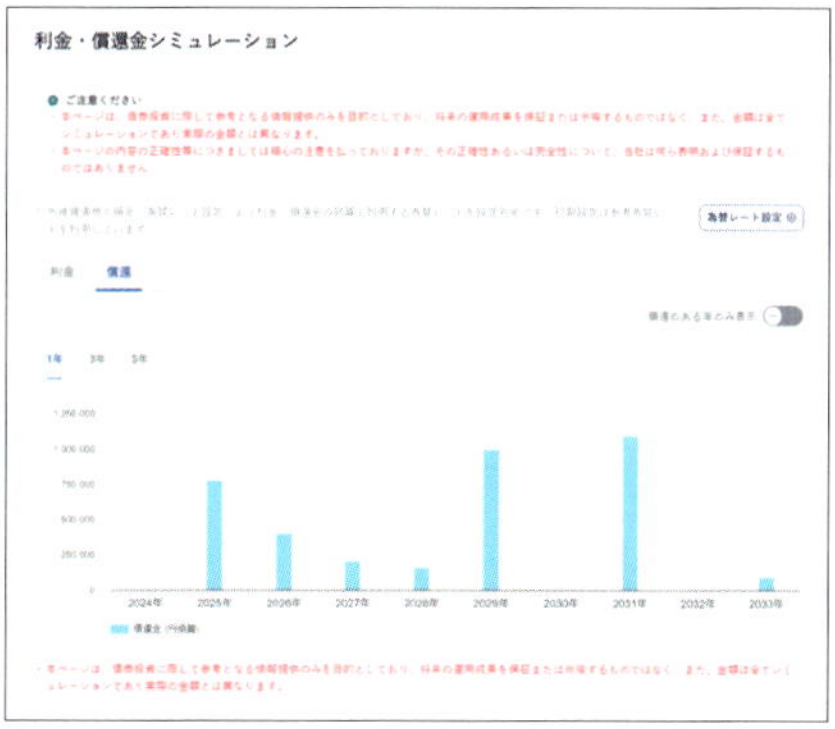

償還金シミュレーションでは、年ごとの利子＋償還金の概算の金額がわかります。

利金・償還金受取方法指定サービス

外貨建債券　利金・償還金受取方法指定サービス

外貨建債券の利金および償還金の受取方法を通貨ごとに「外貨建MMF(自動買付)」、「外貨」、「円貨」のいずれかで指定できます。
なお、「外貨建MMF」の受取は外貨で受け取り後、当社にて自動的に外貨建MMFの注文を発注します。
また、「外貨建MMF」の受取方法は、外貨建MMFのお取扱いがある通貨のみに限られます。

米ドル建債券

利金/償還金	現在の受取方法	変更する受取方法	
利金	外貨	選択してください	変更
償還金	外貨	選択してください	変更

南アランド建債券

利金/償還金	現在の受取方法	変更する受取方法	
利金	外貨	選択してください	変更
償還金	外貨	選択してください	変更

利子や償還金の受取方法を外貨・円貨・外貨建てMMFから選択できます。

利子や償還金などで自動的にドル建てMMFが買い付けられます。なお、利子・償還金が10ドル未満の場合は、この設定をしていてもドル建てMMFは買い付けられず、ドルで受け取ります。

出典：SBI証券のウェブサイトより

いくらで買える？ 分配金はもらえる？ ＥＴＦの情報をチェック！

投資したいＥＴＦを検索してみよう

米国債ＥＴＦは、米国株と同じ要領で購入できます。ＳＢＩ証券ではログイン後、「外国株式」から手続きを行います。

5章で紹介した米国債に投資するのであれば、ＥＴＦの名前を直接検索しましょう。ＴＬＴ、ＥＤＶといったアルファベット数文字の「ティッカー」を入力して検索すれば、各ＥＴＦの情報をすぐに見ることができます。

「海外ＥＴＦ検索ツール」を利用すれば取り扱いのある海外ＥＴＦから検索が可能。「債券」「米国」で絞り込めば、米国債に投資するＥＴＦが一覧で表示されます。

ＥＴＦの情報を確認

ＥＴＦの価格はドル建てで表示されています。売買単位はほとんどの場合1、つまり1口単位で購入可能です。「10口単位」など、複数口単位になっている場合は、投資資金もその分必要になるので注意しましょう。

「チャート」では過去のＥＴＦの価格の推移や出来高（売買の数量）を確認可能。「ＥＴＦ情報」ではそのＥＴＦの概要や連動を目指す指数などを知ることができます。

ＥＴＦでは分配金を毎月受け取ることが可能です。「分配金履歴」には過去の分配金額がドル建て記載されています。

POINT!

「外国株式」では、米国株をはじめとする株や米国株ETFなども検索可能。米国債と違い、NISAの成長投資枠で購入することもできます。

米国ETFの情報をチェック

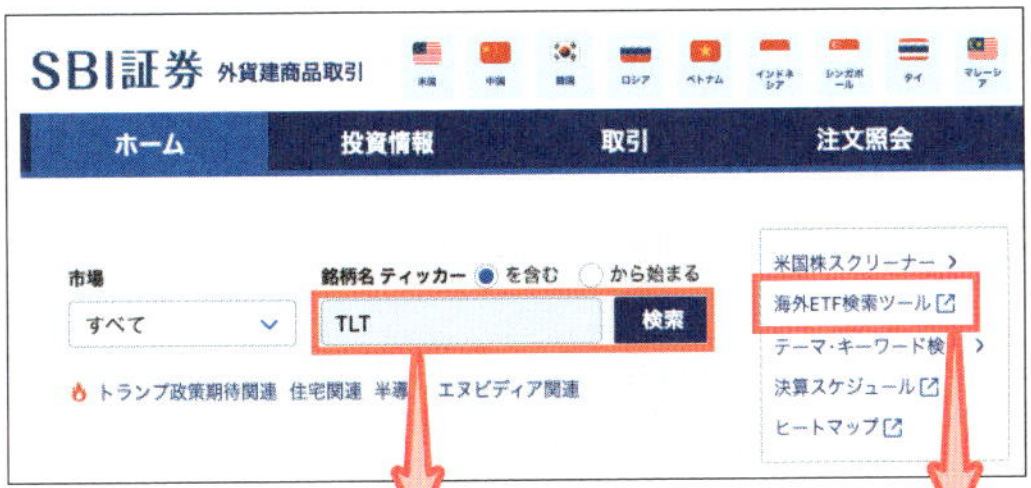

取り扱いのあるETFから探すなら「海外ETF検索ツール」が便利ですね。

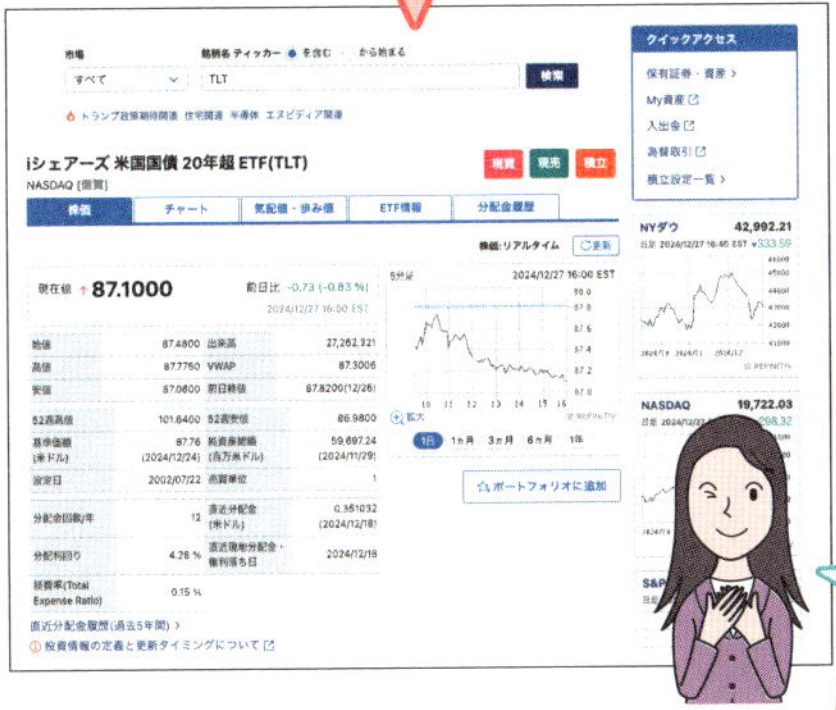

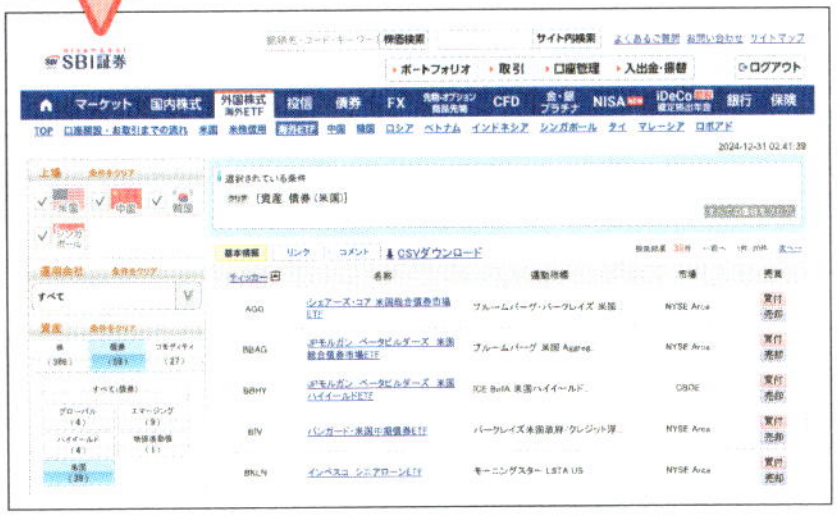

名前がわかっているなら検索するのが一番早いです。

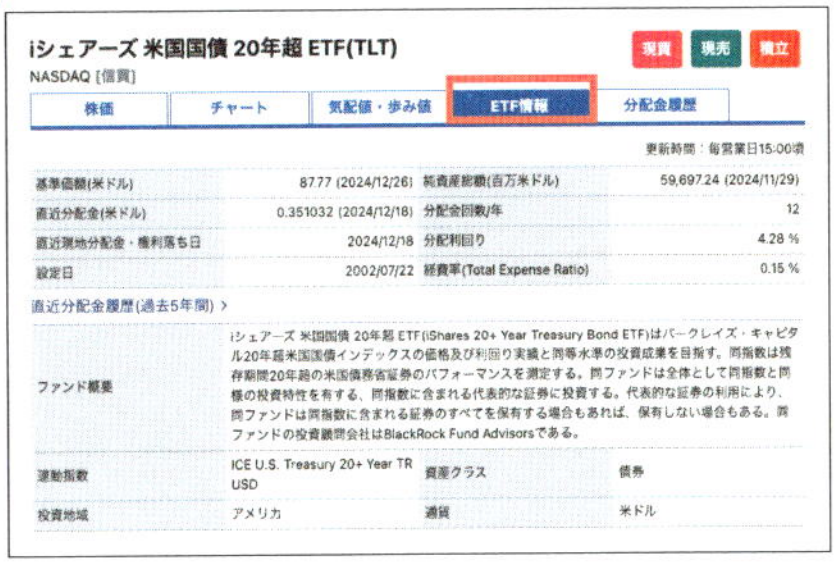

ETFの概要はもちろん、チャートや分配金履歴なども確認できます。

出典：SBI証券のウェブサイトより

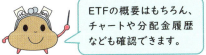

米国株と同じように購入できる

米国ＥＴＦの購入手続き

数量・注文の種類・期間を入力

購入したい米国ＥＴＦの情報を確認したら、購入手続きをしましょう。**米国株でも同じですので、ＮＩＳＡで株に投資するときなどにもぜひ参考にしてください。**

「数量」には購入する米国ＥＴＦの口数を１口以上１口単位で入力します。

「価格」では注文の種類を選択します。詳しくは１７４ページで解説します。

「期間」には注文の有効期間を指定します。「当日中」であれば、注文当日中に約定しなかった注文は失効します。「期間指定」であれば、指定した期間までは注文が失効せずに続きます。

ＮＩＳＡで投資するなら「ＮＩＳＡ」を選択

「預り区分」では、特定口座か一般口座かを選びますが**「特定」**で問題ありません。ＮＩＳＡ口座を開設していて、ＮＩＳＡ口座でも投資できる商品の場合はここに「ＮＩＳＡ」が表示されます。これを選択すればＮＩＳＡ口座で投資できます。

「決済方法」は米国債と同様、外貨決済か円貨決済かを選ぶことができます。

以上を設定し**「概算シミュレートを表示」**を選択すると、概算の約定代金や手数料などが表示されます。問題なければ取引パスワードを入力して注文。注文が成立すれば、米国ＥＴＦが購入できます。

POINT!

SBI証券の場合、米国ETF（米国株を含む）の売買手数料は約定代金の0.45％（税込0.495％）。最低手数料は0ドル、上限手数料は20ドル（税込22ドル）です、なお、NISA口座では売買手数料が無料になります。

米国ETFの注文を出そう

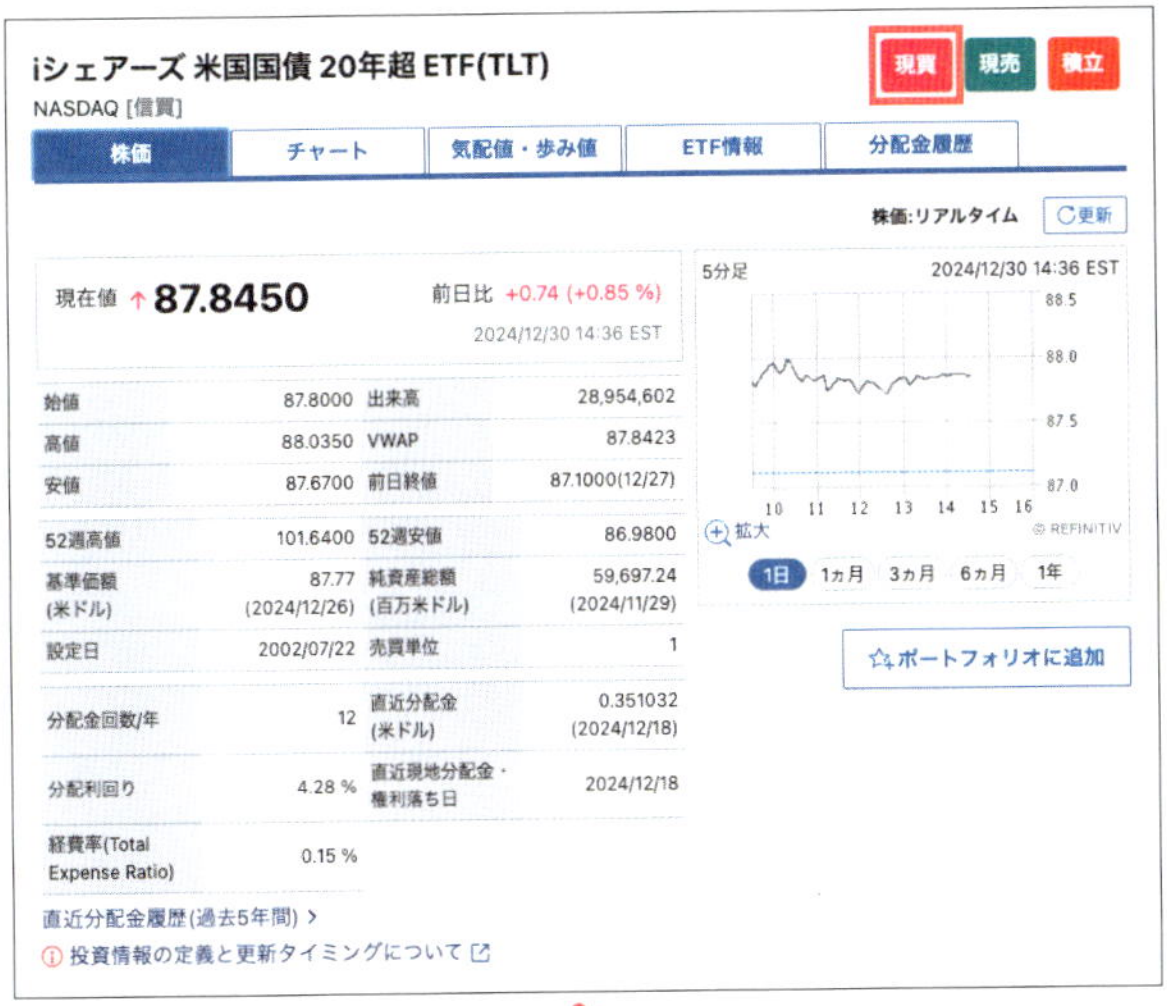

この銘柄を買うなら「現買」を選択します。SBI証券の場合、「積立」で米国ETFの積立投資もできます。

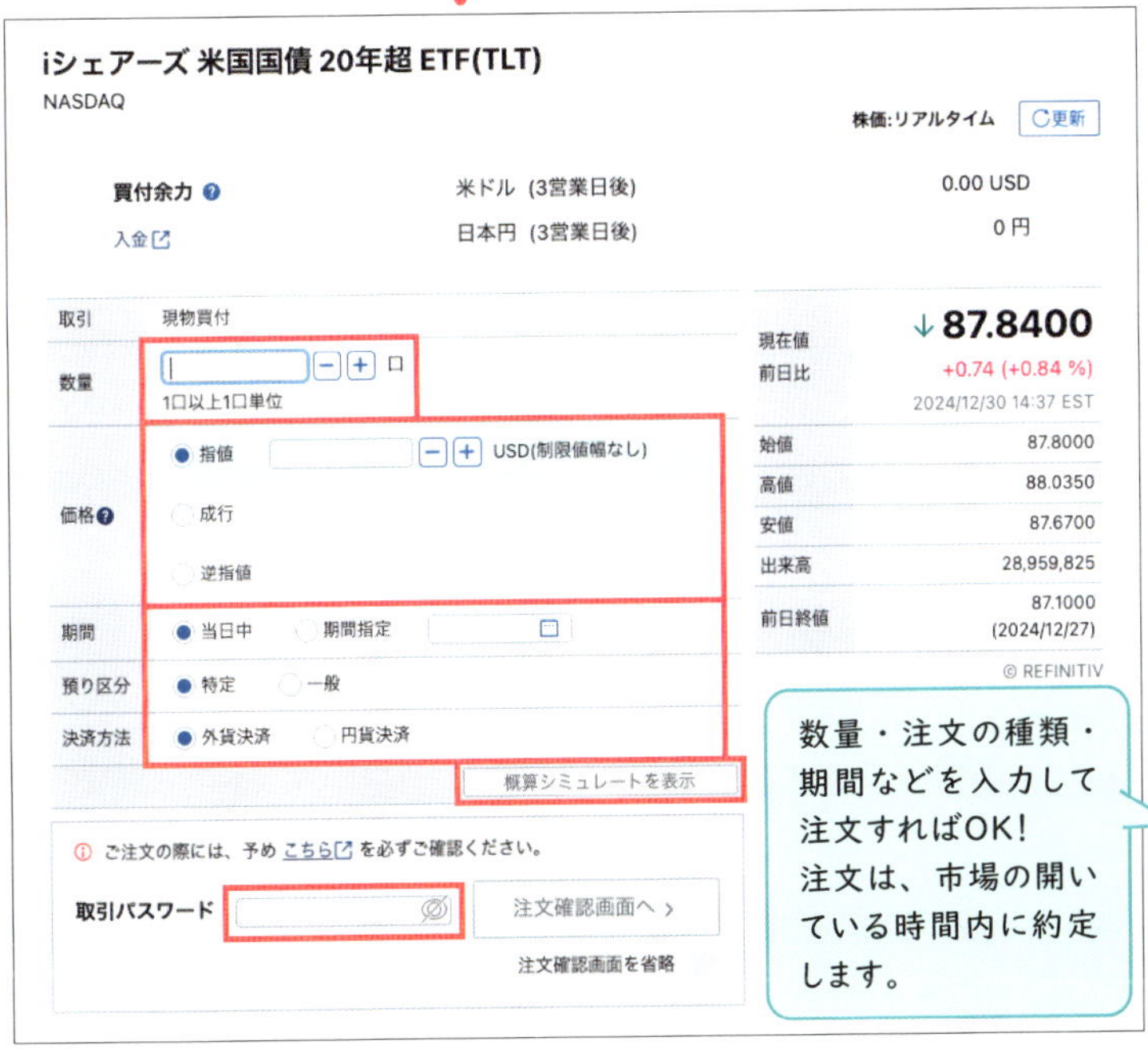

数量・注文の種類・期間などを入力して注文すればOK! 注文は、市場の開いている時間内に約定します。

出典：SBI証券のウェブサイトより

日本株と同じように購入できる!

東証上場の米国債ETFの購入手続き

「国内株式」で情報チェック

東証上場の米国債ETF（以下、東証上場ETF）は**日本株と同じように取引できます。**SBI証券の場合は「国内株式」のサイトで現在価格などの情報を確認できます。4桁の証券コードで検索すれば、すぐに情報が見られます。

注文方法は米国ETFとほぼ同じ

検索した東証上場ETFを購入する際の手続きも、米国ETFとほとんど同じです。購入したい銘柄の**「現物買」**のボタンを選択すると、注文画面に移ります。「株数」には購入したいETFの口数を入力します。左図の「iシェアーズ 米国債20年超ETF（2255）」の場合、売買単位が「10」と、10口単位になっているので、10口以上10口単位で注文を行います。「価格」「期間」も米国ETFと同じで、注文の種類と注文の有効期間を指定します。一方、**東証上場ETFは円建ての商品**ですので、「決済方法」を選ぶ必要はありません。円で購入します。

NISA口座を開設している場合は「預り区分」に「NISA預かり」が表示されます。NISAで購入する場合は、忘れずにチェックしましょう。

最後に、取引パスワードを入力して注文すれば、東証上場ETFが購入できます。

POINT!

SBI証券の場合、東証上場ETFの売買手数料は「ゼロ革命」対象者であれば無料。対象者となる条件は、所定の取引報告書や各種交付書面を電子交付に切り替えるだけです。

東証上場ETFの注文を出そう

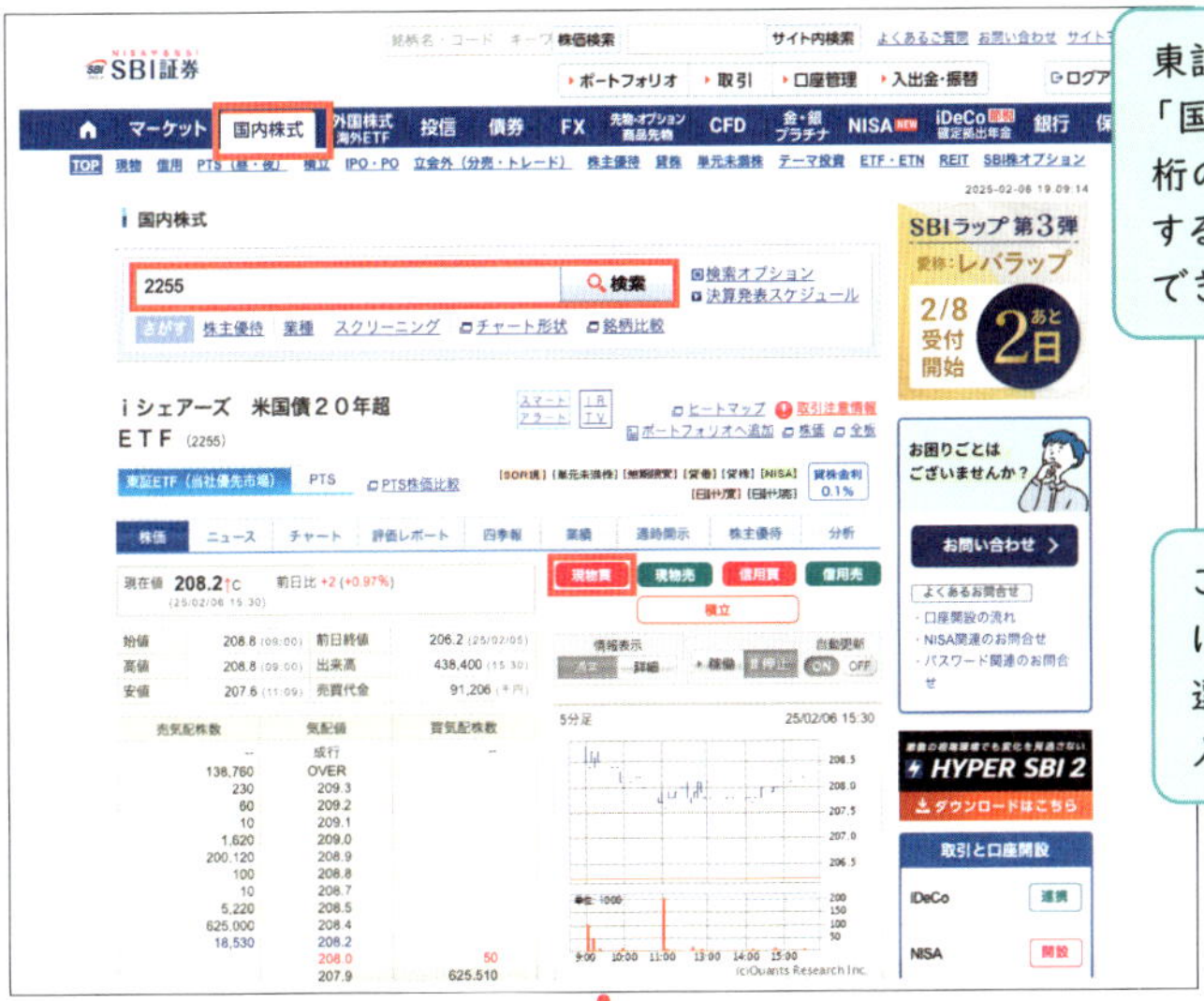

東証上場ETFの情報は「国内株式」から。4桁の証券コードで検索するとすぐ情報が表示できます。

この銘柄を買う場合には「現物買」を選択します。積立購入もできます。

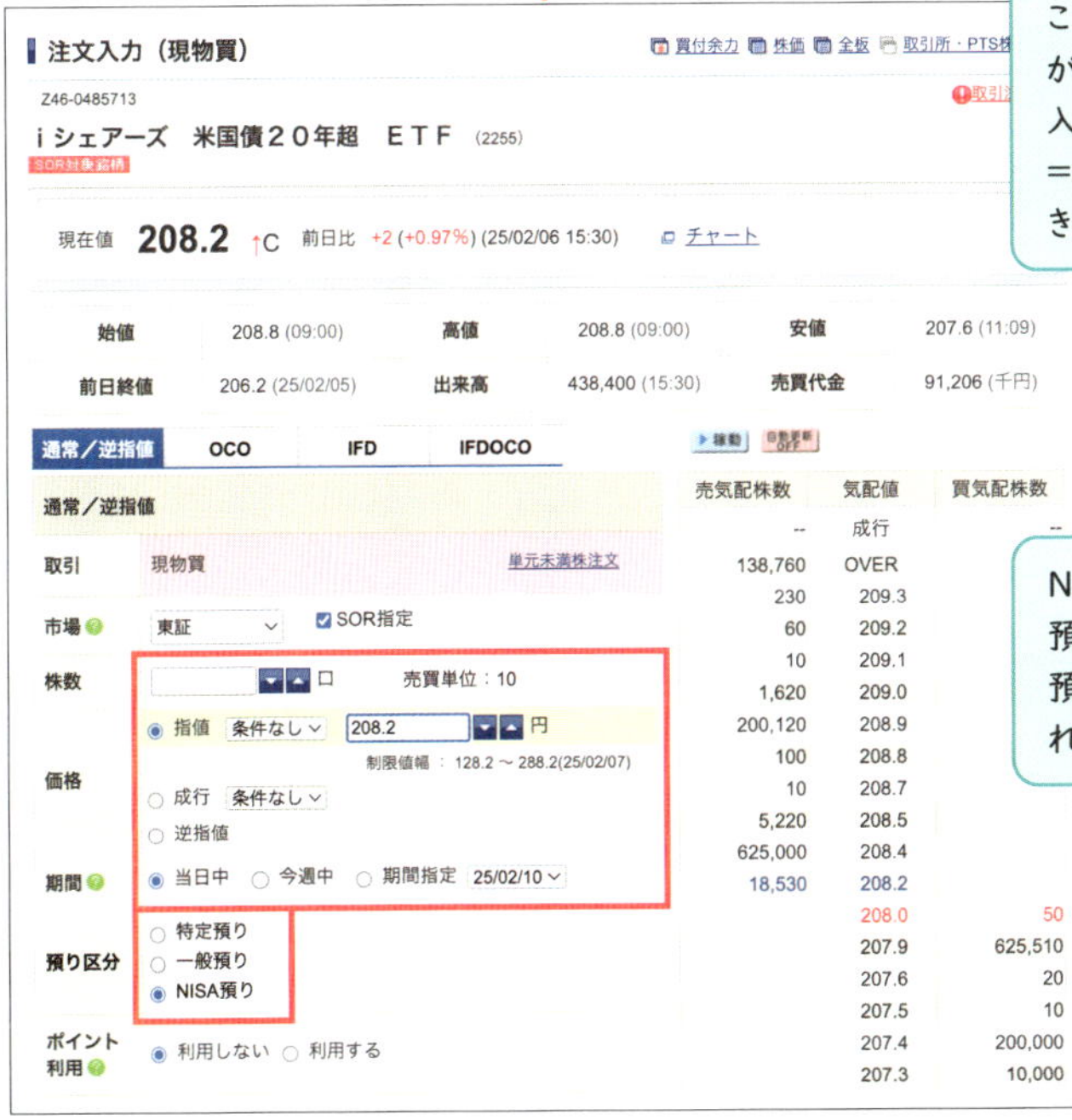

この銘柄は売買単位が10なので、最低購入価格は208.2×10＝2082円から購入できますね。

NISAで買う場合には預かり区分に「NISA預り」があるので、忘れずに選択しましょう。

出典：SBI証券のウェブサイトより

注文の種類のいろいろ

成行、指値、逆指値とは？

基本は成行注文・指値注文

ＥＴＦや株の主な注文方法には、**成行《なりゆき》注文**・**指値《さしね》注文**・**逆指値注文**の３つがあります。

成行注文は「いくらでもいいから今すぐ買いたい（売りたい）」というときにする注文です。成行注文は価格を指定しないため、すぐに売買できるのがメリット。指値注文よりも優先するルールもあるので、確実に売買したいときに便利です。ただし、成行注文では、想定外の高値（安値）で売買が成立する可能性もあります。

その点、指値注文では「価格が下がったら買い（上がったら売り）」と、売買の価格を指定して注文します。**市場の価格が指定した価格になると売買が実行される**ので、想定外の価格での売買を防げます。しかし、市場の価格がその価格にならなければいつまでも売買が成立しません。

株式投資で活用したい逆指値注文

逆指値注文は、指値注文とは逆に「価格が下がったら売り（上がったら買い）」を行う注文です。損失拡大を防いだり、上昇タイミングをとらえたりするために活用されています。長期保有する前提の米国債ＥＴＦであれば**逆指値注文は不要。**株式投資などで活用すれば投資の幅が広がるでしょう。

POINT!

どの証券会社でも成行注文と指値注文はできます。逆指値注文は、証券会社によってはできないところもあります。なお、証券会社の中には他にもさまざまな注文方法を用意している場合があります。

株・ETFの主な注文方法

成行注文

今すぐ
売買したい！

価格は指定せず
数量だけ指定

メリット ○ 指値注文より優先的に約定する

デメリット ✕ 思わぬ価格で約定する場合がある

どうしても売買したい場合は成行注文が便利です。

指値注文

価格が
下がったら
買いたい

数量と価格を指定
※「価格が上がったら売り」もできる

メリット ○ 自分の望みの価格で売買できる

デメリット ✕ 注文が約定しない場合がある

売買を急がないなら指値注文を利用しましょう。

逆指値注文

価格が
下がったら
売りたい

数量と価格を指定
※「価格が上がったら買い」もできる

メリット ○ 損失の拡大を防ぐのに役立つ

デメリット ✕ 損失が確定したらその後の上昇の恩恵は得られない

損失を防ぎたいなら、逆指値注文が便利です。

長期で保有するETFの場合は、成行・指値で購入すれば問題ありません。逆指値は主に短期売買で、損失を一定額に抑えるために利用されます。

Column

税金は「贈与時」の価格にかかる

米国債で生前贈与がお得に？

生きている間に他の人に財産を無償であげることを「生前贈与」といいます。自分の財産をあげるのですが、その際には贈与税という税金が発生します。課税方法には「暦年課税」と「相続時精算課税」があり、どちらかを選んで利用します。

相続時精算課税は、年間110万円の基礎控除と2500万円までの贈与であれば税金がかからず、相続時に先送りできる制度です。相続時にかかる相続税は、贈与を受けたときの金額で計算されます。そのため、相続時精算課税を活用して贈与を受けたお金で米国債を購入しておけば、将来値上がりしても支払う税金は贈与時の金額で計算されるのでお得、というわけです。

たとえば、2050年5月15日満期のストリップス債（利回り4.677%、単価31.33ドル）を2500万円分購入した場合、利子はありませんが償還日には7978万円が得られるので、トータルの利益は約5478万円となりますが、相続税の課税価格は贈与時の2500万円です（償還時の利益は所得税の対象にはなります）。

相続時精算課税を活用して、将来値上がりの期待できる財産を早めに贈与すれば、相続税を抑えることができます。

	暦年課税	相続時精算課税
概要	1年間に贈与した財産の合計額に課税される制度	贈与税を抑える代わりに相続税で税金を納める制度
贈与者（財産をあげる人）	制限なし	60歳以上の父母、祖父母
受贈者（財産をもらう人）	制限なし	18歳以上の子ども、孫
非課税枠	年間110万円	基礎控除年間110万円+特別控除累計2500万円
非課税枠を超過した場合の税率	10～55%	一律20%
贈与者が亡くなった場合	亡くなる前7年以内（※2024年1月1日以降3年から段階的に延長）の贈与は無効となり相続税がかかる	贈与財産は相続税の対象となる

第7章

売却・取り崩し戦略と税金の話

米国債は償還日まで持ち続けるのが基本ですが、
ライフイベントなどのために途中で売却するのもOK!
必要なのは利子や償還金、
売却益にかかる税金についての正しい知識です。

第7話 利益が出たらどうするの？

受け取り方にも選択肢があるんでしたね！
ね〜っ
ハハッ
たしかにそれは先に決めておかないと……。
あれ？
米国債投資で得た利益にも税金はかかるんですよね？
利子や償還差益、売却益を得たときに税金がかかり、外国税額控除や確定申告が必要になる場合もあります。
ここポイントです
利益の受け取り方や売却の戦略、税金などについても
次のページから詳しく解説させていただきます！
お任せ下さい
何から何までありがとうございます!!
ペコリ
ペコリ
ペコリ

お金は使うために貯めるもの！

売却のタイミングを考える

基本は償還日までの保有だが売却もOK

米国債は、中途売却せずに保有することで利付債では利子、ストリップス債では割引部分の利益が得られ、償還日にお金が安全に戻ってくるので、**償還日まで保有するのが基本戦略**です。

ただ、お金は使うために貯めるものです。ライフイベントのためにお金を使うのであれば、米国債を償還日より前に売却（中途売却）しても構いません。中途売却をすると、そのときの市場価格で売却され、売却代金を受け取れます。また、84ページで紹介したとおり、利付債の場合、直近の利払日から受渡日までの経過利子も受け取れます。

為替レートは気にせず使う分だけ売却

市場価格は日々変動しているため、売却タイミングによっては損をすることもあります。特に気になるのは為替レート。債券価格が上昇していても、為替レートが購入時より大きく円高になっていたら、ドルを円にする際に損する可能性があります。

ただ、円安のタイミングを狙って売却するのは難しいものがあります。為替レートは気にせず、ライフイベントで使う分だけ売却すればよいでしょう。114ページで紹介した**損益分岐点為替レートを上回っていればよし**とするくらいのスタンスがいいかもしれません。

POINT!

米国債ではなく、NISAの資産を取り崩すのも一案。ライフイベントに使う金額だけ取り崩して使うようにします。NISAの非課税投資枠は売却の翌年に復活します。ライフイベントに使ったあとも投資を続けることで、再びお金が増えることが期待できます。

米国債はいつ、どうやって売る？

ライフイベントのための売却はOK

償還まで保有したほうが安全にお金が返ってきますが……。

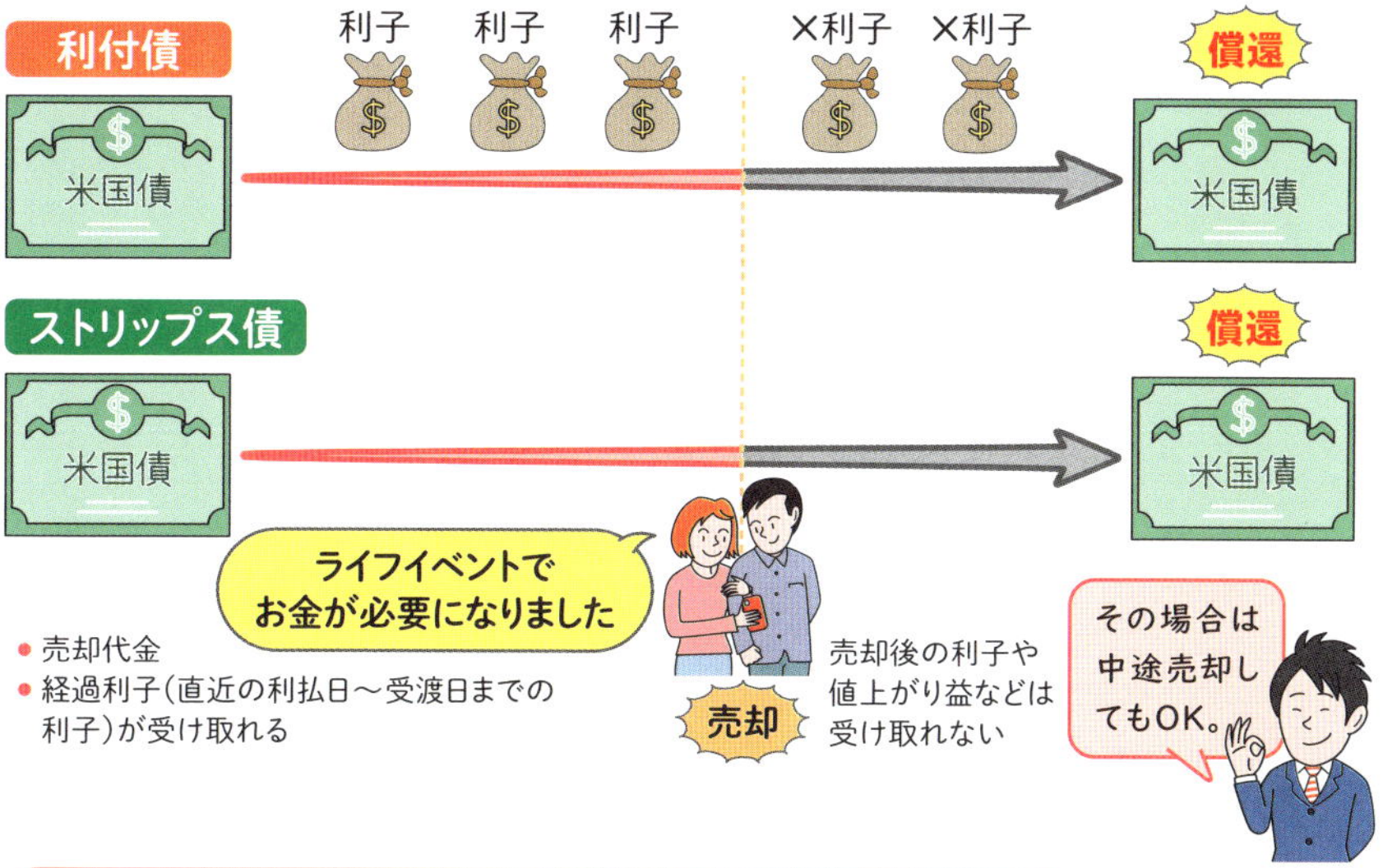
利付債
利子
利子
利子
×利子
×利子
償還
米国債
米国債
ストリップス債
償還
米国債
米国債
ライフイベントでお金が必要になりました
売却
・売却代金
・経過利子（直近の利払日～受渡日までの利子）が受け取れる
売却後の利子や値上がり益などは受け取れない
その場合は中途売却してもOK。

為替レートを気にしていると売れない……

ドル円為替レート
160円
155円
損益分岐点
為替レート
円安のほうがいいから160円まで待とう
もう少しで160円になりそうだな
なんでー！

為替レートのタイミングを狙うのはプロでも難しいです。損益分岐点為替レートを上回っていればよしとするくらいのスタンスがベター。

ドル建てＭＭＦで年約４％

償還金をドルのまま保有、再投資する

利子や償還金をドル建てＭＭＦで受け取る

１６６ページで、利子や償還金の受け取り方法が選べることを紹介しました。償還金をドルで受け取れば、次の米国債に投資する際に為替手数料（スプレッド）がかかりません。また、自分の好きなタイミングで為替取引ができるので、円安になったときに円に交換できます。ただ、ドルのまま証券口座に置いておいても利子はもらえません。

そこで、利用したいのが**ドル建てＭＭＦ**です。ドル建てＭＭＦで受け取れば、次の債券を購入するまでの間、ＭＭＦから所定の利子がもらえます。

ＳＢＩ証券なら自動的に買い付け可能

ＳＢＩ証券の場合、米国債の利子や償還金で**５種類のドル建てＭＭＦを自動的に買い付ける**ことができます。いずれも投資先は米国やＥＵ先進国が発行する格付の高いドル建ての短期金融商品になっています。注目は年率換算利回りで、本書作成時点で４％前後となっています。

ドル建てＭＭＦは投資信託の一種ですが、当面投資を行わない資金を一時的に置いておく場所としてよく利用されます。ドル建てＭＭＦを購入したり、ドル建てＭＭＦをドルに戻したりするのに手数料はかかりませんので、使い勝手もよいでしょう。

POINT!

SBI証券の場合、ドル建てMMFを10ドルから購入可能。5000円からの積立投資もできます。投資予定の資金をあらかじめドル建てMMFにしておいて、積立金がまとまったらそのMMFをドルに換えて米国債に投資するといった使い方もできます。

利子・償還金を受け取る方法は？

利子・償還金の受け取り方のおすすめは？

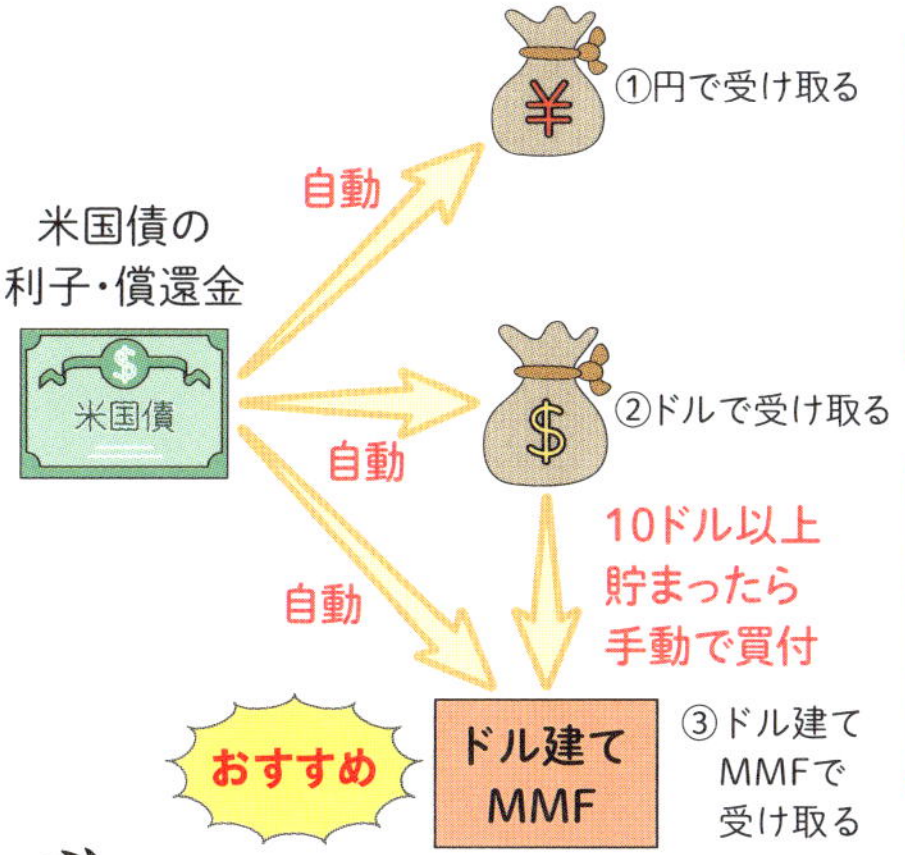
米国債の
利子・償還金
米国債
自動
①円で受け取る
自動
②ドルで受け取る
自動
10ドル以上
貯まったら
手動で買付
おすすめ
ドル建て
MMF
③ドル建て
MMFで
受け取る

①の円で受け取る場合、円に両替する手間が省けるけれど、そのときの為替レートで両替されます。

②のドルで受け取る方法の場合は再投資に為替手数料はかからないけれど、利子はもらえません。

166ページの方法で受け取り方を選べますが、ドル建てMMFは利子がもらえ、再投資にも回しやすいのでおすすめ。利子など10ドル未満の場合ドルでの受け取りになるので、手動でドル建てMMFに換えましょう。

ドル建てMMFを上手に活用

お金で買うのと同じ感覚で好きなときに売買できます。

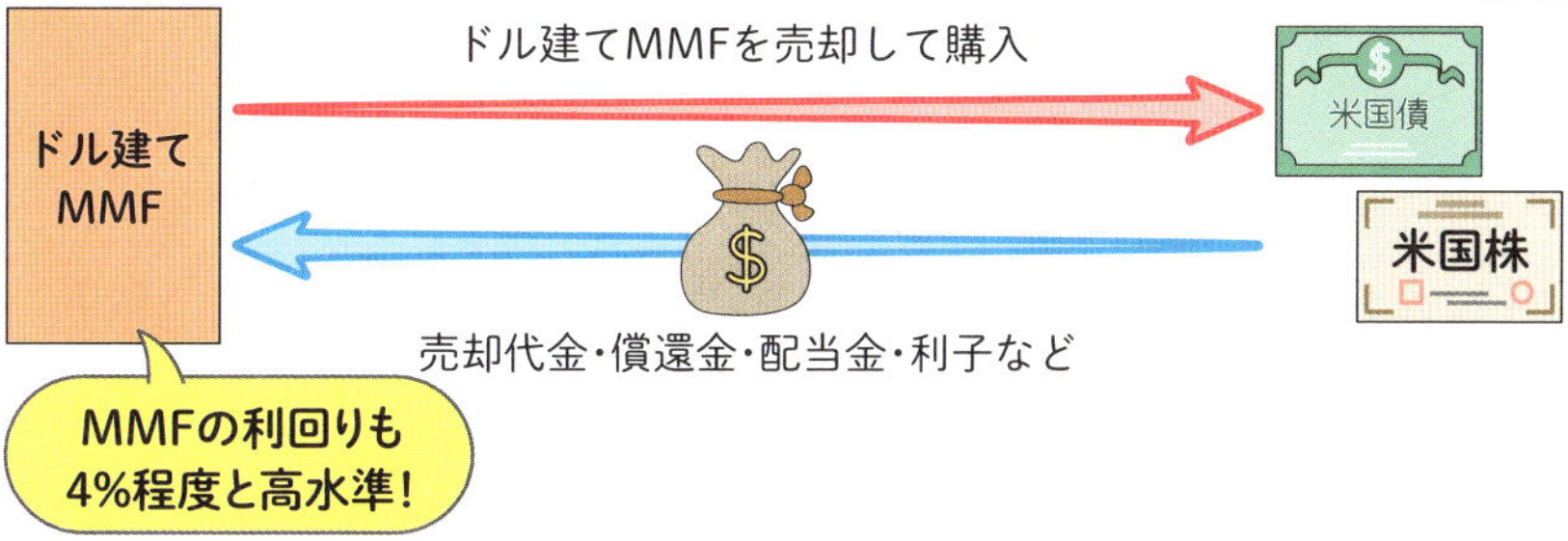
ドル建て
MMF
ドル建てMMFを売却して購入
米国債
米国株
売却代金・償還金・配当金・利子など
MMFの利回りも
4%程度と高水準！

自動でドル建てMMFを買い付けます。手数料も無料です。

円高のときはドルを円にせず、ドル建てMMFにして運用を続ければ為替差益も抑えられます。

二重課税になる場合も？

利子、償還差益、売却益にかかる税金

●利子は二重課税に注意

日本に住んでいる人が米国の利付債に投資して利子を受け取った場合、米国で税金（10％）が引かれ、残った金額から日本の税金（20・315％）が引かれます。

米国債の利子にかかる税金は、米国と日本の両方でかかる二重課税の状態になっています。これを回避するには確定申告で**「外国税額控除」**を行う必要があります。詳しくは186ページで紹介します。

NISAで米国債ETFの分配金を受け取った場合、日本の税金はゼロになります。しかし、日本の税金がゼロになって二重課税ではなくなるので、米国での10％の税金はかかります。

●償還差益・売却益は日本の税金だけ

米国債の償還差益・売却益、米国債ETF・投資信託の売却益に対しては、米国内では税金がかからず、日本国内で20・315％の税金がかかります。米国債ETF・投資信託をNISAで購入した場合、**売却益の税金はゼロにすることができます。**

なお、投資の税金は**申告分離課税**といって、他の所得とは別に計算します。特定口座（源泉徴収あり）を利用している場合は税額が自動で計算されて税金が源泉徴収されるので確定申告が不要です。ただし、外国税額控除を行うには確定申告が必要です。

POINT!

債券の利子・償還差益・売却益のほか、株式投資で得た利益や配当金、預貯金の利子、投資信託の値上がり益や分配金にも20.315％の税金がかかります。内訳は、所得税15％、復興特別所得税0.315％（2037年末まで）、住民税5％です。

外国税額控除を忘れずに

利子にかかる税金は二重課税

米国債の利子

利付債から生まれました

例）利付債の利子が10万円だった場合

税金がかかります

①税引前の利子10万円から、米国の税金10%を引く

10万円×10%=1万円（米国の税金）

10万円−1万円=**9万円**

日本でもかかります

②残りの9万円から、さらに日本の税金20.315%を引く

9万円×20.315%=1万8283円（日本の税金）

9万円−1万8283円=**7万1717円**

利子をドルで受け取った場合は、利子支払い時の為替レートで計算した税額分のドルが差し引かれます。

二重にかかるのはきついですね。

税引前の利子 10万円

税額2万8283円

利子の手取り 7万1717円	日本の税金 1万8283円	米国の税金 1万円

外国税額控除をすると……

①税引前の利子10万円から、日本の税金20.315%を引く

10万円×20.315%=2万315円（日本の税金）

10万円−2万315円=**7万9685円**

②外国税額控除前の税額との差額は

2万8283円−2万315円=**7968円**

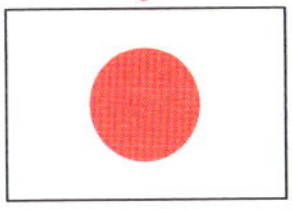

差額を返金します

③差額分が、日本で納めた所得税・住民税から控除される

まず所得税から控除し、控除しきれない場合は住民税から控除されます。納める税金が少ないと、全額は戻ってこない場合も。

差額7968円

利子の手取り 7万9685円	米国の税金が還付	日本の税金 2万315円

e-Taxが便利！

外国税額控除の手続きをするには？

外国税額控除には確定申告が必要

確定申告とは、毎年1月1日から12月31日の1年間に得たすべての所得を計算し、申告・納税する手続きのことです。例年、2月16日～3月15日が確定申告の期間になっています。

確定申告は、かつては税務署や確定申告の申告会場などで行うのが一般的でした。今でも税務署・申告会場を利用することができますが、**パソコンやスマホで確定申告ができる「e-Tax」が便利。**好きなときに好きな場所で手続きできます。

マイナンバーカードと連携すれば、必要な情報を自動入力でき、書類を送付・提出する必要もないのでスムーズです。

特定口座年間取引報告書を転記

パソコンでの外国税額控除の手続きは、「控除等入力」の画面から行います。案内にしたがって操作を行い、国名・所得の種類・税種目などを記載していきます。これらの内容は、確定申告の前に証券会社からもらえる**「特定口座年間取引報告書」**に記載されているので、転記しましょう。スマホでも同様の手順で申告が可能です。

入力が終わったら、その他の内容についても入力を行い、確定申告の手続きを完了させましょう。これで、米国の税金から税額の差額の還付が受けられます。

POINT!

米国株の配当金の外国税額控除の手続きも米国債と同様に可能。特定口座年間取引報告書を確認のうえ、「控除等入力」の画面から必要事項を入力します。配当金ですので、「所得の種類」には利子ではなく「配当」と記載します。

パソコン・スマホで外国税額控除

パソコンの場合

❶e-Taxの「控除等入力」にある「外国税額控除等」を選択

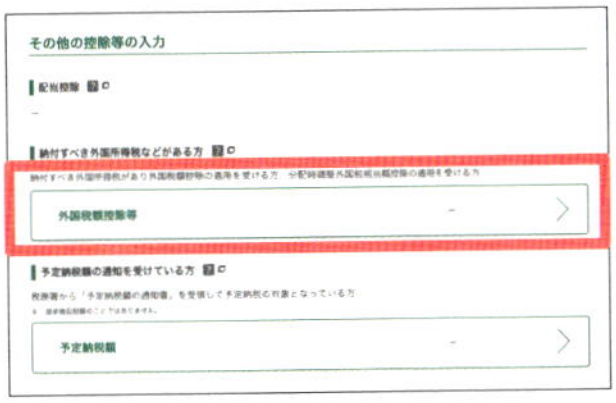

❷「外国所得税額を入力する」を選択

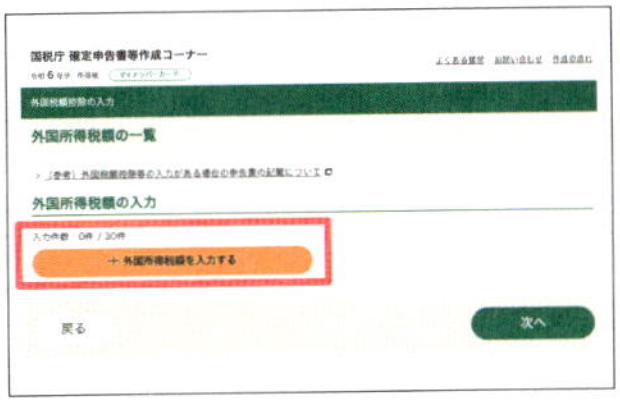

証券会社から届く「特定口座年間取引報告書」の内容に沿って正しく入力しましょう!

❸案内にしたがって必要事項を入力し、「入力内容の確認」を選択

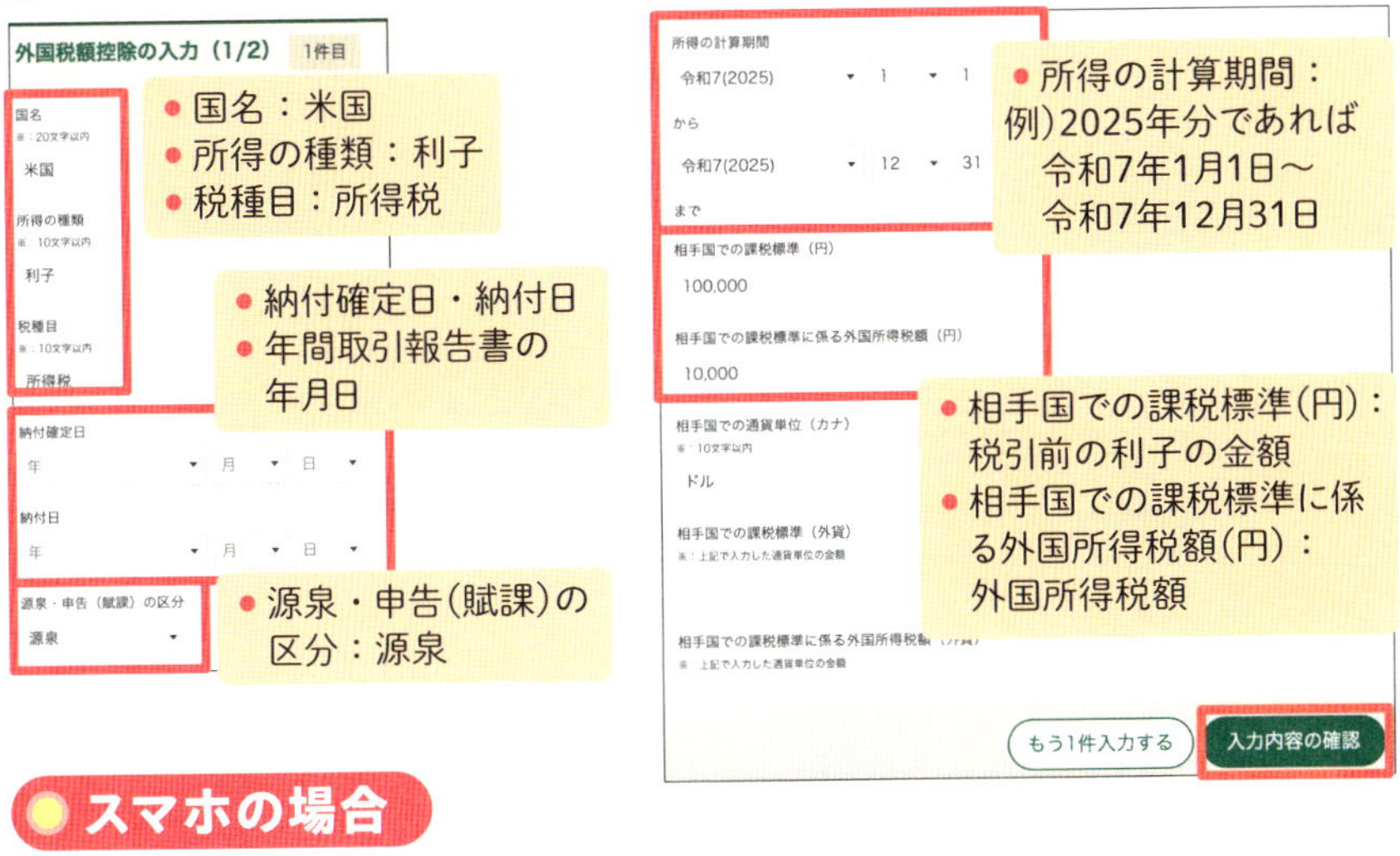

スマホの場合

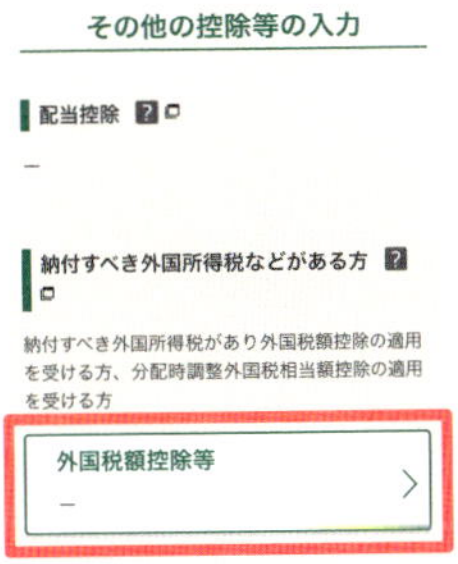

選択する

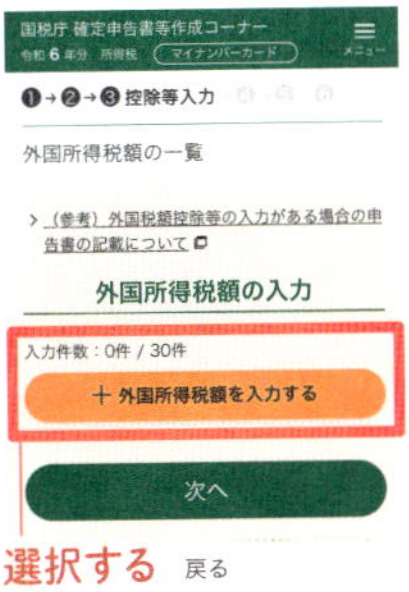

選択する

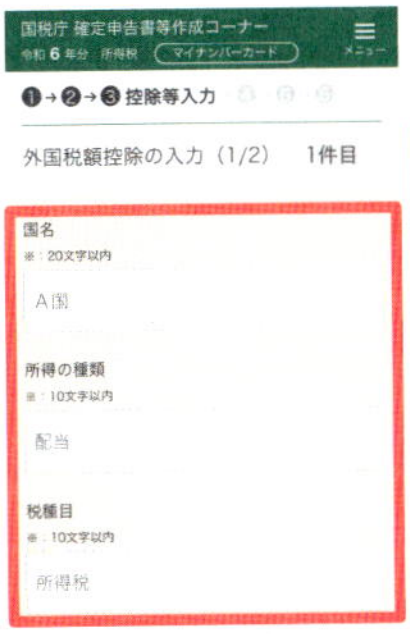

必要事項を入力

画面の構成が少々違うだけでやることは同じです。

第7章 売却・取り崩し戦略と税金の話

CHAPTER▸7

CF資産があると心の安定が得られる

資産取り崩し期間でも活躍できる

資産の一部を利付債にする

仕事の引退後は、運用で増やしてきた資産を取り崩す期間に入ります。資産を取り崩す際は、運用しながら少しずつ取り崩していくと、資産寿命を延ばせます。

理想は、左上図のように、できるだけ資産を取り崩して経験や思い出などにお金を使い、**「資産ゼロ」**で死ぬことでしょう。ただ、寿命がいつかはわかりませんので、亡くなるときにゼロにするのは難しいものです。お金がなくなる心配をしながら生活するのは、精神衛生上よくありません。

そこで活躍するのが利付債です。資産の一部を利付債にして、キャッシュフロー（CF）資産として生涯持ち続けるようにするのです。

年金＋利子で心の安定を得る

左下図のように、資産の一部を米国利付債にして、残りの資産を運用しながら取り崩していきます。CF資産は他にも高配当株やREIT（リート）などもあります。

最終的にCF資産は取り崩せなくても、余った資産は相続に回したり葬儀代・墓代などに使ってもらったりできます。また、まとまったお金がどうしても必要になった場合には売却して使うというオプションも選べます。**米国債は、心の安定を得るCF資産として活躍できるのです。**

POINT!

米国利付債は償還日を迎えたときに元本が戻ってくることも忘れてはいけません。償還日が来たら、再び米国利付債に投資してもよいし、他のCF資産に換えるのも手。資金の一部を使うという選択肢もあります。

米国債で心の安定を得る

寿命で資産ゼロが理想だが……

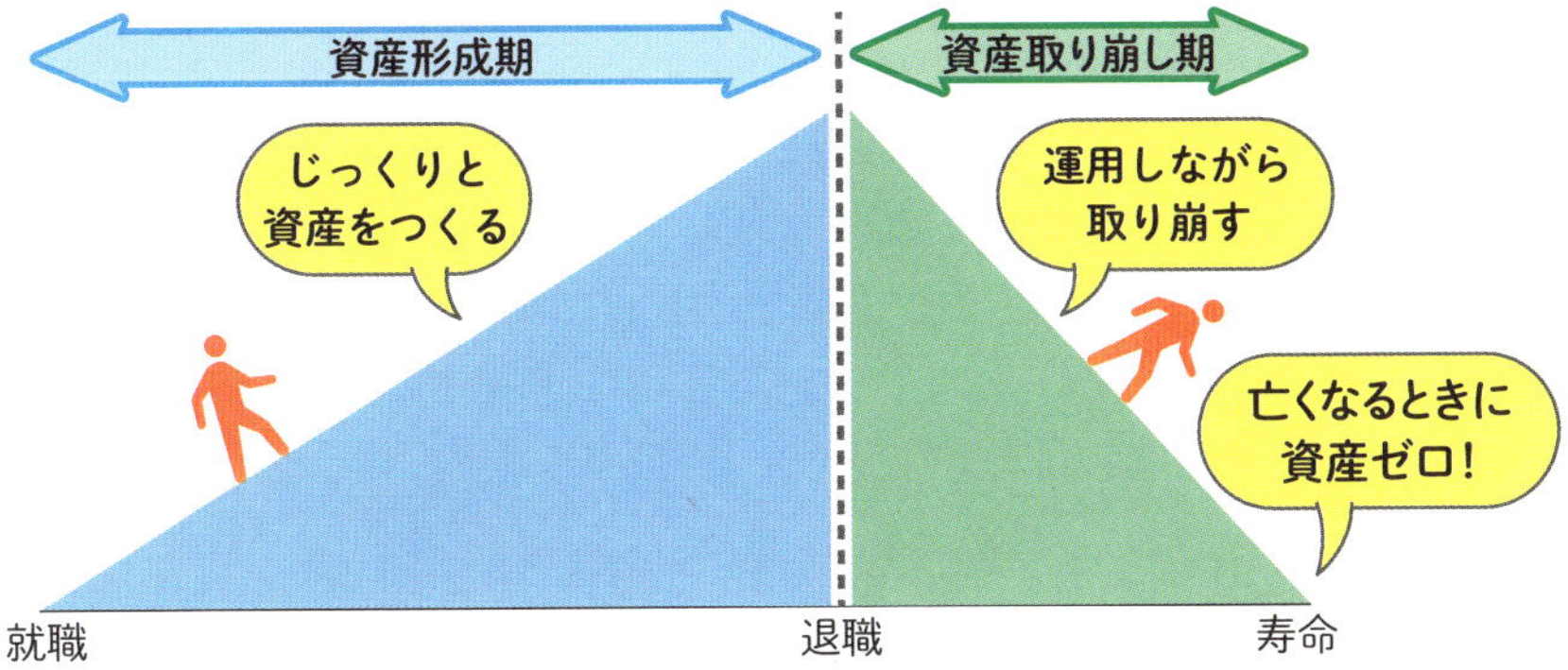

寿命がいつかわからないから、お金を使い切るのは怖いですね……。

かといってお金を使わないでいると、お金をたくさん残したまま亡くなる可能性もあるので難しいです。

資産の一部を米国利付債に

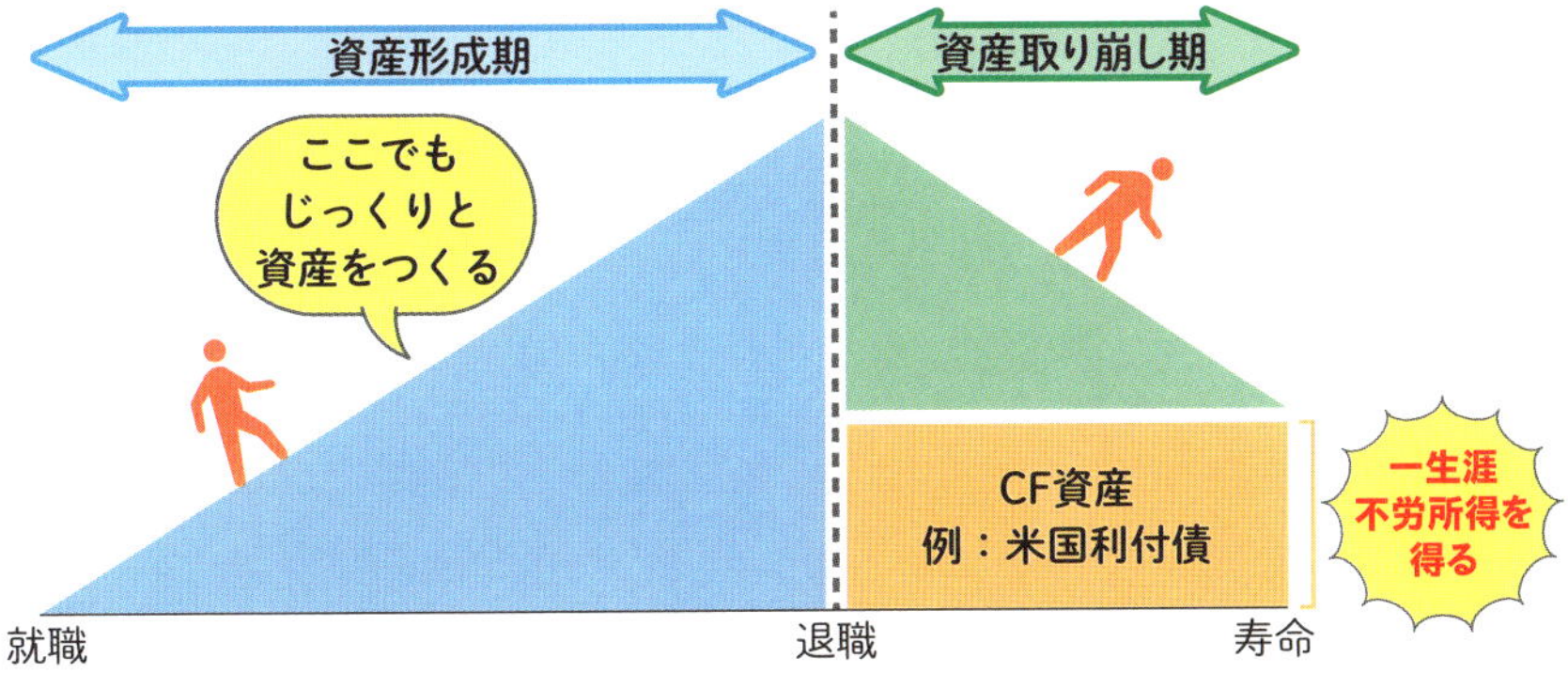

CF資産から年金の上乗せとなる収入を得られるのは安心ですね。

亡くなったときに残っていれば相続・葬儀代などに使えます。いざとなったら途中で売却できるのも安心材料です。

第8話 米沢家の3人のその後

やった！

ラッキー
ね〜、お父さんも同じ？

そう！

うほほ〜

俺もまずは利付債を買った！NISAも活用しながら資産運用をしていくつもりだ。

ところで春香はどうしたんだ？

ん？

あなたも投資デビューしたのね。

ふ〜ん
私はまずNISAをはじめたよ。

まずは世界株型の投資信託でコツコツ増やして、お金に余裕ができたらNISAで米国債ETFに投資しようかな。

そうか！

利付債や米国債ETFは、定期的に利子がもらえるのがうれしいね。

うんうん！

ははっ
は〜い！

ね〜

利子が出たときのプレゼント期待しているからね！

著者プロフィール

頼藤 太希（よりふじ たいき）

株式会社Money＆You代表取締役。中央大学商学部客員講師。早稲田大学オープンカレッジ講師。慶應義塾大学経済学部卒業後、外資系生保にて資産運用リスク管理業務に従事。2015年より現職。日本テレビ「カズレーザーと学ぶ。」、NHK「午後LIVEニュースーン」などメディア出演多数。ニュースメディア「Mocha」、YouTube「Money&YouTV」など運営。『はじめての新NISA＆iDeCo』（成美堂出版）、『定年後ずっと困らないお金の話』（大和書房）など著書累計180万部超。日本証券アナリスト協会検定会員。ファイナンシャルプランナー（AFP）。

高山 一恵（たかやま かずえ）

株式会社Money＆You取締役。中央大学商学部客員講師。一般社団法人不動産投資コンサルティング協会理事。ファイナンシャルプランナー歴20年。慶應義塾大学文学部卒業。NHK「日曜討論」「クローズアップ現代」などメディア出演多数。Podcast「マネラジ。」、Voicy「1日5分でお金持ちラジオ」など運営。『マンガと図解 50歳からの「新NISA×高配当株投資」』（KADOKAWA）、『マンガと図解 はじめての資産運用』（宝島社）など著書累計180万部超。ファイナンシャルプランナー（CFP®）。1級FP技能士。住宅ローンアドバイザー。

STAFF

執筆・編集協力／畠山憲一（株式会社Money＆You）
カバーデザイン／喜來詩織（エントツ）
マンガ＆イラスト／浜畠かのう
本文デザイン／鈴木学
DTP／マーリンクレイン
校正／西進社

マンガと図解でよくわかる

最高の米国債投資術

2025年5月7日　初版第1刷発行

著　者　頼藤太希、高山一恵
発行人　片柳秀夫
編集人　平松裕子
発　行　ソシム株式会社
https://www.socym.co.jp/
〒101-0064　東京都千代田区神田猿楽町1-5-15 猿楽町SSビル
TEL：(03) 5217-2400(代表)
FAX：(03) 5217-2420
印刷・製本　株式会社暁印刷

定価はカバーに表示してあります。

落丁・乱丁本は弊社編集部までお送りください。送料弊社負担にてお取替えいたします。

ISBN978-4-8026-1504-4